INTERMEDIATE KANJI BOOK

漢字 1000PLUS　　VOL. 1
第 3 版

BONJINSHA CO., LTD.

目　次

　　　　　　　　　　　　　　　　　計　114字

ii

CONTENTS

ま え が き

　本書は凡人社の『Basic Kanji Book 基本漢字500』Vol. 1、2の続編である。初級の日本語の学習を終わり、漢字を300字～500字程度既習している学習者で、さらに中級に進もうとしている者に、1000字程度の漢字運用力をつけさせることを目標としている。

　この1000字程度の漢字というのは、新聞などの一般的な記事を読むのに必要と思われる使用頻度の高い漢字1000字余り（基本漢字500字を含む）を想定しているが、それは必ずしも固定された漢字群を意味していない。本書の各課では、漢字の運用力を高めるための学習項目を立て、それに沿って選んだ漢字を学習漢字として取り上げているが、実際に個々の学習者がどの漢字をどういう順序で学習していくのがよいかは、学習者の専門分野や興味の対象、学習のスタイルなどによって異なっていてしかるべきである。漢字学習においては、決してある特定の漢字群を覚えることが究極の目標ではない。最終的なゴールは、漢字で書かれた日本語の文章が理解できるようになること（読解）、あるいは漢字を使って自らの意図を表現できるようになること（作文）であって、漢字の学習はあくまでその手段の一つにすぎないのである。

漢字学習のプロセス

　本書で想定している漢字学習のプロセスは、おおよそ次のような樹木図で表すことができる。

　この木の根の部分には、日本語における漢字の特性（字形・意味・読み・用法）に関する基礎的な理解が必要であり、これが効率的な漢字学習全体を支えていると考えられる。漢字圏の学習者は、字形と意味の部分に関しては理解しているが、日本語での読みと文中での用法（品詞や送り仮名など）に関しては、母語での知識が日本語と合わない部分を矯正する必要がある。

　そのような根の部分を正しく育てながら初級日本語を効率的に学習するために必要な基礎となる漢字を「基本漢字」と呼び、500字を選定した。学習者がどのような目的で日本語を学ぶにせよ、この基礎の部分はある程度共通していると考えられるが、学習の中心が日本語から専門の内容へ、漢字から語彙・読解へ、と移っていくにしたがって、必要な漢字が枝分かれを始める。

　中級段階の読解に進み、新聞記事や論説文のようなものを読むようになると、書き言葉に特有の漢字語彙が増えてくる。その中でもさまざまな専門分野にある程度共通する語彙に使われる漢字を仮に「読解の共通漢字」と呼ぶ。本書の目指す漢字学習の範囲は、この「読解の共通漢字」の部分まで、すなわち木の幹の部分までであり、ここまででだいたい1000字を少し越える範囲ではないかと考えられる。これは、日本語能力試験の2級の範囲が1000字であることとも一致する。

　漢字の選定には、国立国語研究所の『現代新聞の漢字』（1976）で使用頻度が上位1000位以内のものや教育漢字1006字を目安にしたが、各課で設定した学習項目を効率的に学ばせるのに適当と思われる漢字から、あくまでも熟語単位で選んだ。本書で学習漢字となっているのは、そのうちの240字であり、基本漢字500字と合わ

せて740字となる。本書中にふりがな付きで使われている漢字のうちで、読解の共通漢字1000字 Plus に入ると考えられるものは、巻末の字形索引のところに並べてあり、Vol. 2の学習漢字として扱う予定である。

　さらに専門性の高い文献を読むようになると、それぞれの専門分野で頻度の高い「専門分野別基本漢字」があり、さらにその先に進むと、狭い専門領域でのみ使われる「専門漢字」に至るというプロセスが想定できる。一般的に広く社会・文化などに興味を持っている学習者は、まん中の太い枝に向かうわけであるが、それはもちろん経済・経営の枝や、科学・技術の枝とも部分的には交差することになる。専門志向の強い学習者の必要とする漢字の範囲は、一般志向の学習者の必要とする漢字の範囲に比べて狭いと考えられ、専門の枝でも、科学・技術の枝のほうが経済・経営の枝よりもさらに一本一本の枝の独立性が高いように見える。しかし、このような専門分野の漢字は、学習者一人一人が自分で達成するべきものであり、もはや日本語教師には教えられない領域であるともいえよう。

漢字学習の方針

　さて、本書では漢字の学習に関して、以下のような方針を立てている。

(1) **漢字学習は語彙学習である。**

(2) **漢字は読み書きだけ覚えても、文中での用法を知らなければ使えない。**

(3) **漢字は読解や作文など他の日本語能力と関連づけた形で学習する方がよい。**

(4) **漢字の字形や読み、漢字語彙の用法などを覚えたり整理したりするために有効と思われる知識や注意点などを学習項目として立てる。**

(5) **漢字の効率的な覚え方や練習方法は、学習者の文化圏、興味の対象、学習スタイルなどによって異なるので、学習者が自分に最適の方法を発見するのがよい。**

　したがって、本書は『基本漢字500』のような一字一字の積み上げを狙ったテキストとは形式を異にしている。学習者が各自のニーズに従って自律的に漢字語彙を拡充していくことを狙った、いわば「中級漢字学習法のガイドブック」といったほうが適当かもしれない。漢字や漢字語彙の正確な運用力を高めていくための知識の整理、用法のまとめなどを「要点」として提示し、間違えやすい読みや用法などの注意点もまとめている。また、「基本練習」「応用練習」として、いろいろな学習者に有効と思われるさまざまな練習方法のバリエーションを考えられる限り多く、その中から学習者が自分に合ったものを発見できるようにしてある。最後に、漢字の学習を他の日本語能力の養成と関連づけながら行えるように、各課の終わりにオープンエンドな「課題」も設けている。

本書の特徴

　中級の漢字教材としての本書の一番大きな特徴は、おそらく**学習者の自律的学習を支援**する教材だということである。中級段階になると、日本語そのものや漢字に関する既習の知識、学習目的、学習スタイルなどがかなり異なる学習者が集まっているのが普通である。本書は、そのような学習者が今までに得てきた各自の知識の整理やまとめをしながら、新聞などの読解ができる段階、専門文献を読む準備をする段階における的確な漢字運用力を達成するために、自分に合った最適な学習方法を発見し、教師やまわりの日本人、辞書などの助けを得ながら自主的に効果的学習を進めていけるようにデザインされている。したがって、本書で学習する漢字および漢字語彙は、いわゆる「〜のための1000字」というようなもの、すなわち「その1000字を全部覚えれば、完全に〜ができるようになる」、「その1000字を覚えることが究極の目的である」といった性格のものではない。しかし、本書を使って学習し、自分に最適な漢字・語彙学習法を確立できた学習者は、その先どんな分野のものを読むことになろうと、その学習法を使って進んで行けば自分の目標に達すること

ができるのだという自信をもつことができるだろう。また、日本語を読んだり書いたりする際に、知らない言葉や漢字に出会った時も、問題の適切な解決法を身につけているはずである。

本書の具体的な特徴としては、以下の6つが上げられる。

特徴1：　漢字学習に役立つ情報を整理し、まとめてある。

従来、中級段階においては、学習者の漢字学習に役立つと思われる様々な情報（形声文字の音符、対語や類義語の文中での使い分け、複合語の語構成や連濁など）が経験的にわかっている教師でも、実際には、読解指導や作文添削の時に、ついでに注意する程度で済ませていたことが多かった。本書では、各課の「要点」の形でそれらの情報を整理し、課ごとにある程度まとめて提示して練習させている。また、「コラム」として解説を加えている情報項目もある。このような情報の整理が、体系的な漢字学習に役立つ。

特徴2：　いろいろなレベルの学習者が自分の力に応じて学習を進められる。

本書の始めには「漢字力診断テスト」があり、学習者はまず自分の漢字に関する知識や運用力のレベルを把握し、今後の学習への助言を得ることができる。テストの結果のアドバイスに従って、自分の弱いところを補うような形で漢字学習が進められるので、必要な項目だけをピックアップして学習することもできる。弱いところの少ない学習者は、スピードを上げてざっと全体を概観したり、弱いところの多い学習者は、ゆっくり時間をかけて細かく学習したりするなど、いろいろな使い方ができる。

特徴3：　漢字圏の学習者にも非漢字圏の学習者にも使える。

各課の要点としてまとめられている項目の中には、非漢字圏の学習者にとって役に立つ情報ばかりでなく、漢字圏の学習者にとって難しい点や間違えやすい点（音読みの際の清音・濁音の区別や長音・短音の区別、アクセントの違いなど）を整理したものもあるので、両方の文化圏の学習者にとって有効である。漢字圏の学習者は、読み練習や用法練習などを中心に、特に自分の弱点を強化するように、練習問題を補ったりして学習を進めるとよい。非漢字圏の学習者は、書き練習に力を入れつつ、全般的に学習するとよい。

特徴4：　授業用テキストとしても、自習用テキストとしても使える。

週1回程度の授業で使用する場合には、学習の要点をおさえることや、宿題としてやらせてきた練習および課題に対するフィードバックをすることに重きをおき、学習者の学習動機を活性化して自律的学習を支援するようなダイナミックな授業が展開できる。課題のフィードバックは、読解や作文、会話などの授業にも発展させることが可能である。また、要点や練習問題の指示は、自習者にもわかりやすく書かれており、復習、基本練習、応用練習と、ステップを踏んだ学習によって独学もできるように工夫されている。練習には解答がついており、学習者が自分でチェックできる。

特徴5：　数多くの多様な練習形式、学習方法を備えている。

課ごとにいろいろなタイプの漢字へのアプローチ法や練習形式が用意されているが、これらの全てをこの順番で進める必要はない。これらは、いわば「こういう方法で漢字を勉強することもできます」という見本であり、やっていくうちに自分に合った方法、効率的な方法を見つけていくことが大切である。各自の学習目標や志向、好み、ペースなどに応じて最も効果的な学習方法を発見することができたら、その方法で各課の練習をやり直すぐらいの積極的かつ自主的な学習態度が望まれる。

特徴6：　オープンエンドな課題型の学習を勧めている。

初級においては、問題には常にひとつの正解が用意されていることが多いが、実際の言語活動においては、答えが常にひとつしかないわけではない。本書では、漢字学習においても、実際の生活と同様に、辞書やまわりの日本人などの助けを借りながら、いろいろな解決方法を考えていけるようなオープンエンドな課題を設定している。また時には、学習者自身が自ら課題を設定して、仲間同士で互いに解決方法を探したりしながら、幾通りかの解決方法を身につけていくように仕向けている。与えられた問題を解くような学習ばかりでなく、自分で課題を設定して学習を方向づけていくような自律的な学習

のあり方を勧めている点が、従来の漢字教材にはない本書の特徴である。

　本書の編集方針、漢字および漢字語の選定、学習内容の配列などは、漢字学習研究グループの５人が話し合い、検討して決めてきたものであるが、1991年10月から筑波大学留学生センター補講コースの漢字の授業において、原案の大部分を実際に教材として使用してきた。したがって、その教材を使って漢字を学習した数多くの留学生たちの意見、批評、助言が本書には反映されている。本書中にある英語訳に関しては、筑波大学日本語日本文化学類に在籍しているオーストラリア人留学生、スティーブン・プライス氏が快く校正を引き受けてくれた。まえがきと使い方の部分の英訳は、筑波研究学園専門学校に勤務するオーストラリア人英語講師、デビ・ホッブス氏に校正をお願いした。また、字形索引のところにある手書き文字については、土浦市在住の書家、鶴田昭夫氏に書いていただいた。これらの方々のご協力に心から感謝申し上げたい。しかし、本書の内容に関する責任は、すべて著者らにあるので、大方のご教示をお願いしたいと思う。

　なお、本書の各課の作成担当者は、以下の通りである。

　　加納千恵子 ‥‥‥ ２課、　４課、　　６課、　コラム１〜４
　　清水　百合 ‥‥‥ 復習１、復習２、字形索引、音訓索引
　　竹中　弘子 ‥‥‥ ３課、　７課、　　８課
　　石井恵理子 ‥‥‥ １課、　コラム６
　　阿久津　智 ‥‥‥ ５課、　９課、　　10課、　コラム５・７

　また、全課を通して、部首や形声文字の音符および漢字の索引に関しては清水、漢語の意味や用法に関しては竹中、連濁やアクセントなど音声に関しては阿久津、自律的な学習を支援するための数々の練習方法のバリエーションに関しては石井、そして全体の総括を加納、というふうに分担して調整を行った。

　今後は、できるだけ多くの方々に本書を使っていただき、ご意見、ご批評をいただければ幸いである。

　1993年11月

　　　　　　　　　　漢字学習研究グループ

　　　　　　加納　千恵子（筑波大学留学生センター）
　　　　　　清水　百合　（筑波大学留学生センター）
　　　　　　竹中　弘子　（東京学芸大学教育学部）
　　　　　　石井　恵理子（国立国語研究所日本語教育センター）
　　　　　　阿久津　智　（拓殖大学外国語学部）

Preface

"Intermediate Kanji Book 漢字1000Plus Vol.1" contains 240 new kanji and is the first of the two follow-up volumes to "Basic Kanji Book 基本漢字 500 vols.1 & 2". The present volume is, therefore, aimed towards those who have completed an elementary course in Japanese language and mastered 300~500 kanji.

In "Intermediate Kanji Book 漢字1000Plus Vol.2" (yet to be published) approximately a further 260 kanji will be presented, giving the series a combined total of slightly more than 1000 kanji. These 1000 kanji were selected for the following reasons:

1. They correspond to the Japanese Ministry of Education's official list of 1006 kanji to be taught in Japanese elementary schools in most parts of these kanji.

2. This number meets with the requirements of the Japanese Language Proficiency Test, Level 2.

3. They correspond with the frequency list in "Newspaper Kanji" published by the National Language Institute, 1976.

The acquisition of kanji knowledge through this series can be likened to the growth of a tree (see the diagram below). The 500 Kanji presented in Basic Kanji Vols.1 & 2, once mastered, form the base of the tree — needless to say, the more solid the base the greater the potential height of the tree! As the student progresses he/she will branch off into his/her specific subject area with its own specialist kanji vocabulary but before that he/she must pass through the upper trunk where what we call "common kanji" — those kanji and their combinations which appear frequently in newspaper and magazine articles — are to be found. It is this part of the growth of the "kanji tree" (the acquisition of approximately 1000 kanji) that study with "Intermediate Kanji Book 漢字 1000Plus Vols.1 & 2" makes possible.

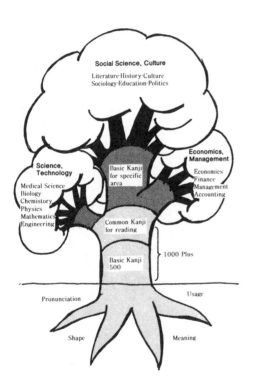

It is hoped that the following be kept in mind when studying kanji; not just with this book, but in any situation.

1. Kanji study is not simply the memorization of characters or shapes; it is the study of vocabulary.

2. Although knowing how to write and pronounce kanji is essential, it is equally important to know how and when to use each kanji.

3. It follows from the above that it is desirable to learn kanji in context.

Features

This book has been designed with a specific purpose in mind: to function as a tool to enable students to become independent learners in the Japanese language. Not only are Kanji with their meanings and readings individually listed; the practical usage of each is further explained in 要点 (ようてん: Key Points). To complement this information, in the 基本練習 (きほんれんしゅう: Basic Exercises) and 応用練習 (おうようれんしゅう: Applied Exercises) tasks encouraging students to use kanji actively have been included.

Finally, in 課題 (かだい: Tasks) at the end of each lesson there are open-ended tasks guiding students to seek information on the lesson's kanji not to be found in text books.

In addition, "Intermediate Kanji Book 漢字1000 Plus Vol.1" contains the following features;

＊There is a diagnostic test at the beginning of this book allowing the student to evaluate his/her kanji ability before commencing further study.

＊Although primarily designed for self study, "Intermediate Kanji Book 漢字1000Plus Vols.1 & 2" are equally well suited to the classroom use as well as to individual study. (Especially in the case of university Japanese language courses where large numbers of students often form a single class.)

＊This book was created for the use of people of any nationality. Thus the book can be employed by people who come from countries that do not use kanji as well as by those who come from countries that do.

Acknowledgements

First, we would like to thank Stephen Price, a foreign student at the University of Tsukuba, and an English as a Foreign Language (EFL) teacher Debbi Hobbs, for their assistance with the English translation. We would also like to thank Akio Tsuruta for his assistance with the hand writing of kanji in the pattern index.

Many sections of "Intermediate Kanji Book 漢字1000 Plus Vol.1" have been in use in the classroom at the International Student Center at the University of Tsukuba since 1991. It is through feedback from students that much improvement to the text was made. If this book then is found to be useful by students of the Japanese language, we feel that our efforts will have been rewarded.

The Authors

Kano Chieko	⋯ L 2, L 4, L 6, Columns 1・2・3・4
Shimizu Yuri	⋯ R 1, R 2, Pattern Index, On-Kun Index
Takenaka Hiroko	⋯ L 3, L 7, L 8
Ishii Eriko	⋯ L 1, Column 6
Akutsu Satoru	⋯ L 5, L 9, L10, Columns 5・7

November, 1993

使　い　方

本書の構成

　本書には本課が10課と復習の課が２課あります。各課の学習項目と学習漢字については目次にまとめてあります。また、巻末に各課のクイズ、練習の解答、および漢字索引があります。本書の構成は次のようになっています。

『Intermediate Kanji Book　漢字1000Plus　Vol.1』

　また、本課のあい間には漢字学習に役立つ情報を短くまとめた**コラム**が７つあり、読み物としても楽しめます。
　本課の後ろにある各課の**クイズ**は、「要点」のところを見れば答えがわかるようなやさしい問題ばかりですから、課が終わるごとに、力だめしにやってみるとよいでしょう。
<解答>には、基本練習と応用練習の答えが載っています。自分の答えを確かめるためばかりでなく、自分で新しい問題を作ったりするためにも使ってください。また、巻末には漢字索引が２つあります。読み方がわからない漢字を調べたい時には**字形索引**、知っていることばの漢字をさがしたい時には**音訓索引**を使うとよいでしょう。

各セクションの使い方

　本書の各課は、復習と答え、基本練習、要点、応用練習、課題、という５つのセクションに分かれています。

↺ 復習

　ここにある練習は『基本漢字500』で勉強した漢字だけを使っていますから、学習者は自分でやってみることができるでしょう。すぐ後ろのページに答えがついているので、学習者は自分の答えと合わせながら、その課の学習項目となっている知識を活性化することができます。ただし、この復習のセクションで間違いの多い学習者には、『基本漢字500』にもどって学習することを勧めます。
　◆先生方へ：授業で本書を使う場合には、このセクションは学生に宿題としてやってこさせるとよいでしょう。

▶ 基本練習

　その課で学習する漢字を使った基本的な練習です。読み練習や選択練習が中心なので、既習者なら要点を読まなくてもできるかもしれません。できない問題はそのままにして、要点を読んでから、もう一度やってみるとよいでしょう。学習者は自分で<解答>を見て、答えをチェックすることができます。

◆先生方へ：授業で使う場合は、「要点」を読んでくることを宿題にしておき、クラスでいっしょに基本練習をやりながら答えを合わせるとよいでしょう。教師は学生が間違えたところについてだけ、それに相当する「要点」部分を詳しく説明してもよいでしょう。

▶ 要点

新しい漢字をおぼえるのに役立つ知識や、おぼえた漢字を整理して思い出しやすくするのに有効な知識として、漢字の字形的な整理法や音による整理法、意味による整理法、用法などに関する知識をまとめてあります。前半の課には英訳もつけてありますが、だんだん日本語による説明だけになっていきます。原則として、『基本漢字500』以外の漢字を使ったことばや、特殊な読み方のことばには、ふりがながつけてありますから、学習者にも読めるはずです。「要点」が理解できたら、学習項目と例を自分のノートに写しておくと、もっとよく覚えられます。自分で要点の整理の仕方を工夫してもよいでしょう。各課の学習漢字の下には、字形索引のどの位置に入れてあるかを明記してあります。
◆先生方へ：授業で使う場合、「要点」は学生に読ませてくることを宿題とし、わかりにくいところだけをクラスで説明するとよいでしょう。

◎◎ 応用練習

その課の「要点」をよく理解し、学習漢字を覚えた上で、主に書き練習や用法の練習などをするところです。応用力がついたかどうかをみるために、課によっていろいろな異なる形式の練習問題を用意してあります。学習者は、自分の答えを＜解答＞を見ながらチェックしたあとで、答えをノートに写して、もう一度練習してください。気に入った形式の問題があったら、別の課の練習も同じような形式に直してノートに書いておき、あとでもう一度やってみると、力がつきます。
◆先生方へ：力のある学生なら、基本練習までは自習も可能だと思われますが、応用練習はクラスでいっしょに確認するほうがよいでしょう。

▤ 課題

ここにある問題には＜解答＞がありません。学習漢字以外に、自分の興味のあるものや専門分野の文献を読んだりする際に見つけた漢字について、自発的に発展的な学習をするところです。辞書を引いたり、日本語の先生や友だちなどの助けを借りたりして、やってみてください。このような課題を自分自身に課すことは、自分だけの漢字の教材を作ったり、漢字リストを作ったりするための参考になると思います。漢字の授業を受けるチャンスのない学習者でも、まわりの日本人や日本語のできる友だちの助けを借りながら、運用力を伸ばすことができます。
◆先生方へ：授業で使う場合、教師は読解や作文などの授業と組み合わせて、学生の調べてきた結果や集めてきた資料などについてクラスで発表させたり、いっしょに読んだりしてフィードバックをしてください。学生にとっては、他の学生が集めてきた漢字や教材などを見ることによって自分の勉強方法を考え直すいい機会になりますし、またこのような課題を達成する作業を通じて、日本語を使うチャンスが増えることになります。教師が必要に応じて、新聞記事や読み物などを与えることもできますが、与えられたテキストよりも学習者が自分で興味をもって集めたもののほうが一層記憶に残り、忘れにくいもののようです。

クイズ

本書には、第1課～第10課までの各課のクイズがあります。課が終わるごとに力だめしにやってみましょう。
◆先生方へ：これらのクイズには答えがついていませんから、本書を授業で使う場合には、各課が終わるごとに、確認テストとして使うこともできます。

練習の使い方

　どのセクションの練習をする場合でも、学習者は、答えを直接本に書き込まずに、自分のノートに答えを書くようにしてください。そうすれば何度もくり返し練習することができますし、また後で別の練習方法に使うこともできます。

　たとえば漢字を読む練習の場合、ノートにその漢字の読みを書くだけではなく、下のノートの1.のように問題文全体を写しておけば、あとで書き練習として使うことができます。2.のように学習漢字以外の漢字もひらがなで書いておけば、前に習った漢字が書けるかどうかの復習練習にもなります。答えは本を見れば自分でチェックできるので、とくに漢字の書きが弱い学習者にはよい練習になるでしょう。

　反対に、漢字の読みが弱い学習者は、本課の書く練習の答えを同じようにノートに書いておけば、次にそれを読み練習として何回も使うこともできます。

　また、同様に＜解答＞のところをノートに写して、それをいろいろな形の練習問題に作りかえることもできます。たとえば、次の反対語の漢字を問う問題では、解答を見て、下のノート1のように書き練習を作ることもできますし、ノート2のように読み練習を作ることもできます。また、ノート3のように自由に漢字を選択して反対語の対を作る問題や、ノート4のように逆の反対語の漢字を問う問題にすることもできます。

　このように、学習者が本の練習の答えをノートに写したり、練習を作りかえたりすることによって、同じ練習をくり返すだけではなく、違った形式の練習問題を増やすこともできるのです。学習者の気に入った練習形式があれば、その形式に練習を作りかえるとよいでしょう。

◆先生方へ：本書を授業で使う場合には、最初は教師がやり方を指示して学生にクラスで練習を作りかえさせ、それをノートなどに書かせてみてください。一度クラスでやり方を確認しておけば、あとは学生が自分たちで同じように続けることができるでしょう。学生が作りかえた練習をノートの代わりに紙に書かせ、たとえば隣に座っている学生同士で交換させて、互いにやらせてみるのもよいでしょう。漢字の学習はともすると孤独な作業になりがちですが、このようにすれば友だちとペアあるいはグループを作って勉強する楽しさもわかるでしょう。

漢字索引

　本書には、字形索引と音訓索引の2つがあります。知っていることばを調べたいときは、音訓索引が便利ですが、本書の音訓索引には学習漢字240字のみがあります。『基本漢字500』で習った漢字については、『基本漢字500』のほうの音訓索引を見てください。

　字形索引は、本書での学習漢字240字のほかに、『基本漢字500』で勉強した500字と、本書の文中にふりがな付きで使われている漢字のうち「読解のための共通漢字」と考えられる320字、合計1060字について調べられるようになっています。漢字は字形によって分類されていますから、その漢字の部首がどこにあるか、以下の8つの中から選びます。部首に分けることができない場合、その漢字は、「Ⅷ.全体」のところに入れてあります。

Ⅰ.へん　Ⅱ.つくり　Ⅲ.かんむり　Ⅳ.あし　Ⅴ.たれ　Ⅵ.にょう　Ⅶ.かまえ

　それぞれの類の中で、漢字は字画の少ないものから順番に並んでいますから、目指す漢字をさがしてください。部首の書き順は、まとめて一番はじめに書いてあります。

Ⅰ.へん

書き順→ ノイ

1. イ（にんべん：person）

人	化	仏	仕	他	代	付	仮	休	件
BK1	BK22	L1	BK27	p.38	BK37	復1	p.16	BK5	p.86
仲	伝	任	位	何	作	似	住	伸	体
p.19	BK37	L7	BK40	BK4	BK11	L9	BK19	復2	BK5
低	依	価	供	使	併	例	係	信	便
BK8	p.79	BK35	p.38	BK24	L7	L10	L1	BK32	BK16
保	倹	個	候	借	修	値	倒	倍	俵
L5	p.98	BK35	p.47	BK24	L3	L6	p.86	L7	p.185
健	側	停	備	傾	傷	働	像	億	償
L4	復2	L3	BK31	p.71	L8	BK17	L5	p.44	p.178
優									
L8									

　「BK〜」は『Basic Kanji Book基本漢字500』の課数、「L〜」は、その漢字が本テキスト中で学習漢字となっている課数を表します。「p.〜」は、本テキストでふりがな付きで使われているページ数になっているので、そこを開けてみれば読み方や使い方がわかります。

学習漢字240字については、それぞれの漢字に関して以下のような情報が示されています。

仏イ イ厶 イ厶								L 1 4 画

ブツ　＊フツ　ほとけ　　　　　仏教はインドで生まれた。
Buddha, ＊France　　　　　　古い仏像を見るのが好きだ。

仏教（ぶっきょう）　Buddhism　　　　仏像（ぶつぞう）　Buddha statue
仏（ほとけ）　the Buddha, a benevolent soul　　＊南仏（なんふつ）　Southern France

　左上の枠に入っている大きな活字は、「正楷書体」と呼ばれるもので、本書中に使われている「明朝体」の活字とは少し違いますが、手書きの文字の形に近いので、参考にしてください。続けて、四角いマスの中に、手書きの文字で、書き順が示してあります。本書は中級レベルの本なので、漢字の書き順を一画ずつ全部書くことはしていません。部首やよく使われる部分の書き順はしっかり覚えておきましょう。いちばん右の枠には、課数と漢字の画数があります。

　漢字の枠の下に、漢字の読み（音読みはかたかな、訓読みはひらがな）とその意味（英訳）があります。それから、その右側に学習漢字を使った例文と、下に熟語例（読みと意味付き）がありますから、いっしょに覚えてください。熟語の後ろに「スル」と書いてあるのは「する」をつけて動詞として使う用法があるもの、「ナ」と書いてあるのは、ナ形容詞を表しています。「＊」印は特別な用法や読み方であることを意味しています。

　1課から順番に漢字を学習する学生は、テキスト各課の「要点」の終わりにある学習漢字リストのところに字形索引のページ数が書いてありますから、それを見て学習漢字の情報をさがし、課ごとにまとめて自分のノートに書き写してください。自分で情報を書き写すことによって、漢字だけでなく例文や熟語も頭に入れることができますし、課ごとの漢字リストができて便利です。右ページのような情報カードを作るのもよい方法です。

　また、字形索引は、部首別に索引の順序にしたがって漢字を学習することもできます。学習者は、いろいろな使い方を工夫してください。

　◆先生方へ：本書の5課と9課の「要点」および練習の一部と、コラム5については、
　　　　　　音声テープを作るとよいでしょう。テープを聞きながらアクセントの違い
　　　　　　を聞き分けたり、テープを聞いてする練習形式にしてください。授業で使
　　　　　　う場合は、学生が発音に弱いようなら、教師が他の課についても同様に練
　　　　　　習をテープに吹き込んでやり、宿題として聞かせることもできるでしょう。

本書に使われている記号類

品詞類：本書では、以下のように品詞を示します。

N	(Noun)	名詞	e.g. 学生、先生、大学、会社、など
A	(-i Adjective)	イ形容詞	e.g. 重い、長い、正しい、など
N A	(-na Adjective)	ナ形容詞	e.g. 有名（なN）、便利（なN）、親切（なN）、得意（なN）、など
V N	(Verbal Noun)	スル動詞	e.g. 勉強（する）、練習（する）、使用（する）、説明（する）、など
Adv.	(Adverb)	副詞	e.g. 大変、本当に、非常に、など

アクセント　：　「の印はその1語の中でピッチが上がるところ、「の印は下がるところ
を示します。

例. に￢ほんご　　　　　ピッチが低く始まって、1音目のあとから上がる。
し￢んせつ　　　　　ピッチが高く始まって、1音目のあとから下がる。
こ￢うじょ￢う　　　1音目のあとで上がり、3音目のあとから下がる。

※アクセントの違い

端　は￢し￢　（edge）　　　　「は」は低く、「し」は高い。

橋　は￢し￢　（bridge）　　　「は」は低く、「し」は高い。後ろに
助詞がくると、助詞は低くなる。

箸　は￢し￢　（chopsticks）　「は」は高く、「し」は低くなる。

その他（others）：

⇨	(See 〜.)	〜を見よ。
BK	("Basic Kanji Book")	『基本漢字500』
⟷	(opposite meaning)	意味が反対のことば／対になることば
＝	(same meaning)	同じ意味のことば
○	(correct usage)	正しい用法
×	(incorrect usage)	間違った用法
△	(undecided usage)	使い方に個人差があり、ゆれている用法
※	(note; N.B.)	注意事項
＊	(exceptional usage)	例外的な用法

漢字情報カード

下のフレームをコピーして、各課の学習漢字のほかにも学習者がおぼえたい漢字を辞典で調べて、漢字の情報カードを作ってください。市販のB6サイズのカードに貼って使えます。情報は、読み、意味、熟語、例文以外に、自分でおぼえるためのストーリーなど、何でも自由に書いてください。

How to use this book

This book is comprised of 10 lessons and 2 reviews. Each lesson is divided into 5 sections:

> Review and Answers (to review questions)
> Basic Exercises
> Key Points
> Applied Exercises
> Tasks

Review

"Review" covers the 500 kanji listed in "Basic Kanji Book".
☆ To teachers: These exercises could be used as preparatory work before proceeding further into the lesson.

Basic Exercises

In this section new kanji (approximately 20 kanji for each lesson) are introduced through exercises. If the learner finds these exercises difficult, he/she should read through the explanations in "Key Points" and then return to this section. The answers are at the back of the book.

Key Points

This is an explanatory section of the lesson. New kanji are listed on the last page of this section.
☆ To teachers: This section can be used as homework too. However, you need to give some time to answer the questions on these "Key Points" in class.

Applied Exercises

Many different types of exercises are introduced here, and through repetition the learner's knowledge will increase.
☆ To teachers: These exercises should be checked during class, so that the students can have opportunities to ask questions which might arise while they go through them.

Tasks

These are open-ended tasks which the learner can do by using dictionaries or asking teachers and Japanese friends.
☆ To teachers: Reading comprehension and compositions could be combined with these exercises. Also work handed in by students could be used as future teaching material or redistributed so that students can exchange study methods.

Quizzes

The learner can check how much he/she has learnt by attempting these quizzes.
☆ To teachers: These could be used as tests.

Pattern Index

The Pattern Index introduces the reading(s), meaning(s), etc. of each new kanji. In order to use this index, the learner must first look up the radical of the kanji.

Ⅰ. へん　Ⅱ. つくり　Ⅲ. かんむり　Ⅳ. あし　Ⅴ. たれ　Ⅵ. にょう　Ⅶ. かまえ

All kanji in these books are listed in boxes under their appropriate radicals. Learners can therefore find the kanji by referring to these boxes.

Ⅰ. へん

書き順→ ノ イ

1. イ（にんべん：person）

人	化	仏	仕	他	代	付	仮	休	件
BK1	BK22	L1	BK27	p.38	BK37	復1	p.16	BK5	p.86
仲	伝	任	位	何	作	似	住	伸	体
p.19	BK37	L7	BK40	BK4	BK11	L9	BK19	復2	BK5
低	依	価	供	使	併	例	係	信	便
BK8	p.79	BK35	p.38	BK24	L7	L10	L1	BK32	BK16
保	検	個	候	借	修	値	倒	倍	俵
L5	p.98	BK35	p.47	BK24	L3	L6	p.86	L7	p.185
健	側	停	備	傾	傷	働	像	億	償
L4	復2	L3	BK31	p.71	L8	BK17	L5	p.44	p.178
優									
L8									

BK = lesson-number in Basic Kanji Book
L = lesson-number in this book
p. = page number of where the kanji appear with furigana readings

Finally, the learner will be able to gain information from each entry as follows:

stroke order

仏	イ	イ厶	仏							L1
										4画

ブツ　＊フツ　ほとけ　　　　仏教はインドで生まれた。
Buddha, *France　　　　　　古い仏像を見るのが好きだ。

仏教（ぶっきょう）　Buddhism　　　　　　仏像（ぶつぞう）　Buddha statue
仏（ほとけ）　the Buddha, a benevolent soul　　＊南仏（なんふつ）　Southern France

→ readings
→ meanings
→ vocabulary

exceptional usage

lesson number ←
stroke number ←
example sentences ←

Parts of Speech: The following are used to indicate different parts of speech.

N (Noun)
A (-i Adjective)
NA (-na Adjective)
VN (Verbal Noun)
Adv. (Adverb)

Accentuation: The sign ⌐ is used to indicate where the pitch rises within a word and the mark ⌐ to show where it falls.

e.g.　に｜ほんご
　　　し｜んせつ
　　　こ｜うじょ｜う

※Difference of Accentuation

　端　は｜し　　（edge）
　橋　は｜し｜　（bridge）
　箸　は｜し　　（chopsticks）

Definitions and References

⇨ (See ~)
BK ("Basic Kanji Book")
⬌ (antonyms)
= (synonyms)
○ (correct usage)
✕ (incorrect usage)
△ (undecided usage)
※ (note; N.B.)
＊ (exceptional usage)

How to make a Kanji information card: sample

Use the frame on page *xvii* to make your own cards.

仏									

BUTSU, FUTSU, hotoke
Man is kneeling down in front of **Buddha**.
Is **Buddhist** meditation popular in **France**?

人は死んだら仏になる。

かまくらへ大仏を見に行った。

日本には仏教の寺と神道の神社がある。

ニースは南仏の避暑地だ。

漢字力診断テスト
かん じ りょくしんだん
Diagnostic Test of your Kanji Ability

　このテストは、あなたの漢字力を総合的に診断して、これからどんな方法で勉強していけばいいかをアドバイスするためのものです。まず、問題の指示をよく読み、例を見てから答えてください。全部の問題が終わるまで解答を見てはいけません。テストは60分ぐらいで終えてください。

　The following test is to check your overall kanji knowledge and to enable us to give you advice concerning the way you should continue your study of kanji. First read the instructions carefully and look at the examples, then answer the questions. Don't look at the correct answers until you finish all the questions. The test should take approximately 60 minutes.

| A | 日本語でつぎの漢字と反対 (opposite) の意味の漢字を {　} の中からえらび、○をつけなさい。 |

例. 上 ⟷ {　中　(下)　右　左　}

1. 東 ⟷ {　京　北　南　西　}
2. 明 ⟷ {　白　黒　暗　晩　}
3. 古 ⟷ {　新　早　若　正　}
4. 高 ⟷ {　底　安　短　深　}
5. 遅 ⟷ {　近　過　急　速　}
6. 前 ⟷ {　内　外　後　横　}
7. 出 ⟷ {　発　入　止　来　}
8. 乗 ⟷ {　進　退　降　行　}
9. 増 ⟷ {　少　消　引　減　}
10. 閉 ⟷ {　関　開　間　問　}

B つぎのことばは、日本語でいくつかの意味の単位（meaningful units）に分けることができます。｜　　｜の中でどの分け方がてきとうですか。○をつけなさい。

例. 図書館員 → ｜図／書館／員・図書／館／員・図／書／館員｜

1. 非人間的 → ｜非／人間／的・非人／間／的・非／人／間的｜

2. 最新報告 → ｜最／新報／告・最新／報／告・最／新／報告｜

3. 合格者数 → ｜合／格者／数・合格／者／数・合／格／者数｜

4. 無公害車 → ｜無／公害／車・無公／害／車・無／公／害車｜

5. 少人数制 → ｜少／人数／制・少人／数／制・少／人／数制｜

6. 営業部長 → ｜営／業部／長・営業／部／長・営／業／部長｜

7. 原子力発電 → ｜原／子力／発電・原子／力発／電・原子／力／発電｜

8. 比較研究法 → ｜比／較研／究法・比較／研究／法・比較／研／究法｜

9. 不得意科目 → ｜不／得意／科目・不得／意科／目・不得／意／科目｜

10. 効果的学習 → ｜効／果的／学習・効果／的学／習・効果／的／学習｜

C つぎの漢字を漢和辞典（Kanji dictionary）でしらべるとき、部首索引（radical index）でどこをさがしますか。部首に○をつけなさい。

例. 持 ｜㊘・土・寸・寺｜

1. 荷 ｜イ・艹・口・可｜　　6. 線 ｜糸・白・水・泉｜

2. 新 ｜立・木・亲・斤｜　　7. 空 ｜宀・八・穴・エ｜

3. 屋 ｜尸・云・土・至｜　　8. 意 ｜立・日・音・心｜

4. 場 ｜日・土・勿・昜｜　　9. 院 ｜阝・宀・元・完｜

5. 遠 ｜土・口・袁・辶｜　　10. 痛 ｜广・マ・用・甬｜

D つぎのことばを、漢字を使ってかきなさい。

例1．かわ　（　　川　　）　　例2．よむ　　　　　（　　読　む　　）

1．おんな　（　　　　　）　　11．ひゃくねん　（　　　　　　）

2．うた　　（　　　　　）　　12．しけん　　　（　　　　　　）

3．えき　　（　　　　　）　　13．かぞく　　　（　　　　　　）

4．ねつ　　（　　　　　）　　14．じゅうしょ　（　　　　　　）

5．あたま　（　　　　　）　　15．くうこう　　（　　　　　　）

6．つぎ　　（　　　　　）　　16．しゃしん　　（　　　　　　）

7．とおる　（　　　　　）　　17．じゆうな　　（　　　　　　）

8．あそぶ　（　　　　　）　　18．せいかつする　（　　　　　）

9．ほそい　（　　　　　）　　19．けっこんする　（　　　　　）

10．よわい　（　　　　　）　　20．かんせいする　（　　　　　）

E つぎの文を読んで｜　　｜の中からてきとうな漢字のことばをえらび、○をつけなさい。

例1．きのう｜　子校・字校・学校・写校　｜の先生に会った。

例2．家の近くで｜　家事・花事・火事・夏事　｜があって、びっくりした。

例3．タクシーの｜　運転手・運転人・運転者・運転員　｜さんに道を聞いた。

1．家の前に黒い車が｜　泊・留・止・戸　｜まった。

2．門のところで｜　待・侍・持・特　｜っていてください。

3．何時に｜　夕飯・夕飲・夕半・夕反　｜を食べましたか。

4．日本は｜　物果・物価・物貨・物科　｜が高すぎると思う。

5．この建物は現在｜　使様・仕様・仕用・使用　｜されていません。

6．　新しいビルを建てる ｜ 形格・計格・形画・計画 ｜ がある。

7．　どんな ｜ 料利・料理・糧利・糧理 ｜ が好きですか。

8．　政治にはあまり ｜ 観心・感心・関心・間心 ｜ がありません。

9．　あの ｜ 音楽者・音楽人・音楽家・音楽手 ｜ は世界的に有名だ。

10．　今月はずいぶん ｜ 電気価・電気費・電気代・電気金 ｜ がかかった。

| F | つぎの漢字のことばは、「な」をつけて形容詞（adjective）として使えますか、「する」をつけて動詞（verb）として使えますか、両方（both）使えますか、または両方とも使えませんか。例のように○をつけなさい。 |

例1．　元気　な　　（ ○ ）
　　　　　　　する　（ 　 ）
　　　　　　　―　　（ 　 ）

例3．　心配　な　　（ ○ ）
　　　　　　　する　（ ○ ）
　　　　　　　―　　（ 　 ）

例2．　研究　な　　（ 　 ）
　　　　　　　する　（ ○ ）
　　　　　　　―　　（ 　 ）

例4．　経済　な　　（ 　 ）
　　　　　　　する　（ 　 ）
　　　　　　　―　　（ ○ ）

1．　練習　な　　（ 　 ）
　　　　　　　する　（ 　 ）
　　　　　　　―　　（ 　 ）

6．　運転　な　　（ 　 ）
　　　　　　　する　（ 　 ）
　　　　　　　―　　（ 　 ）

2．　番組　な　　（ 　 ）
　　　　　　　する　（ 　 ）
　　　　　　　―　　（ 　 ）

7．　便利　な　　（ 　 ）
　　　　　　　する　（ 　 ）
　　　　　　　―　　（ 　 ）

3．　適当　な　　（ 　 ）
　　　　　　　する　（ 　 ）
　　　　　　　―　　（ 　 ）

8．　問題　な　　（ 　 ）
　　　　　　　する　（ 　 ）
　　　　　　　―　　（ 　 ）

4．　失礼　な　　（ 　 ）
　　　　　　　する　（ 　 ）
　　　　　　　―　　（ 　 ）

9．　結果　な　　（ 　 ）
　　　　　　　する　（ 　 ）
　　　　　　　―　　（ 　 ）

5．　必要　な　　（ 　 ）
　　　　　　　する　（ 　 ）
　　　　　　　―　　（ 　 ）

10．　留学　な　　（ 　 ）
　　　　　　　する　（ 　 ）
　　　　　　　―　　（ 　 ）

G 下の □ に、つぎの 〰〰〰 の中からてきとうな漢字をえらんでいれなさい。
（1.～8.は動詞、9.と10.は形容詞です。）

例.

使	--- わない
	--- います
	--- う
	--- えば
	--- おう

㊂使 休 返 買 泳 飲 始
寝 起 働 呼 立 作 教
少 強 大 小 楽 明 好

1. □
--- めない
--- めます
--- める
--- めれば
--- めよう

5. □
--- たない
--- ちます
--- つ
--- てば
--- とう

9. □
--- くない
--- いです
--- い
--- ければ

2. □
--- らない
--- ります
--- る
--- れば
--- ろう

6. □
--- さない
--- します
--- す
--- せば
--- そう

10. □
--- しくない
--- しいです
--- しい
--- しければ

3. □
--- わない
--- います
--- う
--- えば
--- おう

7. □
--- えない
--- えます
--- える
--- えれば
--- えよう

4. □
--- きない
--- きます
--- きる
--- きれば
--- きよう

8. □
--- かない
--- きます
--- く
--- けば
--- こう

H　つぎの文中の下線（か せん）のことばの読み方を、例（れい）のようにひらがなでかきなさい。

例.　日本で一番高い山を知っていますか。
　　　　　　　　　　　しって

1.　地下鉄に乗ってデパートへ行った。

2.　私はクラシック音楽が好きだ。

3.　先週は天気が悪かったので、出かけなかった。

4.　彼はとてもギターが上手だ。

5.　北海道へ旅行しようと思っている。

6.　図書館で外国語の本を借りた。

7.　近年、先進国では老人の人口が増えている。

8.　ヨーロッパ文学の歴史を研究している。

9.　この間は、お会いできなくて、本当に残念でした。

10.　来年、国へ帰ろうと思います。

Ⅰ　つぎのことばの読み方を、ひらがなでかきなさい。

例1．車　　（　くるま　）　　例2．使う　（　　つかう　　）

1．雨　　　（　　　　　　）　　11．毎日　　（　　　　　　）

2．花　　　（　　　　　　）　　12．時間　　（　　　　　　）

3．村　　　（　　　　　　）　　13．電話　　（　　　　　　）

4．色　　　（　　　　　　）　　14．病院　　（　　　　　　）

5．弟　　　（　　　　　　）　　15．政治　　（　　　　　　）

6．若い　　（　　　　　　）　　16．映画　　（　　　　　　）

7．短い　　（　　　　　　）　　17．予定　　（　　　　　　）

8．静かな　（　　　　　　）　　18．仕事　　（　　　　　　）

9．渡る　　（　　　　　　）　　19．説明　　（　　　　　　）

10．降る　　（　　　　　　）　　20．準備　　（　　　　　　）

J　つぎのことばの下線の漢字の読み方と同じ音読みの漢字を｛　　｝の中からえらび、○をつけなさい。また、＿＿にその読み方もかきなさい。

例．映画｛央・英・決・円｝エイ

1．会議｛義・機・期・辞｝＿＿＿　　6．案内｛悪・安・薬・妹｝＿＿＿

2．有効｛動・郊・号・強｝＿＿＿　　7．時間｛持・待・誌・遅｝＿＿＿

3．様子｛場・洋・有・商｝＿＿＿　　8．経済｛結・強・軽・験｝＿＿＿

4．暖冬｛単・短・談・館｝＿＿＿　　9．宿泊｛飯・晩・発・白｝＿＿＿

5．同時｛銅・答・講・老｝＿＿＿　　10．公園｛営・泳・遠・困｝＿＿＿

K つぎの [　　] の中はあるグループの漢字ですが、一つだけちがうものがまじっています。例のように、ちがう漢字に×をつけ、＿＿＿に何のグループの漢字かをかきなさい。

例1.　[　日・~~火~~・月・木・金　] _{よう び}曜日 (days of the week)

例2.　[　行・見・会・~~店~~・教　] _{どう し}動詞 (verbs)

例3.　[　足・右・~~X~~・同・京　] ＿口＿ (with the shape 口)

例4.　[　~~水~~・工・公・考・行　] ＿コウ＿ (On-reading 'kou')

1.　[　春・冬・昼・秋・夏　] ＿＿＿

2.　[　道・速・遅・広・重　] ＿＿＿

3.　[　会・外・開・回・海　] ＿＿＿

4.　[　休・集・米・困・機　] ＿＿＿

5.　[　読・話・誌・飲・待　] ＿＿＿

6.　[　兄・友・父・母・妹　] ＿＿＿

7.　[　朝・今・円・夜・夕　] ＿＿＿

8.　[　言・見・元・現・原　] ＿＿＿

9.　[　答・第・質・竹・笑　] ＿＿＿

10.　[　聞・書・食・歩・行　] ＿＿＿

11.　[　週・主・習・終・集　] ＿＿＿

12.　[　目・手・力・耳・足　] ＿＿＿

13.　[　良・正・違・難・悪　] ＿＿＿

14.　[　走・重・赤・地・社　] ＿＿＿

15.　[　有・遊・友・油・右　] ＿＿＿

16.　[　動・男・切・勉・加　] ＿＿＿

17.　[　放・法・忘・訪・方　] ＿＿＿

18.　[　深・洗・消・決・流　] ＿＿＿

19.　[　町・都・区・市・園　] ＿＿＿

20.　[　情・思・感・忙・無　] ＿＿＿

あなたの 漢字力診断表 の書き方

How to fill in the Kanji Ability Chart

14ページ～15ページに＜テストの解答＞があります。あなたの答えと見くらべて、次のページの診断表に結果を書き入れてください。あなたの答えが正しかったら、表のＡ～Ｋの問題の欄に「１」を書き入れます。間違っていたら、何も書かないでください。

The answers are given on p.14 ～ p.15. Check your answers. If your answers are correct, write "1" in the columns A ～ K of the chart on the next page. If your answers are wrong, leave the columns blank.

例

Example

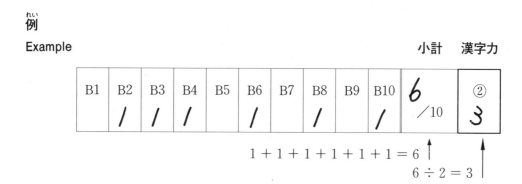

次に、左の欄から右へ「１」を足していった合計点を「小計」の欄に書きます。たとえば上の例のように、10問中６問（B2、B3、B4、B6、B8、B10）が正しかった場合には、小計は「６」になります。そして一番右の「漢字力」の欄に、小計を５点満点になおした数字を書きます。問題が10問の場合には、「６」を２でわったもの、つまり「３」が漢字力になります。ただし、表の①③⑦⑫では、問題が15問ありますから、小計を３でわった数字を「漢字力」の欄に書いてください。

Next, add the numbers in the left columns (B1 ～ B10 on the above) and write the total in the "sub-total" column. For example, if you get six correct answers out of ten questions, your "sub-total" will be 6. However, to graph your score you need to convert your mark to a mark out of 5. For example, if you get 6 correct answers out of 10 questions, divide 6 by 2, to give you a mark of 3 as your Kanji ability. For①③⑦⑫, divide your mark by 3 because there are 15 questions in these sections.

最後に、一番下に140点満点の合計点とパーセントも出しておきましょう。

Lastly, add all the "sub-totals" to get your total mark (the full mark is 140) and calculate its percentage at the bottom.

あなたの漢字力診断表(500字)
Diagnostic Chart of your Kanji Ability

小計 漢字力

A1	A2	A3	A4	A5	A6	A7	A8	A9	A10	K1	K6	K7	K12	K19	／15	①	意味
B1	B2	B3	B4	B5	B6	B7	B8	B9	B10						／10	②	語構成
C1	C2	C3	C4	C5	C6	C7	C8	C9	C10	K4	K9	K14	K16	K20	／15	③	字形(部首)
D1	D2	D3	D4	D5	D6	D7	D8	D9	D10						／10	④	書き(単字)
D11	D12	D13	D14	D15	D16	D17	D18	D19	D20						／10	⑤	書き(熟語)
E1	E2	E3	E4	E5	E6	E7	E8	E9	E10						／10	⑥	選択 文脈による
F1	F2	F3	F4	F5	F6	F7	F8	F9	F10	K2	K5	K10	K13	K18	／15	⑦	用法(品詞)
G1	G2	G3	G4	G5	G6	G7	G8	G9	G10						／10	⑧	用法(送りがな)
H1	H2	H3	H4	H5	H6	H7	H8	H9	H10						／10	⑨	読み 文脈による
I1	I2	I3	I4	I5	I6	I7	I8	I9	I10						／10	⑩	読み(単字)
I11	I12	I13	I14	I15	I16	I17	I18	I19	I20						／10	⑪	読み(熟語)
J1	J2	J3	J4	J5	J6	J7	J8	J9	J10	K3	K8	K11	K15	K17	／15	⑫	読み(形声)音読み

合計 ／140 ％

あなたの漢字力診断グラフ

① 意味　meaning
② 語構成　word structure
③ 字形　shape（部首）
④ 書き writing（単字）
⑤ 書き writing（熟語）
⑥ 文脈から choice　漢字選択　from context
⑦ 用法 usage（品詞）
⑧ 用法 usage（送りがな）
⑨ 文脈からの読み reading from context
⑩ 読み reading（単字・訓）
⑪ 読み reading（熟語・音）
⑫ 音読み　On-reading（同音・形声）

前ページの表の①～⑫の結果（5点満点）を上のグラフのそれぞれの線の上に、赤い「・」で記入してください。そして、それぞれの点を右の例のように線でむすんでください。線が作る図形があなたの漢字力を表しています。

漢字力診断グラフの見方

　あなたの漢字力グラフは、どんな形になりましたか。線が大きな円（circle）になれば、あなたの漢字力も大きいことになります。線が中に入りこんでいるところがあなたの弱点（weak points）ですから、これから特にそこを強化してください。

　下のA、B、C、Dのグラフ例の中から、あなたの結果に一番近い形を見つけて、そのグラフの下にある説明をよく読んでください。これからのあなたの漢字の勉強にきっと役立つでしょう。

A

あなたの漢字力はまだ十分ではありませんが、バランスはいいです。この調子で漢字力をのばしてください。この本を1課から順に勉強しながら『Basic Kanji Book』Vol. 2を使って復習（review）もしたほうがいいと思います。

B

あなたは漢字の意味や読みはよく知っていますが、漢字を書くことが弱いですね。これからは、書く練習に力を入れましょう。字形をしっかり覚えることが大切です。漢字の構成要素（components）の知識（→復習の課）も役に立つでしょう。

C

あなたは、漢字の意味や字形はよく知っていますが、日本語での読み方がまだ不正確（ふせいかく）ですね。これからは、濁点（だくてん）（゛）や小さい「っ」、長音などに注意して正確に読む練習をしてください。それには、同音の漢字の知識（ちしき）（→この本の５課、８課、９課）も役に立つでしょう。

D

あなたの漢字力は、ほぼ満点（まんてん）(full marks)に近いですが、残念ながら日本語での用法がまだ弱いですね。漢字のことばを覚える時は、どんな品詞に使われるか（→この本の３課、４課、７課）もいっしょに覚えましょう。動詞・形容詞の送りがなも正確に覚えてください。

　もし、あなたの①〜⑫の漢字力の平均（へいきん）（average）が２点以下で、Aより小さい図形になったなら、この本を使って勉強する前に、『Basic Kanji Book』Vol. 1 と Vol. 2 を使って、漢字の体系（たいけい）（system）をざっと復習（ふくしゅう）することをすすめます。バランスのよい漢字力をつけるためには、何よりも基礎（きそ）（foundation）が大切です。
　では、あなたの漢字学習の成功（せいこう）（success）を期待しています。

＜テストの解答＞

A　1．⟷　西（にし　West）　　　6．⟷　後（あと／うし-ろ　after, back）
　　2．⟷　暗（くら-い　dark）　　　7．⟷　入（はい-る　to come in）
　　3．⟷　新（あたら-しい　new）　　8．⟷　降（お-りる　to get off, to alight）
　　4．⟷　安（やす-い　cheap）　　　9．⟷　減（へ-る　to decrease）
　　5．⟷　速（はや-い　fast）　　　10．⟷　開（あ-く　to open）

B　1．非／人間／的：人間らしくないこと　　6．営業／部／長　：営業をする部の長
　　2．最／新／報告：最も新しい報告　　　　7．原子／力／発電：原子の力で発電すること
　　3．合格／者／数：合格した人の数　　　　8．比較／研究／法：比較して研究する方法
　　4．無／公害／車：公害を出さない車　　　9．不／得意／科目：得意でない科目
　　5．少／人数／制：少ない人数の制度　　　10．効果／的／学習：効果がある学習

C　1．荷｜艹｜：くさかんむり　plant　　　6．線｜糸｜：いとへん　thread
　　2．新｜斤｜：おのづくり　ax　　　　　7．空｜穴｜：あなかんむり　hole
　　3．屋｜尸｜：しかばね　corpse　　　　8．意｜心｜：したごころ　heart
　　4．場｜土｜：つちへん　ground　　　　9．院｜阝｜：こざとへん　cliff
　　5．遠｜辶｜：しんにょう　way　　　　10．痛｜疒｜：やまいだれ　sickness

D　1．女　　2．歌　　3．駅　　4．熱　　5．頭
　　6．次　7．通る　8．遊ぶ　9．細い　10．弱い
　　11．百年　12．試験　13．家族　14．住所　15．空港
　　16．写真　17．自由な　18．生活する　19．結婚する　20．完成する

E　1．家の前に黒い車が｜止｜まった。
　　2．門のところで｜待｜っていてください。
　　3．何時に｜夕飯｜を食べましたか。
　　4．日本は｜物価｜が高すぎると思う。
　　5．この建物は現在｜使用｜されていません。
　　6．新しいビルを建てる｜計画｜がある。
　　7．どんな｜料理｜が好きですか。
　　8．政治にはあまり｜関心｜がありません。
　　9．あの｜音楽家｜は世界的に有名だ。
　　10．今月はずいぶん｜電気代｜がかかった。

F　1．練習（れんしゅう）する　2．番組（ばんぐみ）－　3．適当（てきとう）な
　　4．失礼（しつれい）な／する　5．必要（ひつよう）な　6．運転（うんてん）する
　　7．便利（べんり）な　8．問題（もんだい）－　9．結果（けっか）－
　　10．留学（りゅうがく）する

G

1. 始 ── めない／めます／める／めれば／めよう

2. 作 ── らない／ります／る／れば／ろう

3. 買 ── わない／います／う／えば／おう

4. 起 ── きない／きます／きる／きれば／きよう

5. 立 ── たない／ちます／つ／てば／とう

6. 返 ── さない／します／す／せば／そう

7. 教 ── えない／えます／える／えれば／えよう

8. 働 ── かない／きます／く／けば／こう

9. 強 ── くない／いです／い／ければ

10. 楽 ── しくない／しいです／しい／しければ

H

1. ちかてつ　2. おんがく　3. てんき　4. じょうず　5. りょこう

6. としょかん　7. ふえて　8. れきし　9. ざんねん　10. かえろう

I

1. あめ　2. はな　3. むら　4. いろ　5. おとうと

6. わかい　7. みじかい　8. しずかな　9. わたる　10. ふる

11. まいにち　12. じかん　13. でんわ　14. びょういん　15. せいじ

16. えいが　17. よてい　18. しごと　19. せつめい　20. じゅんび

J

1. 義 ギ　2. 郊 コウ　3. 洋 ヨウ　4. 談 ダン　5. 銅 ドウ

6. 安 アン　7. 持 ジ　8. 軽 ケイ　9. 白 ハク　10. 遠 エン

K

1. 昼　｛春・夏・秋・冬｝＝季節（seasons）
2. 道　｛速い・遅い・広い・重い｝＝イ形容詞（-i adjectives）
3. 外　｛会・開・回・海｝＝音読み「カイ」（On-reading 'kai'）
4. 米　｛休・集・困・機｝＝字形「木」（'木' shape）
5. 誌　｛読む・話す・飲む・待つ｝＝動詞（verbs）
6. 友　｛父・母・兄・妹｝＝家族（family members）
7. 円　｛朝・今・夜・夕｝＝時（time）
8. 見　｛言・元・現・原｝＝音読み「ゲン」（On-reading 'gen'）
9. 質　｛答・第・竹・笑｝＝竹かんむり（bamboo crown: radical）
10. 食　｛聞く・書く・歩く・行く｝「-く」で終わる動詞（verbs ending with-ku）
11. 主　｛週・習・終・集｝＝音読み「シュウ」（On-reading 'shuu'）
12. 力　｛目・耳・手・足｝＝体の部分（parts of the body）
13. 違　｛良い・正しい・難しい・悪い｝＝イ形容詞（-i adjectives）
14. 重　｛走・赤・地・社｝＝字形「土」（'土' shape）
15. 油　｛有・遊・友・右｝＝音読み「ユウ」（On-reading 'yuu'）
16. 切　｛動・男・勉・加｝＝字形「力」（'力' shape）
17. 忘　｛放・法・訪・方｝＝音読み「ホウ」（On-reading 'hou'）
18. 深　｛洗う・消す・決める・流す｝＝動詞（verbs）
19. 園　｛都・市・区・町｝＝日本の行政区分（administrative divisions in Japan）
20. 無　｛情・思・感・忙｝＝部首が「こころ」（radical and meaning"heart"）

ひらがなになった漢字

曽	世	寸	之	左	己	計	久	幾	加	於	衣	宇	以	安
そ	せ	す	し	さ	こ	け	く	き	か	お	え	う	い	あ

保	部	不	比	波	乃	祢	奴	仁	奈	止	天	川	知	太
ほ	へ	ふ	ひ	は	の	ね	ぬ	に	な	と	て	つ	ち	た

遠	和	呂	礼	留	利	良	与	由	也	毛	女	武	美	末
を	わ	ろ	れ	る	り	ら	よ	ゆ	や	も	め	む	み	ま

ん

日本にはもともと文字がなかったので、中国から伝えられた漢字を使って、日本語の音を書き表すようになりました。これは、万葉仮名（まんようがな）と呼ばれ、ひらがなの始まりになりました。

ひらがなは、漢字全体の形をくずして、簡単に速く書けるようにしたものです。平安時代から、主に女性が多く使い、ひらがなとしての字体ができあがりました。

第1課
漢字の仲間

 復習

　それぞれの漢字のグループには、ほかにどんな漢字が入るでしょうか。下のa.〜z. の中から選びなさい。

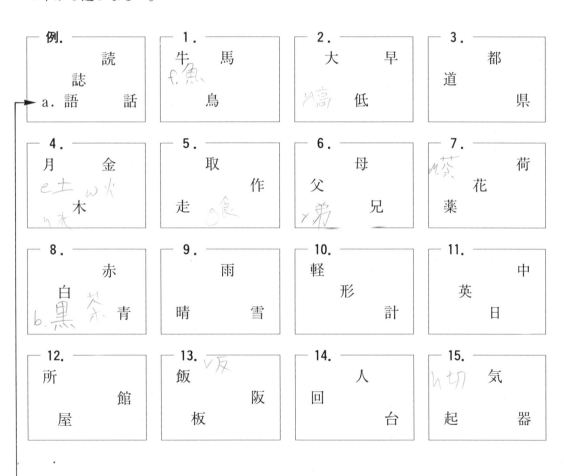

例.
読
誌
a.語　話

1.
牛　馬
f.魚
鳥

2.
大　早
y.高　低

3.
都
道
県

4.
月　金
e.土　w.火
り木

5.
取
作
走　g.食

6.
母
父　x.弟　兄

7.
m.茶　荷
花
薬

8.
赤
白　茶
b.黒　青

9.
雨
晴　雪

10.
軽
形
計

11.
中
英
日

12.
所
館
屋

13.
飯　坂
阪
板

14.
人
回
台

15.
り切　気
起　器

a.語　b.黒　c.府　d.島　e.土　f.魚　g.食　h.切　i.室
j.姉　k.期　l.米　m.茶　n.水　o.妹　p.風　q.広　r.経
s.本　t.西　u.落　v.反　w.火　x.弟　y.高　z.帰

＜ 答 え ＞

1. f魚：　牛（うし）・馬（うま）・鳥（とり）・魚（さかな）
        ＝動物（どうぶつ）　animals

2. b黒，q広，y高：　大（おお）きい・早（はや）い・低（ひく）い・黒（くろ）い・
    広（ひろ）い・高（たか）い　＝イ形容詞（けいようし）　-i adjectives

3. c府：　都（と）・道（どう）・府（ふ）・県（けん）
        ＝行政区分（ぎょうせいくぶん）　administrative divisions

4. e土，n水，w火：　月（げつ）・火（か）・水（すい）・木（もく）・金（きん）・土（ど）
        ＝曜日（ようび）　days of the week

5. h切，r経，z帰：　取（と）る・作（つく）る・走（はし）る・切（き）る・経（へ）る・
    帰（かえ）る　＝「る」で終わる動詞（どうし）　verbs ending with -ru

6. j姉，o妹，x弟：　母（はは）・父（ちち）・兄（あに）・姉（あね）・妹（いもうと）・
    弟（おとうと）　＝家族（かぞく）　family members

7. m茶，u落：　荷（に）・花（はな）・薬（くすり）・茶（ちゃ）・落（お）ちる
        ＝「艹」草（くさ）かんむりがつく　"plant" radical

8. b黒，m茶：　赤（あか）・白（しろ）・青（あお）・黒（くろ）・茶（ちゃ）
        ＝色　colors

9. p風：　雨（あめ）・晴（は）れ・雪（ゆき）・風（かぜ）
        ＝気象（きしょう）　weather

10. r経：　軽（ケイ）・形（ケイ）・計（ケイ）・経（ケイ）
        ＝音読みが「ケイ」　On-reading 'kei'

11. l米，t西：　英（えい）・中（ちゅう）・日（にち）・米（べい）・西（せい）
        ＝国名（こくめい）　countries

12. i室：　所（しょ／じょ）・館（かん）・屋（や）・室（しつ）
        ＝場所（ばしょ）の接尾辞（せつびじ）　place suffixes

13. v反：　飯（ハン）・阪（ハン）・板（バン）・反（ハン）
        ＝音記号（おんきごう）「反（ハン）」をもつ　phonetic marker 反 'han'

14. a語，d島，h切，i室，k期，s本：　～人（にん）・～回（かい）・～台（だい）・
    ～語（ご）・～島（とう）・～切（きれ）・～室（しつ）・～期（き）・～本（ほん／
    ぽん／ぼん）　＝助数詞（じょすうし）　counters

15. k期，z帰：　気（キ）・起（キ）・器（キ）・期（キ）・帰（キ）
        ＝音読みが「キ」　On-reading 'ki'

基本練習

Ⅰ. 1～12はどんな漢字のグループでしょうか。[　　]にそれぞれのグループの名前をつけ、グループに入る仲間（なかま）の漢字を下のa.～z.の中から選びなさい。（グループに入る漢字はいくつ選んでもよい。使わない字もある。）

1.	2.	3.	4.
浅 深 流 港	好 校 広 考	厚 薄 遠 低	男 町 細 留
[　　]	[　　]	[　　]	[　　]

5.	6.	7.	8.
庁 部 局 課	秋 終 週 集	国 現 理 主	欧 次 歌 飲
[　　]	[　　]	[　　]	[　　]

9.	10.	11.	12.
英 仏 西 米	貧 正 美 新	残 売 移 送	耳 頭 足 手
[　　]	[　　]	[　　]	[　　]

a.世　b.省　c.州　d.首　e.独　f.苦　g.通　h.県　i.教
j.濃　k.係　l.市　m.高　n.界　o.欠　p.難　q.減　r.印
s.乗　t.習　u.軟　v.硬　w.王　x.全　y.目　z.郵

Ⅱ．次の文の下線のことばの下に読み方を書き、それと同じ仲間のことばをふたつ、
例のように_____に漢字で書きなさい。

例．両親は太田市に住んでいる。　　　　　　　　町（まち）／村（むら）
　　　　　　し

1．あの赤いセーターを着た人が田中さんだ。　　_____

2．兄は東京の大学で勉強している。　　　　　　_____

3．駅の東口で待ち合わせをした。　　　　　　　_____

4．ころんで、指にけがをしてしまった。　　　　_____

5．田中さんの後ろにいるのが高橋さんです。　　_____

6．一年の中で春が一番好きだ。　　　　　　　　_____

7．一日のうちで、朝が一番忙しい。　　　　　　_____

8．このごろ、暑い日が続いている。　　　　　　_____

9．新聞の一面は「来月首相訪仏」という記事だ。　_____

10．机の上に厚い辞書が置いてある。　　　　　　_____

11．鈴木さんは文部科学省につとめている。　　　_____

12．彼は子どもの時、医者になりたかったそうだ。　_____

13．この町は農業が中心である。　　　　　　　　_____

14．家計が苦しいので、交通費を節約している。　_____

15．映画館の前で友人とばったり会った。　　　　_____

16．きのうから首が痛い。　　　　　　　　　　　_____

要点

　漢字は、一つ一つがそれぞれ形、音、意味、用法を持っています。これらの形、音、意味、そして用法などをカギ（key）にして、共通点を持っている漢字の仲間を見つけ、グループに分けてみましょう。

①形のグループ　　Grouping by shape

②音のグループ　　Grouping by pronunciation

③意味のグループ　Grouping by meaning

④用法のグループ　Grouping by usage

　このように漢字を分類する方法は、新しい漢字を覚える時にも、覚えた漢字を思い出す時などにも役に立ちます。

①形のグループ　Grouping by shape

　同じ部首（意味を表している部分：Radicals）を持つ漢字があります。（⇨BK L.11，12，13，14）漢字に共通の部首をさがしてみましょう。

<へん>　　　　■□：海　温　涼　深　浅　濃　など→　氵（さんずい）water

<つくり>　　□■：頭　題　願　顔　類　　　　など→　頁（おおがい）head

<かんむり>□：花　茶　薬　苦　落　薄　など→　艹（くさかんむり）plant

<あし>　　　□：思　悪　意　感　忘　悲　など→　心（こころ）heart

<にょう>　　■：道　週　近　遠　通　送　など→　辶（しんにょう）way

<たれ>　　　■：広　店　度　席　府　庁　など→　广（まだれ）roof

<かまえ>　　■：問　間　開　閉　聞　関　など→　門（もんがまえ）gate

　形は少し違っても同じ部首としてあつかわれるものもあります。漢和辞典を引くときに、知っていると便利です。

例1.　「忄」（りっしんべん）も「心」（こころ，heart）のグループ
　　　　忙　性　情　快　憎　思　悪　意　感　忘　悲　怒　恐　など

例2.　「灬」（れっか）も「火」（ひ，fire）のグループ
　　　　黒　熱　無　然　煮　照　畑　焼　炒　炊　災　炎　など

ほかに、部首ではありませんが、ある共通の形を部分として持つ漢字もあります。

<部分> ：品 古 加 商 器 局 など → 口
　　　　　：町 細 留 男 界 胃 など → 田
　　　　　：赤 考 社 地 遠 壁 など → 土
　　　　　：全 国 現 理 球 環 など → 王

②音のグループ　Grouping by pronunciation

　漢字には、意味を表す部分（部首）と、音を表す部分（音記号）とからできているものがあり、それらは形声文字と呼ばれています。（⇨BK L.14）

　音記号というのは、音読みを表している部分です。

音記号　　音読み
< 青 >　セイ　：青（セイ）　　　晴（セイ）　　　静（セイ）
　　　　　　　　（あお-い）　　　（は-れ）　　　（しず-か）

< 可 >　カ　：可（カ）　　　何（カ）　　　歌（カ）
　　　　　　　　　　　　　（なに/なん）　　　（うた）

< 交 >　コウ　：交（コウ）　　　校（コウ）　　　効（コウ）
　　　　　　　　（まじ-わる）　　　　　　　　　（き-く）

< 古 >　コ　：古（コ）　　　故（コ）　　　個（コ）
　　　　　　　　（ふる-い）　　　（ゆえ）

< 寺 >　ジ　：寺（ジ）　　　持（ジ）　　　時（ジ）
　　　　　　　　（てら）　　　（も-つ）　　　（とき）

< 方 >　ホウ　：方（ホウ）　　　訪（ホウ）　　　放（ホウ）
　　　　　　　　（かた）　　　（たず-ねる）　　　（はな-つ）

※くわしいことは、復習１－形声文字(1)(pp.93～97)を参照。

③意味のグループ　Grouping by meaning

　漢字を意味によってグループに分けてみましょう。たとえば、『Basic Kanji Book』には、次のような意味によるグループ分けがあります。

<家族> family members　：父 母 兄 姉 弟 妹　⇨BK L.15
<位置> locations　　　：右 左 上 下 中　　⇨BK L.18
<方角> directions　　　：東 西 南 北　　　⇨BK L.18
<季節> seasons　　　　：春 夏 秋 冬　　　⇨BK L.26

<色>（いろ）　colors ：赤　青　黒　白　茶　　　　　⇨BK L.23

<行政区分>（ぎょうせいくぶん）：都　道　府　県　市　区　町　村　⇨BK L.20
administrative divisions

<専門分野>（せんもんぶんや）：政治　経済　教育　歴史　化学　など　⇨BK L.22
fields of academic study

1

このほかにも、いろいろな意味のグループが考えられます。

<国名>（こくめい）　：米（べい）＝アメリカ　　露（ろ）＝ロシア
countries　　　　英（えい）＝イギリス　　中（ちゅう）＝中国
　　　　　　　　西（せい）＝スペイン　　韓（かん）＝韓国
　　　　　　　　仏（ふつ）＝フランス　　豪（ごう）＝オーストラリア
　　　　　　　　独（どく）＝ドイツ　　　伯（はく）＝ブラジル
　　　　　　　　印（いん）＝インド
　　　　c.f. <地域>（ちいき）　欧（おう）＝ヨーロッパ
　　　　　　　　　　　　　　　　亜（あ）　＝アジア

<体の部分>　parts of the body
　　　　　　　：目　耳　口　歯　指　頭　顔　首（くび）

<他の行政区分>（た）　other administrative divisions
　　　　　　　：州（しゅう）　ニューヨーク州　New York State (U.S.)
　　　　　　　　省（しょう）　山東省（さんとう）　Shandong Province (China)
　　　　　　　　郡（ぐん）　　西多摩郡（にしたま）　Nishitama District

<官公庁>（かんこうちょう）　public offices
　　　　　　　：省（しょう）　文部科学省　Ministry of Education, Culture, Sports,
　　　　　　　　　　　　　　　　　　　　　Science and Technology
　　　　　　　　　　　　　　経済産業省　Ministry of Economy, Trade and Industry
　　　　　　　　庁（ちょう）　警察庁（けいさつ）　National Police Agency
　　　　　　　　　　　　　　防衛庁（ぼうえい）　Japan Defence Agency
　　　　　　　　局（きょく）　水道局　Water Works Bureau
　　　　　　　　　　　　　　郵便局（ゆうびん）　Post Office

<部局>（ぶきょく）　divisions of organization
　　　　　　　：局（きょく）　経理局　Finance and Accounting Bureau
　　　　　　　　部（ぶ）　　　営業部　Sales Department
　　　　　　　　　　　　　　茶道部（さどう）　Tea Ceremony Club
　　　　　　　　課（か）　　　人事課　Personnel Section
　　　　　　　　　　　　　　経理課　Accounting Section
　　　　　　　　係（かかり）　第二係（だいにがかり）　2nd Sub-section
　　　　　　　　　　　　　　受付係（うけつけがかり）　Receptionist

④用法のグループ　Grouping by usage

『Basic Kanji Book』には次のような品詞（parts of speech）などによる分類があります。

<イ形容詞>：高い　安い　多い　少ない　長い　短い　など
-i adjectives　⇨BK L.8, 14, 16, 28, 38

<動詞>　：話す　聞く　読む　書く　食べる　飲む　など
verbs　⇨BK L.9, 17, 24, 30, 37, 43

<スル動詞>：練習する　勉強する　研究する　質問する　など
-suru verbs　⇨BK L.21

<ナ形容詞>：元気な　有名な　便利な　適当な　など
-na adjectives　⇨BK L.16, 28

<場所>の接尾辞：～所　～場　～地　～園　～館　など
suffixes (place)　⇨BK L.19

<仕事>の接尾辞：～家　～手　～者　～員　～人　など
suffixes (occupation)　⇨BK L.27

<お金>の接尾辞：～代　～費　～料　～金　など
suffixes (money)　⇨第6課(p.112)

<否定>の接頭辞：非～　不～　無～　未～　など
negative prefixes　⇨BK L.45, 第6課(p.113)

この課では、国や地域に使われる漢字、部局などに使われる漢字のほかに、イ形容詞
に使われる漢字として、さらに次の漢字を勉強します。

<イ形容詞>：貧(まず)しい　　poor　　　　　硬(かた)い　　hard, stiff
　　　　　　浅(あさ)い　　　shallow　　　　軟(やわ)らかい　soft
　　　　　　薄(うす)い　　　weak (liquid), light (color/density), thin
　　　　　　濃(こ)い　　　　strong (liquid), dark (color/density)
　　　　　　厚(あつ)い　　　thick

┌─ 第1課の学習漢字 ─────────────────────┐

仏	独	印	欧	州	世	界	郵	省	庁
p.244	p.256	p.290	p.284	p.330	p.330	p.301	p.281	p.316	p.322

係	厚	薄	濃	硬	軟	浅	貧	王	首	
p.245	p.321	p.298	p.256	p.264	p.273	p.254	p.319	p.261	p.294	**20**

└────────────────────────────────┘

※上の学習漢字のほかにも、もしあなたがまだ知らない漢字がこの課に出ていたら、本の
　後ろにある漢字索引（Kanji Index）を見て、勉強しておきましょう。

応用練習

Ⅰ．次の文中で使えることばを、{a.～f.} の中から選んで、○をつけてみましょう。
使えることばは、一つだけではありません。

例．　パーティーで食べたり {a. 歌ったり b. 話したり c. 読んだり} した。
　　　　　　　　　　　　　　{d. 飲んだり e. 押したり f. 書いたり}

1．　田中さんは今 {a. 会議　b. 仕事　c. 結婚} 中です。
　　　　　　　　　{d. 世界　e. 勉強　f. 電話}

2．　本屋で新しい {a. 東　b. 北　c. 西} 和辞典を見つけた。
　　　　　　　　　{d. 仏　e. 独　f. 英}

3．　そこを {a. 遊んで　b. 曲がって　c. 通って} ください。
　　　　　　{d. 渡って　e. 歩いて　　f. 止まって}

4．　このお茶は {a. 熱　b. 濃　c. 寒} すぎて、おいしくない。
　　　　　　　　{d. 薄　e. 暑　f. 弱}

5．　けさから {a. 心　b. 頭　c. 熱} が痛くて、困っている。
　　　　　　　{d. 体　e. 首　f. 歯}

6．　{a. 営業　b. 案内　c. 教育} を勉強するために大学へ行く。
　　　{d. 運転　e. 経済　f. 歴史}

7．　卒業したら、{a. 放送局　b. 政治家　c. 新聞社} で仕事をする。
　　　　　　　　 {d. 外務省　e. 防衛庁　f. 銀行員}

8．　「趣味は {a. 読書　b. 辞書　c. 質問} だ。」と答える人が多い。
　　　　　　　{d. 料理　e. 旅行　f. 運動}

9．　彼は {a. 山口県　b. 北海道　　c. 外務省} で生まれ、東京で育った。
　　　　　{d. 京都府　e. テキサス州　f. 商業地}

10．　その国の {a. 国長　　b. 国首　c. 首相} と会見する。
　　　　　　　 {d. 大統領　e. 元首　f. 国王}

Ⅱ．次の（　　）の中に、適当な漢字を1字、入れなさい。

1. 中国の四川（①　　）は、パンダのふるさととして有名です。

2. 京都市は京都（②　　）の（③　　）庁所在地です。

3. フランスは18（④　　）紀末に起きた革命によって（⑤　　）制から
   共和制に移行し、ルイ16（⑥　　）は、フランス最後の国（⑦　　）と
   なった。

4. 九州は福岡（⑧　　）、佐賀（⑨　　）、長崎（⑩　　）、熊本（⑪　　）、
   大分（⑫　　）、宮崎（⑬　　）、鹿児島（⑭　　）という7つの
   （⑮　　）に分かれている。

5. 毎日、気象（⑯　　）から天気予報が発表されます。

6. そのパーティーには、政（⑰　　）や経済（⑱　　）の大物が多数出席
   していた。

7. 郵便（⑲　　）は、郵政事業（⑳　　）の下に置かれている。

8. ECというのは、（㉑　　）州共同体のことです。

9. このコピーは（㉒　　）くて読めません。もっと（㉓　　）くしてくだ
   さい。

10. 彼は（㉔　　）（㉕　　）中を回って、（㉖　　）しい人々のためにチャ
    リティー・コンサートを開いている。

11. 私はまだ経験が（㉗　　）いので、人前で話すとき、（㉘　　）くなっ
    てしまいます。

12. 日本の行政組織は、2001年1月に、下図のように再編された。

内閣は、内閣府と、環境（㉙　　　）、国土交通（㉚　　　）、経済産業

（㉛　　　）、農林水産（㉜　　　）、厚生労働（㉝　　　）、文部科学（㉞　　　）、

財務（㉟　　　）、外務（㊱　　　）、法務（㊲　　　）、総務（㊳　　）などからなる。

そして、内閣府のもとには、宮内（㊴　　　）、金融（㊵　　）、防衛（㊶　　　）

と国家公安委員会があり、警察（㊷　　　）は国家公安委員会のもとに置かれ

ている。郵政事業（㊸　　　）は、総務（㊹　　　）のもとに置かれている。

1

＜日本の行政組織＞

課題

I. 次の a.～g. の質問項目（こうもく）について、まわりの友だちや日本人に日本語で質問し、その答えを下の表の 2.～5. に記入してください。1. には、あなた自身（じしん）の答えを記入してください。

	1.あなた	2.	3.	4.	5.
a. 出身地（しゅっしんち） birthplace					
b. 職業・仕事（しょくぎょう） occupation, job					
c. 専門（せんもん） speciality					
d. 趣味（しゅみ） hobbies					
e. 好きな色					
f. 好きな漢字					
g. 行きたい国					
h.					
i.					

※できるだけ多くの人に質問して、その結果を下のように集計（しゅうけい）し、日本語で発表してみましょう。h. と i. のところに質問も増やしてみてください。

例　「好きな色」を留学生20人に聞きました。

白　　8人
青　　5人
黄　　4人
赤　　2人
ピンク　1人

Ⅱ．自分で、いろいろな漢字の仲間（なかま）をさがす問題を10作ってください。
　　友だちと問題を見せ合って、おたがいにやってみましょう。

例．
晩　　　朝
　　今
　　　　夜
　a.昼

[時を表す漢字]　　[　　　　　]　　[　　　　　]　　[　　　　　]

1.

2.

3.

1

4.

5.

6.

7.

[　　　　　]　　[　　　　　]　　[　　　　　]　　[　　　　　]

8.

9.

10.

[　　　　　]　　[　　　　　]　　[　　　　　]

a.昼　　b.　　　c.　　　d.　　　e.　　　f.　　　g.　　　h.
i.　　　j.　　　k.　　　l.　　　m.　　　n.　　　o.　　　p.
q.　　　r.　　　s.　　　t.　　　u.　　　v.　　　w.　　　x.

※答えは、別の紙に書いてください。

かたかなになった漢字

阿	伊	宇	江	於	加	幾	久	介	己	散	之	須	世	曽
ア	イ	ウ	エ	オ	カ	キ	ク	ケ	コ	サ	シ	ス	セ	ソ
ア	イ	ウ	エ	オ	カ	キ	ク	ケ	コ	サ	シ	ス	セ	ソ
多	千	川	天	止	奈	二	奴	祢	乃	八	比	不	部	保
タ	チ	ツ	テ	ト	ナ	ニ	ヌ	ネ	ノ	ハ	ヒ	フ	ヘ	ホ
タ	チ	ツ	テ	ト	ナ	ニ	ヌ	ネ	ノ	ハ	ヒ	フ	ヘ	ホ
末	三	牟	女	毛	也	由	与	良	利	流	礼	呂	和	乎
マ	ミ	ム	メ	モ	ヤ	ユ	ヨ	ラ	リ	ル	レ	ロ	ワ	ヲ
マ	ミ	ム	メ	モ	ヤ	ユ	ヨ	ラ	リ	ル	レ	ロ	ワ	ヲ

礼
レ
ン

かたかなは、主に漢字の一部分をとって、簡単な形にしたものです。中国から伝えられた本や仏教の経典を読むために作られました。

平安時代には、お坊さんや学者のような知識階級の男性が、漢字で書かれた文章を読む時に、送りがなやふりがなとして使いました。

かたかなのもとになった漢字は、ひらがなのもとになった漢字と違っている場合もあります。たとえば、かたかなの「ア」は「阿」という漢字から作られましたが、ひらがなの「あ」のもとになったのは、「安」という漢字だといわれています。

反対語の漢字

復習

次のことばと反対の意味のことば、あるいは対^{つい}になっていることばを_____に書きなさい。

例. 上 ⬌ ___下___

1. 女 ⬌ ___男___

2. 前 ⬌ ___後___

3. 右 ⬌ ___左___

4. 北 ⬌ _____

5. 内 ⬌ _____

6. 強い ⬌ _____

7. 良い ⬌ _____

8. 短い ⬌ _____

9. 軽い ⬌ _____

10. 高い ⬌ ___安___

11. 冷たい ⬌ _____

12. 少ない ⬌ _____

13. 硬い ⬌ _____

14. 薄い ⬌ _____

15. 深い ⬌ _____

16. 入る ⬌ _____

17. 乗る ⬌ _____

18. 動く ⬌ ___休む___

19. 始まる ⬌ _____

20. 増える ⬌ _____

21. 心配する ⬌ _____

22. 出席する ⬌ _____

23. 賛成する ⬌ _____

24. 以上 ⬌ _____

＜答え＞

1. 女（おんな） ⟷ 男（おとこ）
   woman　　　　man

2. 前（まえ） ⟷ 後（うし）ろ
   front　　　　back
   前（まえ） ⟷ 後（あと）
   before　　　　after

3. 右（みぎ） ⟷ 左（ひだり）
   right　　　　left

4. 北（きた） ⟷ 南（みなみ）
   north　　　　south

5. 内（うち） ⟷ 外（そと）
   inside　　　　outside

6. 強（つよ）い ⟷ 弱（よわ）い
   strong　　　　weak

7. 良（よ）い ⟷ 悪（わる）い
   good　　　　bad

8. 短（みじか）い ⟷ 長（なが）い
   short　　　　long

9. 軽（かる）い ⟷ 重（おも）い
   light　　　　heavy

10. 高（たか）い ⟷ 低（ひく）い
    high　　　　low
    高（たか）い ⟷ 安（やす）い
    expensive　　　　cheap

11. 冷（つめ）たい ⟷ 熱（あつ）い
    cold　　　　hot
    冷（つめ）たい ⟷ 温（あたた）かい
    cold　　　　warm

12. 少（すく）ない ⟷ 多（おお）い
    few, little　　　　many, much

13. 硬（かた）い ⟷ 軟（やわ）らかい
    hard　　　　soft

14. 薄（うす）い ⟷ 厚（あつ）い
    thin　　　　thick
    薄（うす）い ⟷ 濃（こ）い
    light（color/density） dark

15. 深（ふか）い ⟷ 浅（あさ）い
    deep　　　　shallow

16. 入（はい）る ⟷ 出（で）る
    to come in　　　　to go out

17. 乗（の）る ⟷ 降（おり）る
    to get on　　　　to get off

18. 動（うご）く ⟷ 止（と）まる
    to move　　　　to stop

19. 始（はじ）まる ⟷ 終（おわ）る
    to start　　　　to end

20. 増（ふ）える ⟷ 減（へ）る
    to increase　　　　to decrease

21. 心配する ⟷ 安心する
    （しんぱい）　　　（あんしん）
    to worry　　　　to be relieved

22. 出席する ⟷ 欠席する
    （しゅっせき）　　　（けっせき）
    to be present　　　　to be absent

23. 賛成する ⟷ 反対する
    （さんせい）　　　（はんたい）
    to agree　　　　to oppose

24. 以上 ⟷ 以下
    （いじょう）　　　（いか）
    more than　　　　less than

Ⅰ．次の文を読んで、下線のことばの下に読み方を書きなさい。そして反対の意味の
　ことば、あるいは対になっていることばと、その読みを書きなさい。

例．　友人の結婚式に<u>出席</u>しようと思っている。　　　　↔　　　　欠席
　　　　　　　　　　しゅっせき　　　　　　　　　　　　　　　　　　　けっせき

1．　彼が住んでいるところは交通が<u>不便</u>だ。　　　　　　↔＿＿＿＿＿＿＿＿＿

2．　今年の夏の東京の<u>最高</u>気温は35度だった。　　　　　↔＿＿＿＿＿＿＿＿＿

3．　<u>古城</u>めぐりのツアーは4月26日に<u>出発</u>する。　　↔＿＿＿＿＿＿＿＿＿
　　　こじょう

4．　NTTの番号案内は<u>有料</u>です。　　　　　　　　　　　↔＿＿＿＿＿＿＿＿＿

5．　<u>戦前</u>の日本の教育制度を研究している。　　　　　　↔＿＿＿＿＿＿＿＿＿

6．　自分の<u>短所</u>を知ることが大切だ。　　　　　　　　　↔＿＿＿＿＿＿＿＿＿

7．　交通事故による<u>死者</u>が<u>増加</u>している。　　　　　↔＿＿＿＿＿＿＿＿＿
　　　　　　　　　ししゃ

8．　最近さまざまな分野に<u>女性</u>が進出してきた。　　　　↔＿＿＿＿＿＿＿＿＿

9．　<u>国際線</u>の飛行機の発着は向こうのターミナルだ。　　↔＿＿＿＿＿＿＿＿＿

10．　彼女は先週の日曜日に<u>退院</u>したそうだ。　　　　　　↔＿＿＿＿＿＿＿＿＿

11．　<u>親切</u>な駅員さんが道を教えてくれた。　　　　　　　↔＿＿＿＿＿＿＿＿＿

12．　この食品は<u>低温</u>で<u>保存</u>してください。　　　　　↔＿＿＿＿＿＿＿＿＿
　　　　　　　　　　　　　ほぞん

13．　<u>出国</u>する際には、この書類が必要だ。　　　　　　　↔＿＿＿＿＿＿＿＿＿

14．　この戦争は<u>長期化</u>する恐れがある。　　　　　　　　↔＿＿＿＿＿＿＿＿＿
　　　　　　　　　　　　　おそ

2

Ⅱ．次の文の下線のところに適当なことばを書き、その読み方を下に書きなさい。
後ろの（　　　）には、それと反対、または対になることばがあります。

例．　この大学には留学生が五百人＿＿以上＿＿いる。　　　⟷　（　以下　）
　　　　　　　　　　　　いじょう　　　　　　　　　　　　　　　　　　いか

1．　1週間で論文を仕上げるのは絶対に＿＿＿＿＿＿だ。　⟷　（　可能　）

2．＿＿＿＿＿＿が接近しているので雨になるだろう。　　　⟷　（　高気圧　）

3．　この許可証は期限が切れていて＿＿＿＿＿＿だ。　　　⟷　（　有効　）

4．　地下水から＿＿＿＿＿＿の水銀が検出された。　　　　⟷　（　多量　）

5．　戦争のために軍事関係の＿＿＿＿＿＿が多かった。　　⟷　（　収入　）

6．　試合の＿＿＿＿＿＿時間を教えてください。　　　　　⟷　（　終了　）

7．　その国はオリンピックへの＿＿＿＿＿＿を表明した。　⟷　（　参加　）

8．　彼女は非常に＿＿＿＿＿＿な秘書だ。　　　　　　　　⟷　（　無能　）

9．　この仕事で＿＿＿＿＿＿するのは難しい。　　　　　　⟷　（　失敗　）

10．　この本には＿＿＿＿＿＿な数式がたくさんある。　　　⟷　（　簡単　）

11．　その殺人は＿＿＿＿＿＿の者によるものと思われる。　⟷　（　外部　）

12．　この書類を＿＿＿＿＿＿してコピーしてください。　　⟷　（　縮小　）

13．＿＿＿＿＿＿の知らせを聞いて、祝電を打った。　　　　⟷　（　敗北　）

14．＿＿＿＿＿＿階級の人とつき合うのは大変だ。　　　　　⟷　（　下層　）

反対の意味をもつことば、あるいは対になることばには、次の①～⑤のようにいろいろなタイプがあります。

①否定の接頭辞　Prefixes with negative meanings

(⇨BK L.45, 第6課)

2

不（ふ）：　NA　　　　　　　　　⟷　不～　　　　[＝～ではない]
　　　　　　親切（しんせつ）な　⟷　不親切な　[＝親切ではない]
　　　　　　可能（かのう）な　　⟷　不可能な　[＝可能ではない]
　　　　　　便利（べんり）な　　⟷　不便な　　[＝便利ではない]

　　　　　　VN　　　　　　　　　⟷　不～　　　　[＝～しない]
　　　　　　安定（あんてい）する　⟷＊不安定な　[＝安定しない]
　　　　　　参加（さんか）する　　⟷＊不参加　　[＝参加しない]

無（む）：　NA/N　　　　　　　　⟷　無～　　　　[＝～がない]
　　　　　　有力（ゆうりょく）な　⟷　無力な　　[＝力がない]
　　　　　　有効（ゆうこう）な　　⟷　無効な　　[＝効力がない]
　　　　　　有能（ゆうのう）な　　⟷　無能な　　[＝能力がない]
　　　　　　有料（ゆうりょう）　　⟷　無料　　　[＝料金がいらない]

上の「不安定」や「不参加」のように、反対の意味の接辞がつくと、使い方が変わるものがあるので、注意してください。

例1.　この国の政情は安定している。
　　　　The political situation of this country is stable.
　　　　　　　不安定だ。　　　　　　unstable
　　　　　　　×不安定している。

例2.　精神的に不安定な状態　　　mentally unstable condition
　　　　　　　安定した　　　　　　　stable
　　　　　　　×安定な

例3.　シンポジウムに参加する。　to participate in the symposium
　　　　　　　不参加だ。　　　not to participate
　　　　　　　×不参加する。

② 対になる形容詞の漢字　Pairs of adjectives with opposite meanings

例.　高い ⟷ 低い　：最高（さいこう）　⟷　最低（さいてい）
　　　　　　　　　　　the highest　　　　　　the lowest
　　　　　　　　　　　高気圧（こうきあつ）　⟷　低気圧（ていきあつ）
　　　　　　　　　　　high atmospheric pressure　low atmospheric pressure

　　　長い ⟷ 短い　：長期（ちょうき）　⟷　短期（たんき）
　　　　　　　　　　　long term　　　　　　short term
　　　　　　　　　　　長所（ちょうしょ）　⟷　短所（たんしょ）
　　　　　　　　　　　a strong point　　　　a weak point

　　　多い ⟷ 少ない：多数（たすう）　⟷　少数（しょうすう）
　　　　　　　　　　　a majority　　　　　　a minority
　　　　　　　　　　　多量（たりょう）　⟷　少量（しょうりょう）
　　　　　　　　　　　a large quantity　　　a small quantity

　　大きい ⟷ 小さい：最大（さいだい）　⟷　最小（さいしょう）
　　　　　　　　　　　the biggest　　　　　　the smallest
　　　　　　　　　　　拡大（かくだい）する　⟷　縮小（しゅくしょう）する
　　　　　　　　　　　to enlarge　　　　　　to reduce

　　　硬い ⟷ 軟らかい：硬化（こうか）する　⟷　軟化（なんか）する
　　　　　　　　　　　to stiffen　　　　　　to soften
　　　　　　　　　　　強硬（きょうこう）な　⟷　柔軟（じゅうなん）な
　　　　　　　　　　　strong, stubborn　　　flexible

　　　強い ⟷ 弱い　：強固（きょうこ）な　⟷　軟弱（なんじゃく）な
　　　　　　　　　　　firm, strong　　　　　weak, feeble
　　　　　　　　　　　　　　　　　　　⟷　薄弱（はくじゃく）な
　　　　　　　　　　　　　　　　　　　　　weak, infirm

「強硬な態度（hard-line attitude）」や「強硬な手段（drastic measure）」はマイナスのイメージ、「強固な意志（strong will）」や「強固な基礎（solid foundation）」はプラスのイメージになる。「軟弱な外交（weak-kneed diplomacy）」「意志が薄弱だ（to be weak-willed）」のように、文中での使い方が違うものもあるので注意する必要がある。

③対（つい）になる動詞（どうし）の漢字　Pairs of verbs with opposite meanings

例. 増える ⟷ 減る 　：増加（ぞうか）する ⟷ 減少（げんしょう）する
　　　　　　　　　　　　to increase 　　　　　to decrease

　　始める ⟷ 終わる 　：開始（かいし）する ⟷ 終了（しゅうりょう）する
　　　　　　　　　　　　to start 　　　　　　to finish

　　出る ⟷ 入る 　：出力（しゅつりょく） ⟷ 入力（にゅうりょく）
　　　　　　　　　　　output 　　　　　　input
　　　　　　　　　　　支出（ししゅつ） ⟷ 収入（しゅうにゅう）
　　　　　　　　　　　expenses 　　　　income
　　　　　　　　　　　輸出（ゆしゅつ）する ⟷ 輸入（ゆにゅう）する
　　　　　　　　　　　to export 　　　　to import

　　出る ⟷ 欠（か）く 　：出席（しゅっせき）する ⟷ 欠席（けっせき）する
　　　　　　　　　　　to attend, to be present 　to be absent

　　入る ⟷ 退（しりぞ）く 　：入院（にゅういん）する ⟷ 退院（たいいん）する
　　　　　　　　　　　to enter hospital 　　to leave hospital

　　　　　　　　　　　入場（にゅうじょう）する ⟷ 退場（たいじょう）する
　　　　　　　　　　　to enter (a place) 　to leave (a place)

　　進む ⟷ 退く 　：進化（しんか）する ⟷ 退化（たいか）する
　　　　　　　　　　　to evolve 　　　　to degenerate, to degrade

　　発つ ⟷ 着く 　：出発（しゅっぱつ）する ⟷ 到着（とうちゃく）する
　　　　　　　　　　　to depart 　　　　to arrive

　　勝（か）つ ⟷ 敗（やぶ）れる 　：勝者（しょうしゃ） ⟷ 敗者（はいしゃ）
　　　　　　　　　　　winner 　　　　defeated person, loser
　　　　　　　　　　　勝利（しょうり） ⟷ 敗北（はいぼく）
　　　　　　　　　　　victory 　　　　defeat
　　　　　　　　　　　完勝（かんしょう） ⟷ 完敗（かんぱい）
　　　　　　　　　　　total victory 　　total defeat

　　勝つ ⟷ 負（ま）ける 　：勝負（しょうぶ） match, game, gamble

「出・入」と「出・欠」、「入・退」と「進・退」、「勝・敗」と「勝・負」のように、対（つい）になる漢字が一通りではないこともあるので、注意すること。また、「入学」と対になるのは、「退学（withdrawal from school）」より、むしろ「卒業（graduation）」であることにも注意。

④対になる名詞の漢字 Pairs of nouns with opposite meanings

例.　　前 ⟷ 後　　：戦前(せんぜん)　　⟷　戦後(せんご)
　　　　　　　　　　　prewar　　　　　　　postwar

　　　　　　　　　　c.f.　戦争(せんそう)の前と後という意味だが、ふつうは第二次世界大戦の前と後を表す。

　　　　上 ⟷ 下　　：上層(じょうそう)　⟷　下層(かそう)
　　　　　　　　　　　upper classes　　　　lower classes

　　　　　　　　　　上昇(じょうしょう)する⟷ 下降(かこう)する
　　　　　　　　　　to rise, to ascend　　　to fall, to descend

　　　　　　　　　　c.f.　株式市場(stock market)や為替相場(exchange rate)では、「下落(げらく)する to fall, to descend」も使われる。その際に対になるのは、「高騰(こうとう)する to rise」が多い。

　　　　内 ⟷ 外　　：内部(ないぶ)　　⟷　外部(がいぶ)
　　　　　　　　　　　the inside　　　　　　the outside

　　　　　　　　　　内線(ないせん)　　⟷　外線(がいせん)
　　　　　　　　　　internal extension　　outside line

　　　　　　　　　　国内(こくない)　　⟷　国外(こくがい)
　　　　　　　　　　domestic　　　　　　　outside the country

　　　　　　　　　　　　　　　　　　　　　海外(かいがい)
　　　　　　　　　　　　　　　　　　　　　overseas, abroad

　　　　　　　　　　c.f.　国際(こくさい)
　　　　　　　　　　　　　international

⑤その他 Others

例.　簡単(かんたん)な　simple, light ⎫
　　　単純(たんじゅん)な　simple, easy ⎭ ⟷ 複雑(ふくざつ)な　complicated

　　　賛成(さんせい)する　to agree　　⟷ 反対(はんたい)する　to oppose

　　　成功(せいこう)する　to succeed　⟷ 失敗(しっぱい)する　to fail

　　　戦争(せんそう)　war　　　　　　⟷ 平和(へいわ)　peace

　　　需要(じゅよう)　demand　　　　⟷ 供給(きょうきゅう)　supply

⑥対になる漢字の組み合わせ語　Words made of Kanji Pairs

対の意味を表すもの：

高低（こうてい）　　＝高いか低いか
大小（だいしょう）　＝大きいか小さいか
強弱（きょうじゃく）＝強いか弱いか
増減（ぞうげん）　　＝増えるか減るか
勝敗（しょうはい）　＝勝つか敗れるか
進退（しんたい）　　＝進むか退くか
出欠（しゅっけつ）　＝出席するか欠席するか

収支（しゅうし）　　＝収入と支出
発着（はっちゃく）　＝発つと着く
前後（ぜんご）　　　＝前と後／前と後ろ
左右（さゆう）　　　＝左と右
上下（じょうげ）　　＝上と下
内外（ないがい）　　＝内と外
公私（こうし）　　　＝公（おおやけ）と私（わたくし）

特別な意味をもつもの：

多少（たしょう）　more or less, a little
加減（かげん）　　allowances, adjustment
始終（しじゅう）　always, all the time
終始（しゅうし）　from beginning to end
勝負（しょうぶ）　match, game, gamble

┌─ 第2課の学習漢字 ─────────────────

戦　争　際　可　能　収　支　圧　量　層
p.324　p.293　p.258　p.307　p.259　p.279　p.306　p.309　p.299　p.323

了　参　昇　輪　拡　縮　複　純　功　勝
p.329　p.292　p.298　p.273　p.252　p.268　p.265　p.267　p.250　p.278

敗　負
p.283　p.318

22

応用練習

Ⅰ. 新聞などで漢字のことばを見つけたら、その反対の意味のことばや対になることばがあるかどうか調べて、いっしょにおぼえましょう。たとえば、次の文の下線のことばと反対の意味のことばは何でしょうか。表に整理_{せいり}して、記入してみましょう。

例. この番組の<u>開始</u>時間は6時40分だ。

1. <u>地球</u>_{ちきゅう}の気温は年々<u>上昇</u>しているといわれている。

2. <u>収入</u>の大半は、食費と<u>住居費</u>_{じゅうきょひ}に当てられる。

3. <u>屋内</u>プールなので、冬でも泳げる。

4. 今日は、私の人生で<u>最良</u>の日だと思う。

5. この機械_{きかい}の原理は<u>単純</u>で、だれにでもわかる。

6. もし<u>可能</u>なら、来週までに仕上げてほしい。

7. <u>少数</u>意見も大切にする方針_{ほうしん}である。

8. シンポジウムの<u>開会</u>式に出席した。

9. 米国はロケットの打ち上げに<u>成功</u>した。

10. このまま赤字が<u>拡大</u>すると、大変なことになる。

	反対語（読み）	品詞	意　味	対になる漢字	タイプ
例	開始（かいし） ⇅ 終了（しゅうりょう）	VN VN	starting ⇅ ending	始（始める） ⇅ 終（終わる）	動詞
1					
2					
3					
4					

5			
6			
7			
8			
9			
10			

2

Ⅱ．次の文を読んで、□ に適当な漢字を入れてみましょう。

例． 昨日（さくじつ）の会議は、 出 席者より 欠 席者のほうが多かった。

1．今は知らない者がいないほど □ 名な作家である彼も、十年前は

□ 名の新人だった。

2．赤字というのは、 □ 入より □ 出のほうが多いことである。

3． □ 後、日本ではやっと男女平（びょうどう）等の考え方が認（みと）められるようになっ

たが、 □ 前の男尊女卑（だんそんじょひ）の考え方がまだ強く残っている。

4. あまり物事を ☐ 雑に考えないで、もっと単 ☐ に考えたほうが楽ですよ。

5. 日本と欧米の貿易摩擦の問題は、日本が農産物や食料の ☐ 入を ☐ 大せずに相変わらず電気製品や車の ☐ 出を続けているために日本の貿易黒字が ☐ 小しないことに原因があると言われている。

6. 物価は上 ☐ しているのに、働く者の賃金は高くならず、そのうえ株価は下 ☐ する一方なので、政府に対する批判が高まっている。

7. この問題に ☐ 成の人は○、反 ☐ の人は×と書いてください。

8. 意志が ☐ 弱で、強 ☐ な手段がとれないでいる。

9. 「 ☐☐ は ☐☐ のもと」（"Every failure is a stepping stone to success."）ということわざ（proverb）がある。

10. この ☐ 負で、 ☐ 利者となるか ☐ 北者となるか、尊敬されるかされないかが決まる。

11. この社会では、上 ☐ 階級の子弟はよい教育を受けられるが、下 ☐ 階級の子弟には、ほとんどその機会がない。

Ⅲ. 次の◯に入る漢字を下から選んで漢語を作ってください。どんなことばができるでしょうか。自分でも問題を作ってみましょう。

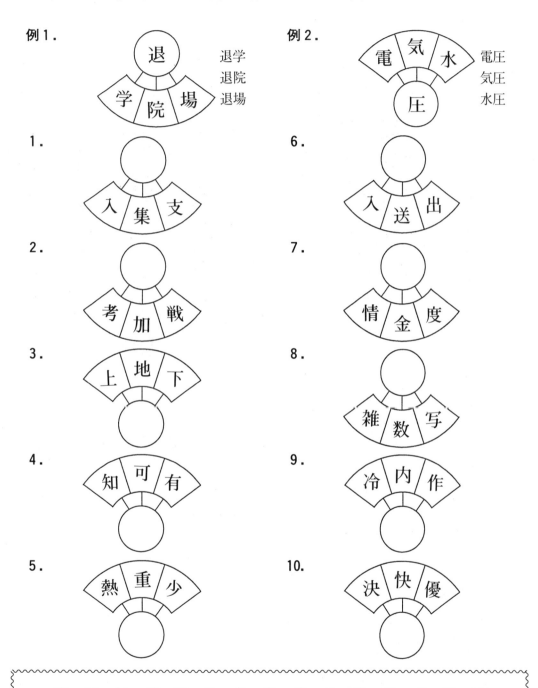

例1.

退

退学
退院
退場

学　院　場

例2.

電　気　水

電圧
気圧
水圧

圧

2

1.

入　集　支

6.

入　送　出

2.

考　加　戦

7.

情　金　度

3.

上　地　下

8.

雑　数　写

4.

知　可　有

9.

冷　内　作

5.

熱　重　少

10.

決　快　優

進　退　拡　縮　勝　敗　負　単　複　昇　降　収　支　増　減
参　加　可　能　戦　争　輪　際　純　功　層　圧　了　量

Ⅰ. 下の①～⑤は、新聞の見出しと記事の一部です。見出しの中から反対の意味の語や対になる語を見つけて、p.40のような表に記入してみましょう。

① 来年度

日本の黒字110億ドル増

② 渡辺外相

コメ関税化柔軟に対応

「世界相手に戦はしない」

③ 「コメが成功のカギ」

EC副委員長 新ラウンドで強調

来日中のアンドリーセン欧州共同体（EC）副委員長は十七日、宮沢首相ら政府首脳との会談をすべて終え記者会見した。

④ 12月中旬米車販売10.9％も増加

⑤ 12月の都区部消費者物価前月比0.3％下落

4年ぶり低水準

①来年度　日本の黒字100億ドル増　　　※年度＝4月1日～3月31日

Next fiscal year　Japanese balance 10 billion dollars increase

②渡辺外相　コメ関税化柔軟に対応　「世界相手に戦はしない」

Foreign Minister Watanabe　Flexible measure to counter rice custom duty.

"We won't fight against the world."

③「コメが成功のカギ」　EC副委員長　新ラウンドで強調

"Rice is the key to success"　Vice-chairman of EC emphasizes at new round

④12月中旬米車販売　10.9％も増加

Mid-December American car sales 10.9% increase

⑤12月の都区部消費者物価　前月比0.3％下落　4年ぶり低水準

December Consumers' Price Index in city area compared with previous month 0.3% down　The lowest standard in 4 years

Ⅱ. 新聞の見出しの中から、自分で反対の意味をもつ語をみつけて、整理してみましょう。対になる語のカードを作って、「ばば抜き（card game "Old Maid"）」などのゲームをすることもできます。

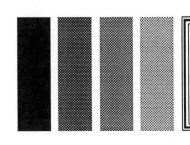

第3課
漢語の動詞（1）

復習

Ⅰ．下線と同じ意味のことばを見つけ、線で結びなさい。

例．　日本語をまなぶ。　　　　　　　　　　・発見する

1．　仕事がふえる。　　　　　　　　　　　・完成する

2．　作品ができる。　　　　　　　　　　　・低下する

3．　試験日をしらせる。　　　　　　　　　・発売する

4．　木の葉の色がかわる。　　　　　　　　・学習する

5．　新しい星をみつける。　　　　　　　　・増加する

6．　気温がひくくなる。　　　　　　　　　・変化する

7．　人口が都市にあつまる。　　　　　　　・通知する

8．　新しい商品をうりだす。　　　　　　　・集中する

Ⅱ．下線と同じ意味のことばを見つけ、線で結びなさい。

1．　会議にでる。　　　　　　　　　　　　・出港する

2．　オリンピックにでる。　　　　　　　　・出場する

3．　船がでる。　　　　　　　　　　　　　・出演する

4．　ひかり6号は8時に東京駅をでる。　　・出席する

5．　日本企業が海外にでる。　　　　　　　・出発する

6．　映画や劇などにでる。　　　　　　　　・進出する

<答 え>

Ⅰ.

1. 仕事が増(ふ)える。 　　　　　　　→ 　増加(ぞうか)する

2. 作品ができる。 　　　　　　　　　→ 　完成(かんせい)する

3. 試験日を知(し)らせる。 　　　　　→ 　通知(つうち)する

4. 木の葉の色が変(か)わる。 　　　　→ 　変化(へんか)する

5. 新しい星を見(み)つける。 　　　　→ 　発見(はっけん)する

6. 気温が低(ひく)くなる。 　　　　　→ 　低下(ていか)する

7. 人口が都市に集(あつ)まる。 　　　→ 　集中(しゅうちゅう)する

8. 新しい商品を売(う)り出(だ)す。 　→ 　発売(はつばい)する

Ⅱ.

1. 会議に出(で)る。 　　　　　　　　→ 　出席(しゅっせき)する

2. オリンピックに出る。 　　　　　　→ 　出場(しゅつじょう)する

3. 船が出る。 　　　　　　　　　　　→ 　出港(しゅっこう)する

4. ひかり6号は8時に東京駅を出る。 → 　出発(しゅっぱつ)する

5. 日本企業が海外に出る。 　　　　　→ 　進出(しんしゅつ)する

6. 映画や劇などに出る。 　　　　　　→ 　出演(しゅつえん)する

基本練習

Ⅰ. 下線と同じ意味のことばを見つけ、線で結びなさい。

A) 1. 領土(りょうど)を二つにわける。 ・分割(ぶんかつ)する

2. 図書を分野別にわける。 ・分担(ぶんたん)する

3. 3人で仕事をわけておこなう。 ・分類(ぶんるい)する

4. 被災地(ひさいち)の子どもたちに学用品をわける。 ・分配(ぶんぱい)する

B) 1. 規則(きそく)をなおす。 ・修理(しゅうり)する

2. 虫歯(むしば)をなおす。 ・治療(ちりょう)する

3. 間違いをなおす。 ・訂正(ていせい)する

4. こわれた三輪車(さんりんしゃ)をなおす。 ・改正(かいせい)する

C) 1. 学校をやめる。 ・中止(ちゅうし)する

2. 会社をやめる。 ・退職(たいしょく)する

3. 台風のため、運動会をやめる。 ・停止(ていし)する

4. しばらく営業をやめる。 ・退学(たいがく)する

D) 1. 川でおぼれた人をたすける。 ・救援(きゅうえん)する

2. 困っている人々を経済的にたすける。 ・支援(しえん)する

3. 災害(さいがい)で困っている人々をたすける。 ・援助(えんじょ)する

4. WWF(世界自然保護基金(せかいしぜんほごききん))の活動をたすける。 ・救助(きゅうじょ)する

Ⅱ. 次の下線のことばの読みを書き、[　　]に適当な助詞(じょし)を入れて、例(れい)のように やさしく書きかえなさい。

例. 領土(りょうど)の <u>分割</u>　　→　領土 [を] 分けること
　　　　　ぶんかつ

1. 国会議員の <u>選出</u>　　→　国会議員 [　　] _____

2. 気候(きこう)の <u>変化</u>　　→　気候 [　　] _____

3. 物価の <u>変動</u>　　→　物価 [　　] _____

4. 進学率の低下　　　　→　進学率〔　　〕＿＿＿＿＿＿
   しんがくりつ

5. 人材の養成　　　　　→　人材〔　　〕＿＿＿＿＿＿
   じんざい

6. テレビドラマの制作　→　テレビドラマ〔　　〕＿＿＿＿＿＿

7. 憲法改正の動き　　　→　憲法〔　　〕＿＿＿＿＿動き
   けんぽう

8. ガン治療の機械　　　→　ガン〔　　〕＿＿＿＿＿機械
   ち りょう き かい

9. 難民の救援活動　　　→　難民〔　　〕＿＿＿＿＿活動

10. テレビ出演の知らせ　→　テレビ〔　　〕＿＿＿＿＿知らせ

Ⅲ． 次の漢語は、a.～d.のうち、どのような漢字の組み合わせになっていますか。
　　下の例のように意味の単位に分解して、（　　）に書き入れなさい。
　　　れい

　　a. Ｖ＋Ｖ　：　出動　→　（ 出る ）＋（ 動く ）＝出て動く
　　b. Ｖ＋Ｎヲ：　出港　→　（ 出る ）＋（　港　）＝港を出る
　　c. Ｖ＋Ｎニ：　出社　→　（ 出る ）＋（(会)社）＝会社に出る
　　d. その他　：　出火　→┌（ 出す ）＋（　火　）＝火を出す
　　　　　　　　　　　　　　└（ 出る ）＋（　火　）＝火が出る

例．（ a ）：　分配　→（分ける）＋（ 配る ）＝＿分けて配る＿＿＿＿＿＿＿

1．（　　）：　変動　→（　　　　）＋（　　　　）＝＿＿＿＿＿＿＿＿＿

2．（　　）：　変色　→（　　　　）＋（　　　　）＝＿＿＿＿＿＿＿＿＿

3．（　　）：　分類　→（　　　　）＋（　　　　）＝＿＿＿＿＿＿＿＿＿

4．（　　）：　救助　→（　　　　）＋（　　　　）＝＿＿＿＿＿＿＿＿＿

5．（　　）：　退職　→（　　　　）＋（　　　　）＝＿＿＿＿＿＿＿＿＿

6．（　　）：　改正　→（　　　　）＋（　　　　）＝＿＿＿＿＿＿＿＿＿

7．（　　）：　延期　→（　　　　）＋（　　　　）＝＿＿＿＿＿＿＿＿＿

8．（　　）：　訪米　→（　　　　）＋（　　　　）＝＿＿＿＿＿＿＿＿＿

① 「和語」動詞と「漢語」動詞 Japanese verbs and Kanji verbs

　同じ意味を表す「和語」と「漢語」がある場合、たいてい「和語」のほうが広い意味を表します。次の動詞を見てみましょう。

わける…何を？

分割(ぶんかつ)する：国土、領土、土地、支払い、…を～
　　　　　　　　　to divide the land, territory, payments, etc.

分担(ぶんたん)する：仕事、家事、役割、費用、…を～
　　　　　　　　　to share the work, task, expenses, etc.

分類(ぶんるい)する：動物、植物、図書、語彙、…を～
　　　　　　　　　to classify animals, plants, books, vocabulary, etc.

分配(ぶんぱい)する：所得、利益、食料、…を～
　　　　　　　　　to share the money, to distribute the profits, food, etc.

分解(ぶんかい)する：機械、化合物、…を～
　　　　　　　　　to disassemble a machine, to resolve a compound, etc.

分断(ぶんだん)する：敵の軍隊、道路、…を～
　　　　　　　　　to divide the enemy, road, etc.

なおす…何を？

修理(しゅうり)する　　：機械、自転車、車、…を～
　　　　　　　　　　to repair a machine, a bicycle, a car, etc.

治療(ちりょう)する　　：病気、けが、…を～
　　　　　　　　　　to treat a disease, an injury, etc.

改正(かいせい)する　　：法律、規則、条約、…を～
　　　　　　　　　　to amend a law, a rule, a treaty, etc.

修正(しゅうせい)する　：予算、写真、文章、字句などの不適当なところを～
　　　　　　　　　　to revise budget, to retouch a negative, to amend writing,
　　　　　　　　　　to alter the wording, etc.

訂正(ていせい)する　　：内容や字句などの間違いを～
　　　　　　　　　　to correct errors

やめる…何を？

中止(ちゅうし)する　　：計画、試合、行事、…を～
　　　　　　　　　　to cancel the plan, to call off the game, etc.

停止(ていし)する　　　：運転、営業、…を(一時的に)～
　　　　　　　　　　to stop operation, to suspend business, etc. (to stop temporarily)

3

49

退学(たいがく)する　　　：学校を(完全に)やめる
　　　　　　　　　　　　　to withdraw from school

退職(たいしょく)する　　：会社、職場、…を(完全に)〜
　　　　　　　　　　　　　to retire from the service, to resign an office, etc.

辞職(じしょく)する　　　：会社、職場、…を(自分の意志(いし)で)〜
　　　　　　　　　　　　　to resign one's post, office, etc.

たすける…どんな人を？　どのように？

救助(きゅうじょ)する　　：命(いのち)が危険(きけん)な状態(じょうたい)にある人を〜
　　　　　　　　　　　　　to rescue a person, to save a life

救出(きゅうしゅつ)する：危険な状態のところから人を外へ出して〜
　　　　　　　　　　　　　to rescue a person out of the danger

救援(きゅうえん)する　　：災害(さいがい)で困っている人々を手伝って〜
　　　　　　　　　　　　　to aid people in a disaster

援助(えんじょ)する　　　：困っている人々を経済的に〜
　　　　　　　　　　　　　to give financial assistance

支援(しえん)する　　　　：考えに賛成し、活動を手伝って〜
　　　　　　　　　　　　　to give support to the activities

応援(おうえん)する　　　：スポーツ選手などをはげまして〜
　　　　　　　　　　　　　to cheer for sports players

つくる…何を？

製造(せいぞう)する　　　：工業製品を〜
　　　　　　　　　　　　　to manufacture goods

制作(せいさく)する　　　：絵画(かいが)や彫刻(ちょうこく)、テレビ番組などの作品を〜
　　　　　　　　　　　　　to make paintings, sculptures, to produce TV programs

作成(さくせい)する　　　：計画や予定表、文書、試験問題などを〜
　　　　　　　　　　　　　to make a plan, to compile a document, etc.

創作(そうさく)する　　　：芸術(げいじゅつ)・文芸(ぶんげい)作品を〜（新しいものをつくる）
　　　　　　　　　　　　　to write/make an original work

創造(そうぞう)する　　　：神(かみ)が天地(てんち)を〜、人が文化を〜（はじめてつくる）
　　　　　　　　　　　　　to create the world, culture

そだてる…何を？

保育(ほいく)する　　　　：赤(あか)ん坊(ぼう)や幼児(ようじ)を〜　to nurse/rear a baby

養育(よういく)する　　　：子どもを〜　to bring up a child

教育(きょういく)する　　：人、学生、子どもを〜　to educate people

養成(ようせい)する　　　：技術者(ぎじゅつしゃ)、専門家(せんもんか)などの人材(じんざい)を〜
　　　　　　　　　　　　　to train engineers, specialists, etc.

＊飼育(しいく)する　　　：動物を～　to breed animals
＊栽培(さいばい)する　　：植物(しょくぶつ)を～　to produce/grow plants

のばす…何を？

延期(えんき)する　　　　：行事の時期を～　to postpone the event
延長(えんちょう)する　　：会議の時間や期間を～　to prolong a meeting, the term

かわる…何が？／かえる…何を？

変動(へんどう)する　　　：物価が～、地殻(ちかく)が～
　　　　　　　　　　　　　　prices fluctuate, the crust of the earth changes

変化(へんか)する　　　　：温度が～、形が～
　　　　　　　　　　　　　　the temperature changes, the shape changes

変色(へんしょく)する　　：ものの色が～、衣類(いるい)の色が～
　　　　　　　　　　　　　　the colors of the things/clothes change

変更(へんこう)する　　　：計画を～、予定を～
　　　　　　　　　　　　　　to change/alter/modify the plan

3

---

②自動詞(じどうし)と他動詞(たどうし)の用法　Intransitive and transitive verbs

予定が変わる＝予定が変更になる
予定を変える＝予定を変更する

子どもが育つ　＝子どもが発育する
子どもを育てる＝子どもを保育(ほいく)する／養育(よういく)する／教育する

病気が治る：病気が治癒(ちゆ)する＝回復(かいふく)する
病気を治す：病気を治療(ちりょう)する

---

③短縮(たんしゅく)と省略(しょうりゃく)　Shortening and omission

　漢語を使うと、少ない字数で多くの情報を伝えることができるので、新聞の見出しなどによく使われます。

1) ことばが短縮できる。
・色が変わる　　→　変色　：　変色に注意
・時期を延(の)ばす→　延期(えんき)　：　外相会談延期へ
・日本を訪(おとず)れる→　訪日(ほうにち)　：　来年訪日の予定
・戦いに参加する→　参戦　：　仏も参戦か

2)長い説明を一語に短縮できる。
- ・子どもを育てるのにかかるお金 → 養育費（よういくひ）
- ・難民を助けるためのセンター → 難民 救 援（きゅうえん）センター
- ・自動車を作るための工場 → 自動車製造（せいぞう）工場
- ・日本語の 教 師（きょうし）を育てるための講座（こうざ） → 日本語教師養成講座（ようせい）

3)助詞（じょし）や「する」が 省 略（しょうりゃく）できる。
- ・新大陸発見（しんたいりく）　（＝新大陸を発見した）
- ・中国訪問決定（＝中国を訪問することが／を決定した）

---

④漢語動詞の語構成（ごこうせい）　Structure of Kanji verbs

1) V＋V： 　V_1＋V_2　　to do V_1 and V_2

出発（しゅっぱつ）する 　＝ 　出る＋発つ（た）
出現（しゅつげん）する 　＝ 　出る＋現れる（あらわ）
出動（しゅつどう）する 　＝ 　出る＋動く（うご）
出演（しゅつえん）する 　＝ 　出る＋演じる（えん）

2) V＋N： 　N（place）ヲ　V　　to leave a place

出港（しゅっこう）する 　＝ 　港（みなと）を出る
出国（しゅっこく）する 　＝ 　国を出る
＊出所（しゅっしょ）する 　＝ 　所を出る 　（＝刑務所（けいむしょ）を出ること）
＊出家（しゅっけ）する 　＝ 　家を出る 　（＝家を出て寺に入ること）

N（place）ニ　V　　to arrive / to appear at a place

出場（しゅつじょう）する＝ 　場（ば）に出る
出席（しゅっせき）する 　＝ 　席に出る
出社（しゅっしゃ）する 　＝ 　（会）社に出る
出世（しゅっせ）する 　　＝ 　世（よ）に出る(＝社会で高い地位を得ること)

3) Vt＋N： 　N（object）ヲ　Vt　　to put something out

出題（しゅつだい）する 　＝ 　（問）題を出す
出願（しゅつがん）する 　＝ 　願（書）を出す
出力（しゅつりょく）する＝ 　力を出す
出資（しゅっし）する 　　＝ 　資（金）を出す
出品（しゅっぴん）する 　＝ 　（作）品を出す
出荷（しゅっか）する 　　＝ 　荷（物）を出す
出火（しゅっか）する 　　＝ 　火を出す／火が出る
出血（しゅっけつ）する 　＝ 　血（ち）を出す／血が出る

⑤長い漢字熟語の語構成　Structure of Kanji compound words

・出発延期　　　　→出発／延期　　　　→　　出発の時期を延ばすこと
・出場停止　　　　→出場／停止　　　　→　　出場をやめること
・集中治療法　　　→集中／治療／法　　→　　集中して治す方法
・共同制作番組　　→共同／制作／番組　→　　共同して作った番組
・人質救出不可能　→人質／救出／不／可能　→　人質を助け出すことができない

※語構成については、⇨BK L.20の復習(Vol.1 p.200)、L.25の復習(Vol.2 p.32〜33)、L.35の復習(Vol.2 p.131〜132)を参照。

3

---- 第3課の学習漢字 ----

演	担	解	断	更	改	訂	修	療	停
p.256	p.252	p.273	p.282	p.330	p.283	p.270	p.246	p.323	p.247

職	救	援	助	応	製	造	創	養	延	**20**
p.269	p.283	p.253	p.277	p.313	p.318	p.327	p.277	p.304	p.328	

Ⅰ．下線のことばと同じ意味で使えることばを下から選び、その読みを書きましょう。

1．昨年、日本と中国が共同でテレビドラマを<u>つくる</u>ことが決まった。

　　　[　創造する　作成する　制作する　製造する　]

2．留学に必要な書類を<u>つくる</u>。

　　　[　創造する　作成する　制作する　製造する　]

3．この国にユートピアを<u>つくる</u>つもりだ。

　　　[　創造する　作成する　制作する　製造する　]

4．あれはコンピュータを<u>つくる</u>工場だ。

　　　[　創造する　作成する　制作する　製造する　]

5．海岸には係員がいて、おぼれた人がいたら<u>たすける</u>。

　　　[　救助する　支援する　援助する　応援する　]

6．親をなくした子どもたちが進学できるように、お金を寄付して<u>たすける</u>。

　　　[　救助する　救援する　援助する　応援する　]

7．地震でこわれたビルに閉じこめられた人々を<u>たすける</u>。

　　　[　救援する　救出する　援助する　支援する　]

8．エイズを<u>なおす</u>薬は、まだ発見されていない。

　　　[　訂正する　修正する　修理する　治療する　]

9. その法律をなおすべきかどうかは、疑問だ。

　　　[　訂正する　改正する　修理する　治療する　]

10. 間違った字は、線で消して、なおしてください。

　　　[　訂正する　修正する　修理する　治療する　]

11. 野球の試合が2時間のびたために、テレビ番組の放送時間が変更になった。

　　　[　延期する　延長する　延着する　遅延する　]

3

12. 村の観光地化の問題に関する会議は、来月にのばすことになった。

　　　[　延期する　延長する　延着する　遅延する　]

13. 残業が多くて給料が安いので、会社をやめることにした。

　　　[　停職する　止職する　辞職する　休職する　]

14. 学校の補修工事の費用を父兄がわけて受け持つことになった。

　　　[　分解する　分業する　分断する　分担する　]

15. 大きな機械をいくつかの部分にわけて、トラックで運ぶ。

　　　[　分解する　分類する　分断する　分担する　]

16. この地点に上陸すれば、敵を二つにわけることができる。

　　　[　分解する　分類する　分断する　分配する　]

Ⅱ. ☐ に適当な漢字を 〰〰 の中から選んで、入れてみましょう。漢字は何回使っ
てもかまいません。できる人は、下の漢字を見ないでやってみましょう。

例. 医者を 養 成する。
　　　　　よう　せい

演 創 救 更 職
助 単 退 食 経
療 担 制 保 収
求 解 製 続 修
究 改 停 遠 育
造 廃 配 延 応
㊧ 訂 増 断 援

1. ☐ 急 車を呼ぶ。
　　きゅう きゅうしゃ

2. ☐ 札 口で待ち合わせる。
　　かい　さつぐち

3. 間違いを ☐ 正する。
　　　　　　てい　せい

4. ☐ 当の教師に相談する。
　　たん　とう

5. 治 ☐ 代が払えない。
　　ち　りょう　だい

6. ☐☐ して、ずっと家にいる。
　　たい　しょく

7. 女性軍を ☐☐ する。
　　　　　　おう　えん

8. ☐ 手として働いている。
　　じょ　しゅ

9. 予定を変 ☐ する。
　　　　　　へん　こう

10. 梅雨前線が ☐ 滞している。
　　ばいう　　　　てい　たい

11. 国の教育 ☐ 度を ☐ 革する必要がある。
　　　　　　せい　ど　　かい　かく

12. 自動車の部品を ☐☐ している。
　　　　　　　　せい　ぞう

13. 別居(べっきょ)している夫から子どもの ⬜⬜ 費を受け取る。
　　　　　　　　　　　　　よう いく ひ

14. この本は、初版(しょはん)が1947年で、今出ているのは ⬜⬜ 版だ。
　　　　　　　　　　　　　　　　　　　　　　　かい てい ばん

15. 運動会は雨のため、⬜ 期されることになった。
　　　　　　　　　　　えん き

3

16. 水は、酸素(さんそ)と水素(すいそ)に分⬜される。17. 彼はそう⬜定した。
　　　　　　　　　　　　　ぶん かい　　　　　　　　　だん てい

18. 彼女は高校を中途(ちゅうと)⬜学して、働いている。
　　　　　　　　　　　　　たい がく

19. 今⬜作中の映画は、貧しい漁村(ぎょそん)が舞台(ぶたい)となっている。
　　　せい さくちゅう

20. 事故でけがをした人を ⬜⬜ する。　21. ⬜止信号
　　　　　　　　　　　きゅう じょ　　　　　てい し しんごう

22. 漢字は⬜語力がある。　　　23. 利益(りえき)を分⬜する。
　　　　ぞう ごりょく　　　　　　　　　　　ぶん ぱい

24. きのうの巨人阪神戦(きょじんはんしんせん)は ⬜ 長14回まで ⬜ いた。
　　　　　　　　　　　　　　　えん ちょう　　　　つづ

25. 不適当なところを ⬜ 正液で直してください。
　　　　　　　　　しゅう せいえき

Ⅰ. 辞書を引いて、同じ漢字を使った類義の漢語動詞（「する」をつけて動詞として使えることば）を集め、ことばの意味と用法を下のように分類してみましょう。

	漢　語	読　み	意　味　・　用　法
分 け る ／ 分 か れ る	分割	ぶんかつ	一つのものをいくつかに分けること
			・領土や土地を分割する／代金を分割して払う
	分担	ぶんたん	仕事や費用をみんなで分けて、受け持つこと
			・仕事、費用、役割を分担する
	分類	ぶんるい	ある基準によって異なる種類に分け、系統づけること
			・動物、植物、書物、語彙などを分類する
	分配	ぶんぱい	あるものを分けて、それぞれに配ること
			・利益、財産、収穫などを分配する
	分解	ぶんかい	一体となっているものを部分や要素に分けること
			・機械、化合物、因数を分解する ※化合物が分解する（＝～が分かれる）
	分断	ぶんだん	大きくまとまっているべき力、勢いを分けること
			・敵の勢力、軍隊、道路を分断する
	分析	ぶんせき	複雑な物事を解きほぐして整理し、その組み立てや関係をはっきりさせること
			・原因、結果、状況、心理を分析する

Ⅱ．新聞記事などには、たくさんの漢語動詞が使われ
　　ています。右は記事の一部（全体は⇨第7課p.134）
　　ですが、「改善」「作成」などが使われています。

　　＊患者（かんじゃ）patient
　　改善（かいぜん）する　to improve
　　東大付属（とうだいふぞく）病院
　　　　the Tokyo University Hospital
　　医師（いし）doctor　　　　看護婦（かんごふ）nurse
　　態度（たいど）attitude　　服装（ふくそう）clothes
　　地盤沈下（じばんちんか）ground subsidence
　　　＝権威（authority）などが落ちること
　　材料（ざいりょう）material
　　居心地（いごこち）がいい　comfortable
　　脱皮（だっぴ）する　to shed skin＝to emerge
　　方針（ほうしん）policy

とかく「患者に冷たい」といわれる大学病院の悪いイメージを改善しようと、東大医学部付属病院（東京都文京区本郷、武藤徹一郎病院長）は、医師や看護婦が患者に対して取るべき態度や服装などの「気くばりのすすめ」を説くマナー集を作成することにした。近年、地盤沈下がささやかれる東大病院。外来・入院患者からの投書を反省材料に、「居心地のいい病院」へ脱皮を図る方針だ。

3

　辞書で「改」と「作」を使った漢語動詞を調べ、課題Ⅰと同じようにリストアップしてみましょう。辞書には、現在はあまり使われていない古いことばもあります。先生やまわりの日本人、友だちなどに質問して、よく使われるものだけを集めましょう。

	漢　語	読　み	意　味　・　用　法

※ノートに線を引いて、上のような表を作り、新聞などでよく見る漢語動詞をまとめておくと、あなただけの漢字単語ノートができます。

「取組」?「取組み」?「取り組み」?
― 複合語の送りがな ―

相撲で力士が対戦することを「とりくみ」といいます。漢字で書くとどうなるでしょうか。「取る」と「組む」という二つの動詞からできている複合語ですから、「取り組み」となるはずです。しかし、読み違える心配のない場合は、前の動詞の送りがなを省略することができ、「取組み」も考えられます。

複合語が名詞の場合、その語が名詞として一般によく使われるものであれば、後ろの送りがなも省略することがあります。「受付(うけつけ)」「売上(うりあげ)」「締切(しめきり)」などは、よく見られる例です。

ここで、複合語の送りがなのつけ方をまとめてみましょう。

    a．動詞＋動詞→ 複合動詞 の場合：

        例．取り組む、勝ち越す、呼び出す、書き込む、……
          取組む、　勝越す、　呼出す、　書込む、　……

    b．動詞＋動詞→ 複合名詞 の場合：

        例．取り組み、受け付け、申し込み、引き出し、……
          取組み、　受付け、　申込み、　引出し、　……
          取組、　　受付、　　申込、　　……

    c．名詞＋動詞→ 複合名詞 の場合：

        例．米作り、人助け、水遊び、山登り、塩焼き、……
                            塩焼、　……

    d．動詞＋名詞→ 複合名詞 の場合：

        例．飲み物、乗り物、焼き肉、積み荷、浮き袋、……
          飲物、　乗物、　焼肉、　積荷、　浮袋、　……

【問題】次の語は複合名詞です。どんな送りがなが省略されているか、読み方を考えてみましょう。（答えは、p.219にあります。）

  1．組立　2．割引　3．立入　4．売上　5．書留　6．押売
  7．編物　8．封切　9．梅干　10．田植　11．飛込台　12．差出人

↻ 復習

□ に下の〔　〕から適当な漢字を一つずつ選んで入れて、ナ形容詞を作りなさい。例のように下に読み方も書きなさい。

例. 子どもたちが □元 気に遊んでいる。
　　　　げん　き

1. あの大学は □名だ。

2. □切な用事を思い出した。

3. 必□な手続きをする。

4. 彼はとても親□だ。

5. □利な道具が発明された。

6. 特□に注文する。

7. 単□すぎる。

8. 簡□な問題なら、わかる。

9. 得□なスポーツは何ですか。

10. 自□に話してください。

11. □和な世界を作ろう。

12. □念な結果を聞いた。

13. 大□な仕事を頼まれた。

14. □雑な事情がある。

〔別　複　平　要　変　単　有　大　由　便　残　得　元　切　分　意　純〕

61

＜ 答 え ＞

1. あの大学は有名だ。
   ゆうめい
   That university is famous.

2. 大切な用事を思い出す。
   たいせつ
   I remembered an important
   appointment.

3. 必要な手続きをする。
   ひつよう
   I will carry out the necessary
   procedures.

4. 彼はとても親切だ。
   しんせつ
   He is very kind.

5. 便利な道具が発明された。
   べんり
   Useful tools were invented.

6. 特別に注文する。
   とくべつ
   I make a special order.

7. 単純すぎる。
   たんじゅん
   It is too simple.

8. 簡単な問題ならわかる。
   かんたん
   If it is a simple question, I can
   understand it.

9. 得意なスポーツは何ですか。
   とくい
   What sports are you good at?

10. 自由に話してください。
    じゆう
    Please speak freely.

11. 平和な世界を作ろう。
    へいわ
    Let's establish world peace.

12. 残念な結果を聞いた。
    ざんねん
    I heard the regrettable result.

13. 大変な／大切な仕事を
    たいへん　　　たいせつ
    頼まれた。
    I was asked to do a hard/important
    job.

14. 複雑な事情がある。
    ふくざつ
    I am in an awkward situation.

基本練習

I. 右のイ形容詞の漢字の中から適当なものを選び、漢語のナ形容詞を作りなさい。

例. [熱]心に勉強する。
　　ねっ　しん

1. [　]価な品物を買った。
　　こう　か

2. [　]全運転に気をつける。
　　あん　ぜん

3. 困[　]な問題に直面する。
　　こん　なん

4. 急[　]な変化が起こった。
　　きゅう　げき

5. [　]静に考える必要がある。
　　れい　せい

6. [　]要な書類を持って来る。
　　じゅう　よう

7. [　]様な文化がある。
　　た　よう

8. [　][　]で大学へ行けない。
　　びん　ぼう

9. [　]厚な性格の人だ。
　　おん　こう

10. [　]刻に悩んでいる。
　　しん　こく

11. [　]適な生活をする。
　　かい　てき

12. [　]確な時間を知りたい。
　　せい　かく

13. 貴[　]な経験をする。
　　き　ちょう

14. [　][　]だから、入るな。
　　き　けん

15. 平[　]にあつかう。
　　びょう　どう

16. [　][　]な態度をとる。
　　きょう　こう

Ⅱ．次の漢語の形容詞の意味を右の説明の中から見つけて、線で結びなさい。

A：プラスのイメージ

例．　可能(かのう)な　　　　　・たくさんあって、ゆたかなようす

1．　健康(けんこう)な　　　　・気持ちがいいようす

2．　幸福(こうふく)な　　　　・いつもと同じでただしいようす

3．　平等(びょうどう)な　　　・やわらかくて、しなやかなようす

4．　快適(かいてき)な　　　　・たしかで、間違いがないようす

5．　豊富(ほうふ)な　　　　・できるようす

6．　柔軟(じゅうなん)な　　　・色や味などがこいようす

7．　確実(かくじつ)な　　　　・しあわせなようす

8．　正常(せいじょう)な　　　・体の状態がいいようす

9．　濃厚(のうこう)な　　　　・みんなが同じであるようす

B：マイナスのイメージ

1．　過激(かげき)な　　　　・いつもと違って、おかしいようす

2．　貧弱(ひんじゃく)な　　　・重大で、ふかく考えるようす

3．　異常(いじょう)な　　　　・やり方がつよすぎるようす

4．　危険(きけん)な　　　　・みすぼらしく見かけが悪いようす

5．　深刻(しんこく)な　　　　・あぶないようす

6．　強硬(きょうこう)な　　　・考えや行動がはげしすぎるようす

①和語の形容詞と漢語形容詞 Japanese adjectives and Kanji adjectives

　和語の形容詞の漢字は、次のような漢語の形容詞（ナ形容詞）に使われており、いろいろな文脈（context）で使い分けられます。それぞれの意味の違いに注意しましょう。（＊印がついているのは、名詞になります。）

重(おも)い
… heavy, serious

重大(じゅうだい)な
important, serious
重要(じゅうよう)な
important, essential
厳重(げんじゅう)な
strict, stern
貴重(きちょう)な
precious, valuable

軽(かる)い
… light

軽薄(けいはく)な
insincere, fickle
軽率(けいそつ)な
rash, hasty
軽快(けいかい)な
light, nimble
軽妙(けいみょう)な
light, witty, clever

等(ひと)しい
… equal

平等(びょうどう)な
equal, impartial
均等(きんとう)な
equal, even
高等(こうとう)な
high, high-grade
＊対等(たいとう)の
equal (for two)

強(つよ)い
… strong

強力(きょうりょく)な
strong, powerful
強硬(きょうこう)な
strong, firm
強情(ごうじょう)な
obstinate, stubborn
強引(ごういん)な
forced, coercive

弱(よわ)い
… weak

軟弱(なんじゃく)な
feeble, weak-hearted
薄弱(はくじゃく)な
feeble, weak
貧弱(ひんじゃく)な
poor, scanty
病弱(びょうじゃく)な
weak, sickly

正(ただ)しい
… right

正確(せいかく)な
accurate, exact
正常(せいじょう)な
normal, regular
正当(せいとう)な
justifiable, right
＊正式(せいしき)の
formal, official

幸(しあわ)せな
… happy

幸福(こうふく)な
happy
幸運(こううん)な
fortunate, lucky
不幸(ふこう)な
unhappy
＊薄幸(はっこう)の
ill-fated

健(すこ)やかな
… healthy

健康(けんこう)な
healthy, sound
健全(けんぜん)な
wholesome

確(たし)かな
… certain

確実(かくじつ)な
certain, sure
正確(せいかく)な
accurate, exact
明確(めいかく)な
clear, precise
的確(てきかく)な
precise, accurate

4

②ナ形容詞の文中での用法　Usages of -na adjectives

a. 名詞の前に来るとき「～な」の形になる：　ＮＡな　Ｎ

> **例.** 熱心な先生　a keen and enthusiastic teacher
> 強硬な反対　strong opposition

> ただし、名詞の前に来るとき「～の」になるものがある。意味の違いに注意。
> 　自由な生活　a free life　　　　自由の女神　the Statue of Liberty
> 　平和な世界　world peace　　　　平和の祭典　Festival of Peace
>
> そのままの形で名詞について、漢字熟語をつくる場合もある。
> 　自由貿易　＝自由な貿易　　（×自由の貿易）
> 　平和公園　（×平和な公園）　＝平和の公園
> 　強硬手段　＝強硬な手段　　（×強硬の手段）
> 　危険地域　＝危険な地域　　（×危険の地域）
> 　重要書類　＝重要な書類　　（×重要の書類）
> 　健康食品　（×健康な食品）　＝健康のための／健康によい　食品

b. 動詞の前に来ると「～に」の形になる：　ＮＡに　Ｖ

> **例.** 熱心に教える　　　to teach earnestly
> 強硬に反対する　to oppose strongly

> 使われる動詞が「なる」や「する」だけに限られるものもある。
> 　**例.** 有名／危険／重大／貧乏　に　｛なる　to become ～
> 　　　　　　　　　　　　　　　　　　する　to make it ～

c. 文末で述語になるとき「～だ」の形になる：　ＮＡ　だ／である。

> **例.** あの先生は熱心だ。　　　That teacher is earnest.
> 彼の反対は強硬だった。His objection was strong.

③名詞としての用法　Usages as nouns

　そのままで名詞として使われるもの、「さ」がついて程度を表す名詞になるもの、「性」がついて性質を表す名詞になるもの、という３種があります。（ただし、これらの漢語形容詞の用法は、日本人でも、使ったり使わなかったりという個人差が大きいものです。特に人によって意見がいろいろ分かれるものには、△印がつけてあります。）

a．そのままで名詞として使われる

例．<u>自由</u>を実現する。　freedom　　　　　△自由さ　　×自由性

　　<u>平等</u>を主張する。　equality　　　　　×平等さ　　△平等性

　　他人の<u>幸福</u>をも考える。　happiness　　×幸福さ　　×幸福性

　　何よりも<u>健康</u>が一番大事だ。　health　　×健康さ　　×健康性

　　<u>貧乏</u>に慣れてしまう。　poverty　　　　×貧乏さ　　＊○貧乏性

　　死ぬ<u>危険</u>がある。　danger　　　　　　×危険さ　　○危険性

　　<u>必要</u>に応じて決める。　necessity　　　×必要さ　　○必要性

b．「さ」がつく

例．先生の<u>熱心さ</u>に感心した。enthusiasm　×熱心　　×熱心性

　　<u>正確さ</u>を第一に考える。　accuracy　　○正確　　×正確性

　　ことの<u>重大さ</u>に気づく。　seriousness　×重大　　○重大性

　　問題の<u>複雑さ</u>に驚く。　complexity　　×複雑　　○複雑性

c．「性」がつく

例．失敗する<u>可能性</u>もある。　possibility　×可能　　×可能さ

　　<u>確実性</u>が高い。　certainty　　　　　×確実　　△確実さ

　　<u>重要性</u>を認める。importance　　　　×重要　　△重要さ

　　<u>柔軟性</u>のある対応をする。flexibility　×柔軟　　△柔軟さ

> 漢語のナ形容詞には、ふつう「的」（ナ形容詞を作る接尾辞）はつきませんが、例外もあります。
>
> 例．健康な　healthy　　──→　健康的な　healthful
> 　　平和な　peaceful　　──→　平和的な　peaceful, amicable

---

④同じ漢字を使った、意味が似ている語　Synonyms using the same Kanji

簡単(かんたん)な　　－　　単純(たんじゅん)な

適当(てきとう)な　　－　　適切(てきせつ)な

急速(きゅうそく)な　　－　　急激(きゅうげき)な

健康(けんこう)な　　－　　健全(けんぜん)な

貧乏(びんぼう)な　　－　貧困(ひんこん)な
幸福(こうふく)な　　－　幸運(こううん)な
不幸(ふこう)な　　　－　不運(ふうん)な
重要(じゅうよう)な　－　重大(じゅうだい)な
正確(せいかく)な　　－　明確(めいかく)な
明解(めいかい)な　　－　明白(めいはく)な
平等(びょうどう)な　－　均等(きんとう)な

⑤対になる漢語形容詞　Pairs of Kanji adjectives

(c.f. ⇨第2課　反対語の漢字)

危険(きけん)な　　　　⟷　安全(あんぜん)な
強固(きょうこ)な　　　⟷　薄弱(はくじゃく)な
強硬(きょうこう)な　　⟷　柔軟(じゅうなん)な
健康(けんこう)な　　　⟷　⎰病弱(びょうじゃく)な
　　　　　　　　　　　　　⎱不健康(ふけんこう)な
幸福(こうふく)な　　　⟷　不幸(ふこう)な
幸運(こううん)な　　　⟷　不運(ふうん)な
快適(かいてき)な　　　⟷　不快(ふかい)な
正常(せいじょう)な　　⟷　異常(いじょう)な
有能(ゆうのう)な　　　⟷　無能(むのう)な
有利(ゆうり)な　　　　⟷　不利(ふり)な
貧乏(びんぼう)な　　　⟷　⎰裕福(ゆうふく)な
　　　　　　　　　　　　　⎱金持(かねも)ちの　　＊「金持ち」は漢語ではない。
複雑(ふくざつ)な　　　⟷　⎰単純(たんじゅん)な
　　　　　　　　　　　　　⎱簡単(かんたん)な
正確(せいかく)な　　　⟷　不正確(ふせいかく)な
平等(びょうどう)な　　⟷　不平等(ふびょうどう)な
自由(じゆう)な　　　　⟷　不自由(ふじゆう)な
必要(ひつよう)な　　　⟷　不必要(ふひつよう)な／不要(ふよう)な

第4課の学習漢字

幸	福	健	康	確	異	常	柔	豊	富	
p.275	p.262	p.247	p.322	p.264	p.301	p.311	p.315	p.320	p.296	
危	険	均	等	乏	裕	貴	激	刻	快	**20**
p.293	p.257	p.249	p.303	p.320	p.265	p.319	p.256	p.276	p.251	

Ⅰ. 次のことばと反対の意味のナ形容詞を(　　　)に書き、読みも書いてみましょう。

例. 便利な ⟷ (不便な)
　　　　　　　　ふ べん

1. 単純な ⟷ (　　　　　)　　9. 必要な ⟷ (　　　　　)

2. 有力な ⟷ (　　　　　)　　10. 正確な ⟷ (　　　　　)

3. 幸運な ⟷ (　　　　　)　　11. 有利な ⟷ (　　　　　)

4. 貧乏な ⟷ (　　　　　)　　12. 完全な ⟷ (　　　　　)

5. 正常な ⟷ (　　　　　)　　13. 可能な ⟷ (　　　　　)

6. 自由な ⟷ (　　　　　)　　14. 病弱な ⟷ (　　　　　)

7. 安全な ⟷ (　　　　　)　　15. 快適な ⟷ (　　　　　)

8. 平等な ⟷ (　　　　　)　　16. 柔軟な ⟷ (　　　　　)

Ⅱ. 次の(　　　)に、下の｜　　｜から適当なことばを選んで入れましょう。
　　(できる人は下のことばを紙でかくして、やってみましょう。)

1. こんな (　　　　　　　) なプレゼントは、とてもいただけません。
　　　　　　｜ 高価　　高等　　貴重　　重要 ｜

2. 年をとると、(　　　　　　) な変化にはなかなかついていけない。
　　　　　　｜ 大変　　急変　　感激　　急激 ｜

3. 信号が黄色のときは、止まらないと (　　　　　) です。
　　　　きいろ
　　　　　　｜ 危険　　危機　　保険　　険悪 ｜

4. 彼はどんな時でも (　　　　　) だから、頼りになる。
　　　　　　　　　　　　　　　　　たよ
　　　　　　｜ 寒冷　　静冷　　冷血　　冷静 ｜
　　　　　　　　　　れいけつ

5. この時計は非常に（　　　　）で、遅れたり進んだりしない。
　　　｛　正当　　正確　　明確　　確実　｝

6. あの（　　　　）な田中さんが怒る（おこ）なんて、めずらしい。
　　　｛　温厚　　温暖　　平温　　適温　｝

7. 留学して、（　　　　）な体験をしました。
　　　｛　高価　　高等　　貴重　　高貴　｝

8. 彼女の両親は（　　　　）だったが、娘（むすめ）にはぜいたくをさせなかった。
　　　｛　豊富　　裕福　　幸福　　幸運　｝

9. 酒やタバコは、青少年の（　　　　）な育成をさまたげるといわれる。
　　　｛　安全　　健全　　健康　　安心　｝

10. この土地では山から流れてくる川の（　　　　）な水を利用している。
　　　｛　豊富　　豊作　　裕福　　富裕　｝

11. 健康診断（しんだん）の結果、何も（　　　　）がなかった。
　　　｛　不常　　無常　　異常　　非常　｝

12. この会社では男性も女性も機会が（　　　　）に与（あた）えられている。
　　　｛　均等　　平均　　正等　　高等　｝

13. 隣（となり）の人は毎朝（　　　　）な足どりでジョギングをしている。
　　　｛　快速　　快適　　軽快　　軽薄　｝

14. あの人は若いころは（　　　　）だったが、今は弁護士（べんごし）として成功した。
　　　｛　貧困　　貧乏　　貧弱　　貧富　｝

15. 与党（よとう）は、予算案（よさんあん）を（　　　　）に採決（さいけつ）に持（も）ち込（こ）んだ。
　　　｛　強硬　　強情　　強力　　強調　｝

16. （　　　　）のために、塩分（えんぶん）ひかえめの食事をとる。
　　　｛　健全　　健康　　強健　　保健　｝

17. この鳥は、数が少ない（　　　　）な動物なので、法律（ほうりつ）で保護（ほご）されている。
　　　｛　高等　　高貴　　貴重　　重大　｝

Ⅲ．下から適当な漢語形容詞を選んで（　　）に入れ、その読みを書きましょう。

例．（　**無理**　）な追い越しはやめましょう。
　　　　むり
　　　　お こ

1．日本の鉄道は、時間に（　　　　　）なことで有名だ。
　　　　　　　　　　　　　　　　　　　　　　　＊早すぎたり遅すぎたりしないこと

2．機械が（　　　　　）に作動しない場合には、ランプがつく。赤いランプ
　　き かい　　　　　　さ どう
　がついたら（　　　　　）なので、非常口から建物の外に出ること。

3．（　　　　　）にも、才能の豊かなすばらしい人にめぐり会うことができた。
　　　　　　　　　　さいのう

4．川の（　　　　　）な水を利用して、発電をしている。

5．外交官は、常に異文化と接触して仕事をしなければならないので、ど
　　がいこうかん　　　　　　　　　せっしょく
　んな事にも（　　　　　）に対応できる人が求められる。
　　　　　　　　　　　　　　たいおう

6．「（　　　　　）な精神は、（　　　　　）な身体に宿る（a sound mind in a
　　　　　　　せいしん　　　　　　　　しんたい　やど
　sound body）」という。

7．日本の憲法では、男女の（　　　　　）な権利が認められている。
　　　　けんぽう　　　　　　　　　　けんり　みと

8．近代化が（　　　　　）に進んだために、公害などの問題も出てきている。
　　　　　　　　　　　　　　　　こうがい

9．彼は悲観的な性格で、何でも（　　　　　）に考えてしまう傾向がある。
　　ひかんてき　　　　　　　　　　　　　　　けいこう

10．最近、（　　　　　）な犯罪が増えてきて、恐ろしい。
　　　　　　　　　はんざい　　　　　おそ

無理	不利	健全	健康	保健	貧乏
危機	危険	確実	正確	正常	明確
深刻	深遠	高等	平等	幸運	不運
急激	過激	険悪	悪質	冷静	貴重
柔軟	軟弱	異常	非常	裕福	豊富

4

Ⅳ. 次の（　　）に、一番適当と思われるナ形容詞を〰〰〰の中から選んで、入れて
みましょう。同じことばを何回使ってもかまいません。

　　最近、東京ではゴミの問題が（a.　　　　　）な社会問題になってきてい

る。ものが増え、人々が（b.　　　　　）でぜいたくな消費生活を楽しめる

ようになったため、ほしいものを次々と買い、あきると平気でどんどん捨て

るといった（c.　　　　　）な事態(じたい)が起こっている。その結果、東京の近郊(きんこう)だ

けではゴミ処理(しょり)が（d.　　　　　）になり、遠く離れた地方にまでゴミを捨(す)

てに行くので、地方にはゴミの山ができつつある。

　　それと同様に、先進国の自分（e.　　　　　）な

論理のために、開発途上国(とじょうこく)の自然が破壊(はかい)されてい

くのも問題である。この問題を解決するためには、

まず、私たち一人一人が（f.　　　　　）な資源(しげん)を

無駄(むだ)にしないように、自分たちの生活を反省してみ

る（g.　　　　　）がある。ものを買う前に本当に

（h.　　　　　）なものかどうかよく考え、買った

ものは最後まで（i.　　　　　）に使わなければな

必要	不必要
可能	不可能
正常	異常
便利	不便
深刻	簡単
親切	勝手
大変	大切
貴重	確実
健康	急激

らない。また、どうしても捨(す)てなければならない時にも、ほかの人が使える

ものかどうか、再利用(さいりよう)の（j.　　　　　）性を考えてみるべきであろう。

課題

Ⅰ. 辞書を引いたりまわりの日本人に聞いたりして、次の漢語形容詞の用法を調べ、下の表をうめてみましょう。使うことができない場合には×、何人かに聞いてみて、人によって使ったり使わなかったり意見が違う場合は、△をつけてください。

	形容詞性 ＋ ← → －			副詞性	名詞性 － ← → ＋		
	～なN	～N	～のN	～にV	～さ	～性	を～
熱心	熱心な 先生	×	×	熱心に 働く	熱心さ	×	×
自由	自由な 生活	自由 貿易	自由の 女神	自由に 話す	自由さ △	×	自由を 求める
可能	可能な 計画	×	×	可能に なる/する	×	可能性	×
危険							
健康							
幸福							
正確							
平和							

4

Ⅱ. ノートに線を引いて、上のような表を作り、新聞などでよく見る漢語形容詞をまとめておきましょう。漢語動詞（⇨p.58）や名詞も集めて品詞別に色分けしておくと、使い方がわかって便利です。

体に関係のある漢字

― 月（にくづき）と頁（おおがい）―

　「朝」の部首の「月」と「腹」の部首の「月」は、同じ形をしていますが、実は違う意味をもつ別々の部首です。前の「月」の意味は、"moon"ですが、後ろの「月」は、「肉」という漢字と同じ意味 "meat" で、「にくづき」と呼ばれています。この部首をもつ漢字は、下のように、体に関係のある漢字なのです。

　また、「頁（おおがい）」も体に関係のある漢字の部首になっています。「頁」は人間のあたまやかおを表す部首です。

頁　：　頭（あたま）　顔（かお）　額（ひたい）

月　：　脳（のう）　　胸（むね）　背（せ）　　腹（はら）　腕（うで）
　　　　肩（かた）　　腰（こし）　肺（はい）　胃（い）　　腸（ちょう）
　　　　肝臓（かんぞう）　　　心臓（しんぞう）　　　　骨（ほね）

その他：　手（て）　　足（あし）　目（め）　耳（みみ）　鼻（はな）
　　　　　口（くち）　歯（は）　　毛（け）　首（くび）　指（ゆび）

第5課
同音の漢字

次の文を読んで、a.とb.のうち正しいほうを選びなさい。実際に使われるものは、どちらか1つです。

1. 山田さんは（a.兄弟　b.兄第）がいない。
2. よくわからないので、もう一度（a.説明　b.設明）してください。
3. 本屋で（a.雑試　b.雑誌）を買った。
4. 今日は（a.特別　b.得別）に品物が安くなっている。
5. その信号のところを（a.右折　b.右接）してください。
6. 明日6時にここへ（a.連絡　b.練絡）してください。
7. きのう（a.書店　b.暑店）で今評判になっている写真集を買った。
8. 大学に入学（a.顔書　b.願書）を出しに行った。
9. 私の（a.家族　b.家続）は北海道に住んでいる。
10. 兄は（a.放送局　b.放送曲）で働いている。
11. 先生のお宅を（a.訪門　b.訪問）した。
12. この町は、人口が（a.減小　b.減少）している。
13. 熱があって、（a.頭通　b.頭痛）がする。
14. パーティーに行くのに（a.的当　b.適当）な服が見つからない。
15. 木村先生はとても（a.新切　b.親切）だ。
16. （a.大平洋　b.太平洋）は世界で一番大きい海だ。
17. 彼の考え方は（a.非現実的　b.悲現実的）だ。
18. 石川さんは（a.大学員　b.大学院）で勉強している。
19. 父は新聞（a.記者　b.記社）をしている。
20. 日曜日に（a.有園地　b.遊園地）に行った。
21. この国の（a.正治　b.政治）をもっとよくしなければならない。
22. 研究のことで先生に（a.相断　b.相談）した。

＜答え＞

1.　a．兄弟（きょうだい）　　　　　brothers (and sisters)
2.　a．説明（せつめい）する　　　　to explain
3.　b．雑誌（ざっし）　　　　　　　magazine
4.　a．特別（とくべつ）に　　　　　specially
5.　a．右折（うせつ）する　　　　　to turn right
6.　a．連絡（れんらく）する　　　　to make contact
7.　a．書店（しょてん）　　　　　　bookshop
8.　b．願書（がんしょ）　　　　　　application form
9.　a．家族（かぞく）　　　　　　　family
10.　a．放送局（ほうそうきょく）　radio/TV station
11.　b．訪問（ほうもん）する　　　　to visit
12.　b．減少（げんしょう）する　　　to decrease
13.　b．頭痛（ずつう）　　　　　　　headache
14.　b．適当（てきとう）な　　　　　appropriate
15.　b．親切（しんせつ）な　　　　　kind
16.　b．太平洋（たいへいよう）　　the Pacific Ocean
17.　a．非現実的（ひげんじつてき）な　unrealistic
18.　b．大学院（だいがくいん）　　graduate school
19.　a．記者（きしゃ）　　　　　　　reporter
20.　b．遊園地（ゆうえんち）　　　　amusement park
21.　b．政治（せいじ）　　　　　　　politics
22.　b．相談（そうだん）する　　　　to consult

基本練習

I. 次の文のa.とb.は、同じ読み方で、意味が違う語です。文を読んで、a.とb.のうち、適当なほうを選びなさい。

1. 料理に（a.化学　b.科学）調味料を使った。

2. 電話はこのビルの（a.一回　b.一階）にある。

3. 私は音楽に（a.関心　b.感心）がある。

4. 母は毎日（a.火事　b.家事）で忙しい。

5. オリンピックで勝者の（a.国家　b.国歌）が流れた。

6. このトイレは（a.洋式　b.様式）だ。

7. これは私（a.故人　b.個人）の意見です。

8. 新しいレストランが（a.回転　b.開店）した。

9. 部長は（a.使用　b.私用）で外出している。

10. 旅行は短い（a.期間　b.機関）だったが、楽しかった。

11. あの人の（a.良心　b.両親）は北海道に住んでいる。

12. この国の（a.東部　b.頭部）には広い平野がある。

13. 子どものとき、（a.伝記　b.電気）を読むのが好きだった。

14. この品は（a.高価　b.効果）で、私には買えない。

15. 品物の質をもっと（a.向上　b.工場）させなければならない。

16. 彼が彼女と結婚するなんて（a.創造　b.想像）できない。

17. レポートの（a.紀元　b.期限）をまもってください。

18. （a.保健　b.保険）所で健康診断を受けた。

19. あの人は（a.強力　b.協力）な味方になってくれそうだ。

20. 彼女は（a.整形　b.政経）手術をしたらしい。

5

Ⅱ. 次の文を読んで、下線のカタカナの部分を書き表すのに適当な漢字を、（　　　）の中から選びなさい。

1. この会館を使うときは、使用リョウを払わなければならない。
   （a.料　b.量）

2. 駅のホームに自動販売<ruby>販売<rt>はんばい</rt></ruby>キ がある。
   （a.器　b.機）

3. 鈴木<ruby>鈴木<rt>すずき</rt></ruby>さんはこの大学の英米文学研究カ に入学した。
   （a.科　b.課）

4. 父はずっと消防ショで働いている。
   （a.所　b.署）

5. 車を運転する人は、自動車保ケンに加入してください。
   （a.険　b.健）

6. 水は0度より温度が下がると コ 体になる。
   （a.固　b.個）

7. 私の友人は、東京のコウ外に家を買った。
   （a.効　b.郊）

8. 農業キョウ同組合は、農業機械の普及<ruby>普及<rt>ふきゅう</rt></ruby>のために資金の貸付<ruby>貸付<rt>かしつけ</rt></ruby>を行っている。
   （a.共　b.協）

9. 記録的<ruby>記録的<rt>きろくてき</rt></ruby>な大雪で、電車が フ 通になってしまった。
   （a.普　b.不）

10. あの選手は、去年<ruby>去年<rt>きょねん</rt></ruby>の夏からけがでずっとキュウ場している。
    （a.球　b.休）

11. 人生の中でこんなにいい機カイはめったにない。
    （a.械　b.会）

12. 大学のシュウ囲には店がほとんどない。
    （a.週　b.周）

13. 会社に採用されても、一人前のエンジニアになるには最テイ3年はかかる。
（a.低　b.底）

14. 彼の専モンは、動物セイ理学だそうだ。
（a.問　b.門）（a.整　b.生）

15. 昨夜遅く市街地で道路工事中に水道カンをこわすという事故が発生した。
（a.官　b.管）

16. この国は天ネン資源が乏しいので、周りの国々からの輸入に依存している。
（a.然　b.念）

17. 高橋さんは今でも毎晩、日キをつけている。
（a.紀　b.記　c.起）

18. 自分の意見をはっきり主チョウしたほうがいい。
（a.長　b.張　c.調）

5

19. この箱の中の書類を全部セイ理しないと、帰るわけにはいかない。
（a.整　b.製　c.制）

20. 今年のボウ年会は、カラオケで一晩中歌うつもりだ。
（a.防　b.忙　c.忘）

※できた人は、次は（　　　）の部分を紙などでかくして、書けるかどうかやってみましょう。

①同じ音記号を持つ漢字　Kanji with the same phonetic markers

同音の漢字には同じ音記号を持つものが多くあります。(⇨復習 1：形声文字)

			音読み	音記号
官	館	管	… カン	[官]
故	固	個	… コ	[古]
交	効	郊	… コウ	[交]
正	政	整	… セイ	[正]
低	底	邸	… テイ	[氐]
点	店	貼	… テン	[占]
洋	様	養	… ヨウ	[羊]
周	週		…シュウ	[周]
通	痛		… ツウ	[甬]

②同音の接尾辞　Suffixes of the same sound

同音で、意味や使い方の似ている漢字には注意してください。次のものは、接尾辞として使われることが多い同音の漢字です。

カ …	科	（学校）	社会科、国語科、数学科、研究科
		（病院）	内科、外科、耳鼻科、婦人科、精神科
	課	（会社）	会計課、人事課、総務課、営業課

キ …	器	（道具）	食器、楽器、茶器、消火器、炊飯器
		（器官）	臓器、消化器、呼吸器、循環器
	機	（機械）	洗濯機、掃除機、印刷機、飛行機

ショ …	所	（場所）	役所、事務所、案内所、裁判所
	署	（機関）	警察署、消防署、税務署

$$\text{リョウ…}\begin{cases}\text{料}\begin{cases}\text{(材料)} & \text{原料、資料、衣料、食料、調味料}\\ \text{(料金)} & \text{手数料、入場料、水道料、使用料}\end{cases}\\ \text{量 (多さ・重さ)} & \text{雨量、積雪量、排水量、使用量}\end{cases}$$

③同音の漢字語のアクセント　Homophones with different accentuations

同音の漢字語の中には、アクセントで区別されるものもあります。

いっかい	…	一階（い￣っかい）	：一回（い￣っか￣い）
こうじょう	…	向上（こ￣うじょう）	：工場（こ￣うじょ￣う）
でんき	…	伝記（で￣んき）	：電気（で￣んき）
こうがい	…	公害（こ￣うがい）	：郊外（こ￣うがい）

④同音の漢字語の意味の違い　Homophones with different meanings

5

アクセントが2種類以上あるものには＊印がつけてあります。

かいてい　…　改訂（か￣いてい）　　　　：　海底（か￣いてい）
　　　　　　　＝本の間違いを直すこと　　　　＝海の底

かいてん　…　回転（か￣いてん）　　　　：　開店（か￣いてん）
　　　　　　　＝回ること　　　　　　　　　　＝店を開くこと

＊きかん　…　期間（き￣かん）　　　　　：　機関（き￣かん）
　　　　　　　＝ある長さの時間　　　　　　　＝機械や装置、組織
　　　　　　　器官（き￣かん）　　　　　：　気管（き￣かん）
　　　　　　　＝体の部分　　　　　　　　　　＝呼吸の空気の通路

きげん　…　期限（き￣げん）　　　　　：　紀元（き￣げん）
　　　　　　＝しめきり　　　　　　　　　　＝歴史年代の元

きゅうじょう…休場（きゅ￣うじょう）　：　球場（きゅ￣うじょう）
　　　　　　　＝試合を休むこと　　　　　　＝野球のグランド

＊こうがい　…　公害（こ￣うがい）　　　：　郊外（こ￣うがい）
　　　　　　　＝環境や住民に対する害　　　＝都会の周辺

　　　　　　　口外(こ｜うがい)　　　　：　校外(こ｜うがい)
　　　　　　　＝秘密などを他人に話すこと　　＝学校の外

＊しゅちょう…　主張(しゅ｜ちょう)　　：　首長(しゅ｜ちょう)
　　　　　　　＝意見を言う　　　　　　　＝行政機関の長

しょうか　…　消化(しょ｜うか)　　　：　消火(しょ｜うか)
　　　　　　　＝食べた物をこなすこと　　＝火を消すこと

せいけい　…　生計(せ｜いけい)　　　：　整形(せ｜いけい)
　　　　　　　＝生活する方法　　　　　＝体の形をなおすこと

せいぜん　…　生前(せ｜いぜん)　　　：　整然(せ｜いぜん)
　　　　　　　＝死ぬ前／生きている間　　＝整っているようす

そうぞう　…　創造(そ｜うぞう)　　　：　想像(そ｜うぞう)
　　　　　　　＝新しいものを初めて作ること　＝頭の中で考えること

ていか　　…　低下(て｜いか)　　　　：　定価(て｜いか)
　　　　　　　＝下がること　　　　　　＝決められた値段

りょうしん…　良心(りょ｜うしん)　　：　両親(りょ｜うしん)
　　　　　　　＝正しく良い心　　　　　＝父と母

⑤1つの漢字が共通している同音語 Homophones which have the same Kanji

　同音の漢字語には、1つの漢字が共通するものがたくさんあります。意味が似ているものもありますから、注意してください。

＊いっかい　…　一回(い｜っか｜い)　：　一階(い｜っかい)
　　　　　　　＝1度　　　　　　　　　＝建物の地上の階

かいてい　…　改訂(か｜いてい)　　　：　改定(か｜いてい)
　　　　　　　＝本の内容を直すこと　　＝決めた内容を改めること

かじ　　　…　火事(か｜じ)　　　　　：　家事(か｜じ)
　　　　　　　＝火による災害　　　　　＝家の中の仕事

きかい … 機械(き かい) : 機会(き かい)
=しくみや道具 =チャンス

きょうかい… 教会(きょ うかい) : 協会(きょ うかい)
=キリスト教の集会所 =ある目的のための会

きょうちょう…強調(きょ うちょう) : 協調(きょ うちょう)
=強く説明すること =いっしょに協力すること

きょうどう… 共同(きょ うどう) : 協同(きょ うどう)
=いっしょにすること =協力して仕事をすること

きょうりょく…強力(きょ うりょく) : 協力(きょ うりょく)
=強い力 =力を合わせること

こじん … 故人(こ じん) : 個人(こ じん)
=なくなった人 =一人の人間

こたい … 個体(こ たい) : 固体(こ たい)
=一つの独立したもの =固く形が決まった物質

こっか … 国家(こ っか) : 国歌(こ っか)
=国 =国の歌

しょめい … 署名(しょ めい) : 書名(しょ めい)
=名前を書くこと =本の題名

せいり … 整理(せ いり) : 生理(せ いり)
=片づけること =生物の体の働き

ふつう … 不通(ふ つう) : 普通(ふ つう)
=通らないこと =いつものようす

ほけん … 保健(ほ けん) : 保険(ほ けん)
=健康を保つこと =災害に備えてお金をかけること

ようしき … 洋式(よ うしき) : 様式(よ うしき)
=西洋のやり方 =やり方

5

⑥同音の漢字語の用法　Usage of Kanji homophones

同音の漢字語には、品詞や使い方が違うものがあります。

（N＝名詞、VN＝「する」をつけて漢語動詞になるもの、NA＝ナ形容詞）

かんしん　…　関心（か｜んしん）N　　　：政治に関心がある
　　　　　　　　感心（か｜んしん）VN　　：上手な外国語に感心する
　　　　　　　　　　　　　　　　　　NA　　：感心な子ども

きょうりょく…強力（きょ｜うりょく）NA　：強力なチーム
　　　　　　　　協力（きょ｜うりょく）VN　：みんなが協力する

こうか　　　…　高価（こ｜うか）NA　　　：高価な品物
　　　　　　　　硬化（こ｜うか）VN　　　：態度が硬化する
　　　　　　　　効果（こ｜うか）N　　　：効果がある
　　　　　　　　校歌（こ｜うか）N　　　：校歌を歌う

しよう　　　…　使用（し｜よう）VN　　　：道具を使用する
　　　　　　　　私用（し｜よう）N　　　：私用と公用の区別をする。
　　　　　　　　仕様（し｜よう）N　　　：新しい仕様の機械を買う

こうじょう…　向上（こ｜うじょう）VN　　：生活水準が向上する
　　　　　　　　工場（こ｜うじょ｜う）N　：工場を建てる

┌─ 第5課の学習漢字 ─────────────────────

保	防	署	固	郊	害	協	普	球	械
p.246	p.257	p.302	p.325	p.281	p.296	p.248	p.313	p.262	p.260

周	囲	底	整	官	管	然	張	紀	限
p.308	p.325	p.322	p.321	p.296	p.303	p.315	p.249	p.267	p.257

想	像
p.313	p.247

22

Ⅰ．次の文を読んで、（　）の語の中から、適当なものを選び、読み方を書きましょう。

1.　国際交流の行事に参加したいが、なかなか（ a.機会　b.機械）がない。

2.　毎朝、公園のまわりを（ a.一周　b.一週）している。

3.　今度、小学校の教科書が（ a.改訂　b.改定　c.海底）される。

4.　本が増えたので、少し（ a.生理　b.整理）しなければならない。

5.　ＪＲ山手線（やまのてせん）は現在事故で（ a.不通　b.普通）となっております。

6.　事故を減らすためには、国民の（ a.協力　b.強力）が必要だ。

7.　会社をやめてから、国民健康（ a.保険　b.保健）に加入した。

8.　水は（ a.固体　b.個体）になると、「氷（こおり）」と呼ばれる。

9.　おなかが悪くて、（ a.消火　b.消化）のいいものしか食べられない。

10.　水が（ a.器官　b.気管）に入ってしまい、とても苦しかった。

11.　今月からタクシー料金が（ a.改訂　b.改定　c.海底）された。

12.　私は猫（ねこ）が（ a.生理　b.整理）的に苦手だ。

13.　我々（われわれ）の体内には、様々な（ a.器官　b.気管）がある。

14.　（ a.不通　b.普通）列車（れっしゃ）に乗って、のんびり旅行した。

15.　（ a.改訂　b.改定　c.海底）に油田が発見された。

16.　最近はどこの会社でもＯＡ（ a.機器　b.危機）が使われている。
　　　　　　　　　　　　　　　　　　　　＊ＯＡ＝Office Automation

17.　憲法（けんぽう）によって（ a.個人　b.故人）の自由が保証（ほしょう）されている。

18.　（ a.保険　b.保健）所で予防注射（ちゅうしゃ）をしてもらった。

19. 中日ヤクルトの試合を見に、（ a . 休場　 b . 球場）へ行った。

20. 毎週日曜日は（ a . 協会　 b . 教会）のミサに行く。

21. 学校では、生徒の個性と（ a . 想像　 b . 創造）性を育てる教育をすることが大切だ。

22. 彼は自分勝手で、（ a . 強調　 b . 協調）性がない。

23. （ a . 紀元　 b . 期限）前3000年ごろ、ナイル川のほとりに文明が生まれた。

24. 兄は（ a . 郊外　 b . 公害）研究所で働くことを承知した。

※正しいほうを選ぶことができた人は、上の1.～24.の文を、（　　）の部分をひらがなに直してノートに写し、今度はそれを見ながら自分で正しい漢字が書けるかどうか、やってみましょう。

　例1． 国際交流の行事に参加したいが、なかなか（きかい）がない。

Ⅱ． 次の文を読んで、ａ．とｂ．のうち、適当なほうを選びましょう。

1 . スポーツ大会の（ a . 会開　 b . 開会）式が行われた。

2 . 将来、栄養士になりたいが、勉強の（ a . 方法　 b . 法方）がわからない。

3 . 今日の授業は（ a . 午後　 b . 後午）からだ。

4 . 妹は（ a . 高校　 b . 校高）3年生だ。

5 . 田中さんは外国から輸入した宝石の（ a . 売買　 b . 買売）をしている。

6 . その事件については（ a . 全然　 b . 然全）知らない。

7 . 趣味で切手を（ a . 収集　 b . 集収）している人は多い。

8 . 高橋さんは日射病で倒れ、（ a . 急救　 b . 救急）車で病院へ運ばれた。

9. 日曜日にこの町の（ a.町長　　b.長町）選挙が行われる。

10. アラブの国々で戦争が起こると、石油（ a.危機　　b.機危）が起こる。

11. ワープロなどのＯＡ（ a.器機　　b.機器）が普及している。

Ⅲ. 次のカタカナのことばを適当な漢字に直して（　　　）に書きましょう。それから、アクセントに気をつけて声に出して読んでみましょう。テープに録音して自分で聞いたり、日本人の友だちに聞いてもらったりしてみましょう。

例. 駅前にカ｜イテ｜ン寿司の店がカ｜イテンした。
（　回転　）　　　　　（　開店　）

1. 都心ばかりでなく、コ｜ウガイでもコ｜ウガイ問題が起こってきている。
（　　　）　（　　　）

しかし、この町で起こっていることは、まだコ｜ウガイしないでほしい。
（　　　　　）

2. 政府のコ｜ウカンと意見をコ｜ウカンして、彼にコ｜ウカンを持った。
（　　　）　　（　　　　）　　（　　　　）

3. 貿易シュ｜ウシは、シュ｜ウシ赤字だった。
（　　　　）　（　　　　）

4. その用紙にほしい本のショ｜メイを書いて、ショ｜メイしてください。
（　　　　）　　　（　　　　）

5. キョ｜ウリョクな味方のキョ｜ウリョクを得て、仕事がうまくいった。
（　　　　　）　（　　　　　）

6. 彼はセ｜イゼン一人暮らしだったが、部屋はセ｜イゼンと片づいていた。
（　　　　）　　　　　（　　　　）

7. 数学のエ｜ンシュウで、エ｜ンシュウの長さを求めた。
（　　　）　（　　　　）

8. 新聞社に「キ｜シャのキ｜シャがキ｜シャでキ｜シャした。」という
（　　　）（　　　）（　汽車　）（　　　）
知らせが届いた。

課題

I. 次の文章を、ワープロなどを使って漢字仮名交じり文に直してみましょう。漢字に変換することばの下に線を引き、漢字表記をその下に書いてください。さらにその同音語を例のように下に並べて書きましょう。

例.

<u>ぶんか</u>	<u>かいかんで</u>	<u>こうえんかいが</u>	<u>ひらかれる</u>。
文化	会館	講演会	開かれる
⎰文科	⎰開館	⎰後援	
⎱分化	⎱快感	⎱公演	
		⎱公園	

　せいめい　ほけんの　パンフレットを　みて、おどろいた。　ほけんと

いえば、むかしは　せいめい　ほけんや　かさい　ほけんなど、たんじゅんな

ものしか　なかったが、げんだいでは、ほけん　しょうひんが　ずいぶん

たように　なった。いろいろな　じこや　さいがいに　そなえた　そんがい

ほけんや　しょうがい　ほけん、じどうしゃ　ほけんや　かいがい　りょこう

ほけんなどの　ほかに、つり　ほけん、スキー　ほけん、ゴルフ　ほけんまで

ある。なんと　ペットの　ほけんも　あると　きき、わらって　しまった。

つくづく　きけんな　じだいに　いきて　いるのだと　かんじた。

II. ワープロや電子手帳などを使って、同音語を5組さがし、下の例のような問題を作ってみましょう。友だちが間違えそうな問題を作って、お互いにやってみてください。国語辞典や和英辞典などでも同音語をさがすことができます。特に、意味が似ているものや同じ品詞のものなどを集めて覚えましょう。

例.　試験は ｛a. 以外　　b. 意外｝ にやさしかった。　　読み方（**いがい**）

88

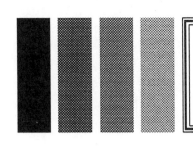
形声文字（1）

Ⅰ．次の下線の漢字を、部首(radicals)と音記号(sound markers)とに分けてください。
部首の意味も考えてみましょう。

例． 学<u>校</u> ＝ 部首 [木] ＋ 音記号 [交] 音読み（ コウ ）
　　　　　　　　　　tree

1. 男<u>性</u> ＝ [　　　] ＋ [　　　]（　　　　）
2. 夕<u>飯</u> ＝ [　　　] ＋ [　　　]（　　　　）
3. 旅<u>館</u> ＝ [　　　] ＋ [　　　]（　　　　）
4. 宿<u>泊</u> ＝ [　　　] ＋ [　　　]（　　　　）
5. 政<u>府</u> ＝ [　　　] ＋ [　　　]（　　　　）
6. 来<u>週</u> ＝ [　　　] ＋ [　　　]（　　　　）
7. 試<u>験</u> ＝ [　　　] ＋ [　　　]（　　　　）
8. <u>訪</u>問 ＝ [　　　] ＋ [　　　]（　　　　）
9. <u>適</u>当 ＝ [　　　] ＋ [　　　]（　　　　）
10. <u>案</u>内 ＝ [　　　] ＋ [　　　]（　　　　）
11. <u>時</u>間 ＝ [　　　] ＋ [　　　]（　　　　）
12. <u>町</u>長 ＝ [　　　] ＋ [　　　]（　　　　）
13. 出<u>荷</u> ＝ [　　　] ＋ [　　　]（　　　　）
14. <u>晴</u>天 ＝ [　　　] ＋ [　　　]（　　　　）
15. 事<u>故</u> ＝ [　　　] ＋ [　　　]（　　　　）

＜ 答 え ＞

			部首		音記号		音読み

1. 男性 = [忄] + [生] （ セイ ）
   だんせい（male） heart

2. 夕飯 = [食] + [反] （ ハン ）
   ゆうはん（dinner） eat

3. 旅館 = [食] + [官] （ カン ）
   りょかん（inn） eat

4. 宿泊する = [氵] + [白] （ ハク ）
   しゅくはく（to stay） water

5. 政府 = [广] + [付] （ フ ）
   せいふ（government） roof

6. 来週 = [辶] + [周] （ シュウ ）
   らいしゅう（next week） way

7. 試験 = [馬] + [僉] （ ケン ）
   しけん（examination） horse

8. 訪問する = [言] + [方] （ ホウ ）
   ほうもん（to visit） say

9. 適当な = [辶] + [商] （ テキ ）
   てきとう（suitable） way

10. 案内する = [木] + [安] （ アン ）
    あんない（to guide） tree

11. 時間 = [日] + [寺] （ ジ ）
    じかん（time） sun

12. 町長 = [田] + [丁] （ チョウ ）
    ちょうちょう（mayor） rice field

13. 出荷する = [艹] + [可] （ カ ）
    しゅっか（to ship） plant

14. 晴天 = [日] + [青] （ セイ ）
    せいてん（clear sky） sun

15. 事故 = [攵] + [古] （ コ ）
    じこ（accident） whip

Ⅱ. 次のことばの中から同じ音読みの漢字を選んで〇をつけ、共通する音記号とその
読みを書きなさい。

		音記号	読み
例. ㊙時 間　　所㊙持金	：	［ 寺 ］	（ ジ ）
1. 農 園　　遠 足	：	［　　］	（　　　）
2. 結 果　　課 題	：	［　　］	（　　　）
3. 正 義　　議 会	：	［　　］	（　　　）
4. 経 済　　軽 減	：	［　　］	（　　　）
5. 試 験　　危 険	：	［　　］	（　　　）
6. 変 更　　強 硬	：	［　　］	（　　　）
7. 都 市　　姉 妹	：	［　　］	（　　　）
8. 先 週　　周 囲	：	［　　］	（　　　）
9. 少 数　　文 部 省	：	［　　］	（　　　）
10. 生 活　　性 格	：	［　　］	（　　　）
11. 制 度　　製 造	：	［　　］	（　　　）
12. 先 生　　洗 面	：	［　　］	（　　　）
13. 相 談　　想 像	：	［　　］	（　　　）
14. 通 学　　頭 痛	：	［　　］	（　　　）
15. 海 底　　低 下	：	［　　］	（　　　）
16. 点 数　　売 店	：	［　　］	（　　　）
17. 農 業　　濃 度	：	［　　］	（　　　）
18. 白 鳥　　拍 手	：	［　　］	（　　　）
19. 付 近　　政 府	：	［　　］	（　　　）
20. 多 忙　　忘 年 会	：	［　　］	（　　　）

復1

91

				音記号	読み
21.	文化　生花　貨物	: [　　　]	(　　　　)
22.	可能　出荷　歌手	: [　　　]	(　　　　)
23.	旅館　管理　器官	: [　　　]	(　　　　)
24.	野球　要求　救助	: [　　　]	(　　　　)
25.	個人　固体　湖水	: [　　　]	(　　　　)
26.	効果　郊外　学校	: [　　　]	(　　　　)
27.	寺院　時間　持続	: [　　　]	(　　　　)
28.	改正　政治　整理	: [　　　]	(　　　　)
29.	晴天　冷静　青年	: [　　　]	(　　　　)
30.	官庁　町長　2丁目	: [　　　]	(　　　　)
31.	社長　出張　手帳	: [　　　]	(　　　　)
32.	反対　夕飯　販売	: [　　　]	(　　　　)
33.	方面　訪問　放送	: [　　　]	(　　　　)
34.	洋式　様子　養成	: [　　　]	(　　　　)

Ⅲ．下線の漢字の読みに注意して、（　　　）にことばの読み方を書きなさい。

例．　2丁目（にちょうめ）：訂正（　ていせい　）　　停学（　ていがく　）

1．中央　（ちゅうおう）：英語（　　　　　　）　　映画（　　　　　　　）

2．自己　（　じこ　）：日記（　　　　　　）　　紀元（　　　　　　　）

3．医者　（　いしゃ　）：暑中（　　　　　　）　　部署（　　　　　　　）

4．方面　（ほうめん）：予防（　　　　　　）　　妨害（　　　　　　　）

5．時間　（　じかん　）：期待（　　　　　　）　　特別（　　　　　　　）

①意味を表す部分（部首）と音を表す部分（音記号）

　漢字の中には意味を表す部分（部首）と音を表す部分（音記号）との組み合わせでできているものがあり、形声文字と言います。（⇨BK L.14, 第1課 p.22, 第5課 p.80）日本で使われている漢字の80％以上は形声文字ですから、よく使われる音記号を覚えると、知らない漢字の音読みを考えるとき、役に立ちます。

部首		音記号	形声文字		
食（しょくへん） eat	＋	官 カン	＝	館 building, hall	図書館　としょ<u>かん</u>
木（きへん） tree	＋	官 カン	＝	棺 coffin	石棺　せっ<u>かん</u>
竹（たけかんむり） bamboo	＋	官 カン	＝	管 pipe	管理する　<u>かん</u>りする
		c.f.	官 official		官庁　<u>かん</u>ちょう

②音記号の位置

　音記号は漢字のいろいろな位置に使われます。また、下のようにもとの音記号（「古」）から別の音記号（「固」「胡」）が作られる場合もあります。

復1

③漢字と音記号

ひとつの漢字がそのまま音記号になっているものと、そうでないものがあります。

a．　一つの漢字がそのまま音記号になっているもの

音記号		これまでに習った漢字			未習の漢字（常用漢字内）					
安	（アン　）	：案								
化	（カ　）	：花	貨		靴					
可	（カ　）	：何	歌	荷	河					
果	（カ　）	：課			菓					
介	（カイ）	：界								
戒	（カイ）	：械								
間	（カン）	：簡								
官	（カン）	：館	管		棺					
己	（キ　）	：記	起	紀	忌					
義	（ギ　）	：議			儀	犠				
九	（キュウ）	：究								
求	（キュウ）	：球	救							
系	（ケイ）	：係								
建	（ケン）	：健								
古	（コ　）	：固	個	故	湖	枯				
五	（ゴ　）	：語			悟					
交	（コウ）	：校	郊	効	絞					
更	（コウ）	：硬								
工	（コウ）	：功			江	攻	項	巧	貢	紅
市	（シ　）	：姉								
士	（シ　）	：仕	誌		志					
止	（シ　）	：歯			祉	紫				
寺	（ジ　）	：時	持		侍					
周	（シュウ）	：週								
宿	（シュク）	：縮								
少	（ショウ）	：省			抄	渉				
正	（ショウ）	：			証	症				
	（セイ）	：政	整		征					
生	（セイ）	：性			姓	星	牲			
青	（セイ）	：晴	静		精	清	請			
制	（セイ）	：製								
先	（セン）	：洗			銑					

相	（ ソウ ）	： 想		霜
倉	（ ソウ ）	： 創		
代	（ タイ ）	： 貸		袋
丁	（チョウ）	： 町 庁		頂
	（ テイ ）	： 訂 停		亭
長	（チョウ）	： 張 帳		脹
農	（ ノウ ）	： 濃		
白	（ ハク ）	： 泊 拍		迫 伯 舶
反	（ ハン ）	： 飯 販		版 阪 坂 板
非	（ ヒ ）	： 悲		
付	（ フ ）	： 府		符 附 腐
方	（ ホウ ）	： 放 訪		倣 芳
	（ ボウ ）	： 防		房 紡 坊 妨 傍 肪
亡	（ ボウ ）	： 忙 忘		望
民	（ ミン ）	： 眠		
羊	（ ヨウ ）	： 洋 様 養		窯

  ＊ただし「羊」は漢字の上の部分に使われると「𦍌」になります。

b． 漢字の一部が音記号になっているもの

復1

袁	（ エン ）	： 園 遠		猿
巠	（ ケイ ）	： 経 軽		径 茎
僉	（ ケン ）	： 験 険		剣 倹 検
甬	（ ツウ ）	： 通 痛		
氐	（ テイ ）	： 低 底		邸 抵
商	（ テキ ）	： 適		敵 摘 滴

  ＊ただし「袁(エン)」は「猿」のときだけ下の形が少し変わります。

④漢字の読みと音記号としての読み

ある漢字は、単独で使われるときと音記号として使われるときで読み方が違います。

例1． 央　単独　＝オウ　：　中央（ちゅうおう）
　　　　　音記号＝エイ　：　英語（えいご）　　映画（えいが）

例2． 己　単独　＝コ,キ　：　自己（じこ）　　知己（ちき）
　　　　　音記号＝キ　：　日記（にっき）　　紀元（きげん）

例3． 者　単独　＝シャ　：　記者（きしゃ）
　　　　　音記号＝ショ　：　署名（しょめい）　　残暑（ざんしょ）

例4. 占　単独　＝セン　　：　独占（どく<u>せん</u>）
　　　　　音記号＝テン　　：　書店（しょ<u>てん</u>）　点数（<u>てん</u>すう）

⑤音記号の表すいろいろな音

　音記号の中には、音が少し変わっているものや同じ形が違う音を表しているものもあります。（⇨復習 2　p.193～195）

例1.　台　タイ・ダイ　　　：　台風（<u>たい</u>ふう）　台所（<u>だい</u>どころ）
　　　　　→シ　　始　　：　始発（<u>し</u>はつ）
　　　　　→ジ　　治　　：　政治（せい<u>じ</u>）

例2.　主　シュ　　　　　：　主人（<u>しゅ</u>じん）
　　　　　→チュウ　注　：　注意（<u>ちゅう</u>い）
　　　　　→ジュウ　住　：　住所（<u>じゅう</u>しょ）

例3.　方　ホウ　　　　　：　方向（<u>ほう</u>こう）
　　　　　→ホウ　　訪　：　訪問（<u>ほう</u>もん）
　　　　　　　　　　放　：　放送（<u>ほう</u>そう）
　　　　　→ボウ　　防　：　予防（よ<u>ぼう</u>）

例4.　丁　テイ・チョウ　：　丁寧（<u>てい</u>ねい）　丁度（<u>ちょうど</u>）
　　　　　→テイ　　訂　：　訂正（<u>てい</u>せい）
　　　　　　　　　　停　：　停留所（<u>てい</u>りゅうじょ）
　　　　　→チョウ　庁　：　県庁（けん<u>ちょう</u>）
　　　　　　　　　　町　：　町長（<u>ちょう</u>ちょう）

例5.　各　カク　　　　　：　各自（<u>かく</u>じ）　各国（<u>かっ</u>こく）
　　　　　→カク　　格　：　性格（せい<u>かく</u>）
　　　　　→キャク　客　：　乗客（じょう<u>きゃく</u>）
　　　　　→ラク　　落　：　落第（<u>らく</u>だい）

　　　　＊「客」は語によって「カク」と読むこともある。旅客機（りょ<u>かく</u>き）

⑥例外的な読み方をする漢字

　　　　　　　　　　　　　　　　　　　音記号　音

例1.　| 寺 | 時 | 持 | 待 | 特 |　➡　| 寺 |　ジ
　　　　ジ　ジ　ジ　タイ　トク　＝音読み
　　　（てら）（とき）（も-つ）（ま-つ）　（＝訓読み）

音記号　音

例2.

反	飯	販	阪	返
ハン	ハン	ハン	ハン	ヘン
(そ-る)	(めし)		(さか)	(かえ-す)

➡ 反 ハン

＝音読み
(＝訓読み)

例3.

古	故	固	湖	苦
コ	コ	コ	コ	ク
(ふる-い)	(ゆえ)	(かた-い)	(みずうみ)	(くる-しい)

➡ 古 コ

＝音読み
(＝訓読み)

例4.

青	晴	静	精	情
セイ	セイ	セイ	セイ	ジョウ
(あお)	(は-れる)	(しず-か)		(なさ-け)

➡ 青 セイ

＝音読み
(＝訓読み)

例5.

交	郊	効	校	較
コウ	コウ	コウ	コウ	カク
(まじ-わる)		(き-く)		(くら-べる)

➡ 交 コウ

＝音読み
(＝訓読み)

復1

例6.

白	泊	拍	迫	百
ハク	ハク	ハク	ハク	ヒャク
(しろ)	(と-まる)		(せま-る)	

➡ 白 ハク

＝音読み
(＝訓読み)

復習 1 の学習漢字 (ふくしゅう)

貨	帳	販	拍	湖	義	丁	己	付	央	10
p.319	p.287	p.272	p.253	p.255	p.304	p.279	p.280	p.244	p.310	

応用練習

Ⅰ．左の部首と右上の音記号を合わせて形声文字を作り、その音読みも下に書いてみましょう。（漢字ができないマスには／を引く。15字以上できれば、合格！）

	反	生	白	青	僉	寺	意 味
木							木 tree
日				晴			日 sun
氵							水 water
亻							人 man
阝							がけ cliff
言							言う to say
扌			拍				手 hand
忄							心 heart
飠							食べる to eat
土							土 earth
読み			ハク				

Ⅱ．次の漢字が読めますか。知らない漢字でも、音記号から読み方を考えてみましょう。

1．紅茶　　2．半径　　3．犠牲　　4．倹約　　5．星座

6．意志　　7．精力　　8．水滴　　9．舶来　　10．判断

Ⅲ. 漢字辞典で同じ音読みの漢字を調べ、その中から音記号をさがしてみましょう。

例.

晴	清	精	請	静	→	青	音記号

音読み：　　セイ　　　セイ　　　セイ　　　セイ　　　セイ　　　　　　セイ

訓読み：　は-れる　きよ-い　　　　　　こ-う　　しず-か　　　　　　あお

熟　語：　晴天　　　清潔　　　精神　　　請求　　　安静　　　　　　青年

1.

					→		音記号

音読み：
訓読み：
熟　語：

2.

					→		音記号

音読み：
訓読み：
熟　語：

復1

3.

					→		音記号

音読み：
訓読み：
熟　語：

4.

					→		音記号

音読み：
訓読み：
熟　語：

Ⅰ. 漢字の「しりとり」を作りましょう。上にある漢字の部首か音記号かどちらかを
使った漢字で、□の中をうめましょう。

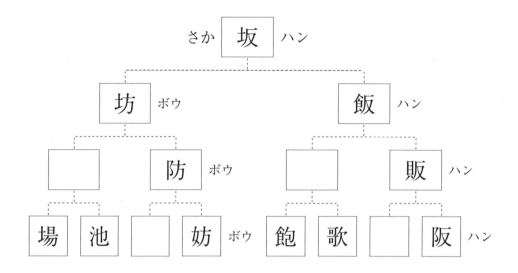

さか 坂 ハン

坊 ボウ　　飯 ハン

□　　防 ボウ　　□　　販 ハン

場　池　□　妨 ボウ　　飽　歌　□　阪 ハン

と(まる) 泊 ハク

Ⅰ．次の下線のことばの読みを書いてみましょう。

1. 輸入 を減らして 輸出 を 拡大 すれば、貿易 収支（ぼうえき）は黒字になる。

2. 世界 の国々が仕事を 分担 し、互（たが）いに 助 け 合 い、協力 し合えば、どんな 複雑 な 国際 問題も 解決 するだろう。

3. 工場で 機械 や 製品 を 製造 したり 管理 したり 修理 したりするロボットがいるのだから、そのうち病院で人間の体の 器官 を検（けん）査して 健康（さ）を管理したり、治療 したりするロボットもできるかもしれない。

4. 文部省 の下には 文化庁、厚生省 の下には 社会保険庁、運輸省 の下には 気象庁（きしょう）、海上保安庁 などがある。では、消防庁 と 消防署 は、何省の下にあるか。

復1

5. 都心から 快速 電車で50分、普通 電車なら1時間10分かかる 郊外 に家を買った。職場 からは少し遠いが、自然 にめぐまれた 快適 な住まいだ。

6. 異常 気象が続いて、地球 の 平均 気温が毎年1度ずつ 上昇 したらどうなるか、想像 できるだろうか。地球の温暖化は、非常 に 深刻 な問題なのである。

7. 貧乏 な家に生まれた子どもも、裕福 な家に生まれた子どもも、平等 に教育を受けることができ、だれにでも 成功 する 可能性 がある社会が私の 理想 だ。

8. 危険 や 失敗 をおそれずに行動し、エネルギッシュで 創造力 があり、しかも考え方が 柔軟 な人間を 養成 したい。

9. 低気圧 が 多量 の 激しい 雨を降らせたため、野球 の試合はあすに 延期 になった。応援 しているチームが 勝つ か 負ける か、勝負 はやってみなければわからない。

10. 周囲 の 国々への経済的な 援助 にもっと予算(よさん)を使うべきだ。

11. 首相 は、自国民を 救出 するために、その 戦争 に 参加 することを 強硬 に 主張 した。

12. 仕事の 終了期限 が近づいてきたので、予定を 変更 して、たまっている資料の 整理 にとりかかった。

13. 正確 にはわからないが、紀元前 10 世紀 ごろ、この古代国家は 海底 に沈(しず)んでしまったらしい。この 地層 からその時代の 王 に関する 貴重 な資料が発見された。

14. オペラの 公演 は、非常 ベルの音で一時 中断 されたが、係員 が 異常 のないことを 確 かめた 上で、続けられた。

15. 以前に口頭で 訂正 をお願いしたが、今度 改 めて 文書で通知した。

Ⅱ．次の国や地域を表す漢字１字を書いてみましょう。

1．インド　　＝（　　　　　）　　9．カナダ　　　＝（　　　　　）
2．フィリピン＝（　　　　　）　　10．ヨーロッパ＝（　　　　　）
3．ちゅうごく＝（　　　　　）　　11．イタリア　＝（　　　　　）
4．イギリス　＝（　　　　　）　　12．オランダ　＝（　　　　　）
5．フランス　＝（　　　　　）　　13．ロシア　　＝（　　　　　）
6．ドイツ　　＝（　　　　　）　　14．かんこく　＝（　　　　　）
7．スペイン　＝（　　　　　）　　15．オーストラリア＝（　　　　　）
8．アメリカ　＝（　　　　　）　　16．アジア　　＝（　　　　　）

Ⅲ．次のことばと反対の意味のことばを書いてみましょう。

1．深い　　　　◆━▶（　　　　　）　　11．人工　　◆━▶（　　　　　）
2．薄い(本が)◆━▶（　　　　　）　　12．有限　　◆━▶（　　　　　）
3．薄い(色が)◆━▶（　　　　　）　　13．平和　　◆━▶（　　　　　）
4．乏しい　　◆━▶（　　　　　）　　14．収入　　◆━▶（　　　　　）
5．軟らかい　◆━▶（　　　　　）　　15．正常な　◆━▶（　　　　　）
6．下落する　◆━▶（　　　　　）　　16．安全な　◆━▶（　　　　　）
7．成功する　◆━▶（　　　　　）　　17．不幸な　◆━▶（　　　　　）
8．短縮する　◆━▶（　　　　　）　　18．不快な　◆━▶（　　　　　）
9．拡大する　◆━▶（　　　　　）　　19．複雑な　◆━▶（　　　　　）
10．運転する　◆━▶（　　　　　）　　20．軟弱な　◆━▶（　　　　　）

復1

長い漢語のアクセント

　長い複合語になると、単独の語のときとアクセントが変わることがあります。下のような例を覚えておきましょう。長い漢語のアクセントはふつう１音目の後から上がります。次にどこで下がるか注意しましょう。６字以上の漢語は、適当に区切って読みます。

＜３字漢語＞

ａ．接頭辞＋２字漢語　□/□□：後部の１音目まで高く、その後から下がる。

　　例．　人口（じんこう）→　総人口（そうじんこう）
　　　　　問題（もんだい）→　諸問題（しょもんだい）
　　　　　開発（かいはつ）→　未開発（みかいはつ）

　　　※接頭辞によっては、前部の１音目の後から下がるものもある。
　　　　　方面（ほうめん）→　各方面（かくほうめん）

ｂ．２字漢語＋接尾辞　□□/□：接尾辞によって決まる。

　　例１．　前部の終わりまで高く、後部は下がる。
　　　　　　外務（がいむ）→　外務省（がいむしょう）
　　　　　　管理（かんり）→　管理者（かんりしゃ）

　　　※前部が「い，う，ん」で終わるときは、前部の後ろから１音目から下がる。
　　　　　経営（けいえい）　→　経営学（けいえいがく）
　　　　　特急（とっきゅう）→　特急券（とっきゅうけん）
　　　　　結婚（けっこん）　→　結婚式（けっこんしき）

　　例２．　下がらないで、ずっと高い。
　　　　　　報告（ほうこく）→　報告書（ほうこくしょ）
　　　　　　音楽（おんがく）→　音楽家（おんがくか）

＜４字漢語＞

ａ．２字漢語２つ　□□/□□：後部の１音目まで高く、その後から下がる。

　　例．　日本（にほん）、経済（けいざい）
　　　　　　→日本経済（にほんけいざい）
　　　　　最高（さいこう）、気温（きおん）
　　　　　　→最高気温（さいこうきおん）

ｂ．接頭辞や接尾辞と２字漢語　□/□□/□：接辞によって決まる。

　　例．　超能力者（ちょうのうりょくしゃ）
　　　　　反過激派（はんかげきは）

＜５字漢語＞

接辞と２字漢語２つ　{ □□/□□/□　□/□□/□□　□□/□/□□ }：語構成と接辞による。

　　例．　経済企画庁（けいざいきかくちょう）
　　　　　最高責任者（さいこうせきにんしゃ）
　　　　　新空港問題（しんくうこうもんだい）
　　　　　自由化政策（じゆうかせいさく）
　　　　　高齢化社会（こうれいかしゃかい）

復習

Ⅰ. 下線の3字漢語は、次のa.～d.の構成のうち、どれでしょうか。

> a.□□+□　　b.□+□□　　c.□+□+□　　d.(□+□)△=□△+□△
> 　　　　　　　　　　　　　　　　　　　　　　△(□+□)=△□+△□

例1. 日曜はよく映画館へ行く。　　　　　（　a　）　　映画＋館
　　2. 新空港を建設中である。　　　　　（　b　）　　新＋空港
　　3. サイズには大中小がある。　　　　（　c　）　　大＋中＋小
　　4. 国公立大学は学費が安い。　　　　（　d　）　　(国＋公)立=国立＋公立

1. 来年度の予算(よさん)が決まった。　　　　　　　　　　　　（　　　）

2. 上野動物園でパンダを見た。　　　　　　　　　　　　　　（　　　）

3. 欧州共同体は、英独仏が中心になろう。　　　　　　　　　（　　　）

4. 研究の分担者になる。　　　　　　　　　　　　　　　　　（　　　）

5. 北から高気圧が近づいている。　　　　　　　　　　　　　（　　　）

6. 輸出入のバランスをとる。　　　　　　　　　　　　　　　（　　　）

7. この辺(へん)は商業地だから、にぎやかだ。　　　　　　　　（　　　）

8. 酒やタバコは青少年の健全な育成を妨(さまた)げる。　　　　　（　　　）

9. 鈴木さんは旅行社で働いている。　　　　　　　　　　　　（　　　）

10. 彼と正反対の意見を持っている。　　　　　　　　　　　　（　　　）

11. 日本人は雪月花を楽しみながら酒を飲む。　　　　　　　　（　　　）

12. 車は急停車することがあるので注意して下さい。　　　　　（　　　）

Ⅱ. 次の □ に下の漢字から適当なものを選んで入れなさい。
　　（Ａには場所を表す接尾辞、Ｂにはいろいろな接頭辞が入る。）

A：1. 映画 □　　6. 研究 □　　11. 駐車（ちゅうしゃ）□

　　2. 保健 □　　7. 大使 □　　12. 図書 □

　　3. 事務（じむ）□　　8. 消防 □　　13. 野球 □

　　4. 幼稚（ようち）□　　9. 実験 □　　14. 美容（びよう）□

　　5. 新聞 □　　10. 住宅 □　　15. 喫茶（きっさ）□

［ 館　室　所　署　園　院　場　地　店　屋　社 ］

B：1. □ 上昇　　6. □ 製品　　11. □ 降下

　　2. □ 可能　　7. □ 学歴　　12. □ 発売

　　3. □ 公式　　8. □ 正確　　13. □ 関心

　　4. □ 意味　　9. □ 世界　　14. □ 人数

　　5. □ 平等　　10. □ 工業　　15. □ 有力

［ 新　多　重　高　急　全　最　無　不　非 ］

＜答　え＞

Ⅰ. 1.　　b．来＋年度（らい＋ねんど）next fiscal year
2.　　a．動物＋園（どうぶつ＋えん）zoological garden（zoo）
3.　　c．英＋独＋仏（えい＋どく＋ふつ）England, Germany, France
4.　　a．分担＋者（ぶんたん＋しゃ）sharer, partner
5.　　b．高＋気圧（こう＋きあつ）high atmospheric pressure
6.　　d．輸出＋輸入（ゆしゅつ＋ゆにゅう）export and import
7.　　a．商業＋地（しょうぎょう＋ち）commercial district
8.　　d．青(年)＋少年（せいねん＋しょうねん）younger generation
9.　　a．旅行＋社（りょこう＋しゃ）travel agency
10.　　b．正＋反対（せい＋はんたい）direct opposition
11.　　c．雪＋月＋花（せつ＋げつ＋か）snow and moon and flowers
12.　　b．急＋停車（きゅう＋ていしゃ）sudden stop

Ⅱ. A 1.　映画館（えいがかん）movie theater
2.　保健所（ほけんじょ）(public) health center
　　保健室（ほけんしつ）clinic
3.　事務所（じむしょ）／事務室（じむしつ）office
4.　幼稚園（ようちえん）kindergarten
5.　新聞社（しんぶんしゃ）newspaper company
　　新聞屋（しんぶんや）newspaper agency, news dealer
6.　研究所（けんきゅうじょ）research institute
　　研究室（けんきゅうしつ）professor's office, seminar room
7.　大使館（たいしかん）embassy
8.　消防署（しょうぼうしょ）fire station
9.　実験室（じっけんしつ）laboratory
　　実験場（じっけんじょう）testing site
10.　仕宅地（じゅうたくち）residential area
11.　駐車場（ちゅうしゃじょう）parking lot
12.　図書館（としょかん）／図書室（としょしつ）library
13.　野球場（やきゅうじょう）baseball ground
14.　美容院（びよういん）／美容室（びようしつ）beauty parlor
15.　喫茶店（きっさてん）／喫茶室（きっさしつ）coffee shop

B 1.　急上昇（きゅうじょうしょう）スル　rapid rise
2.　不可能（ふかのう）ナ　impossible
3.　非公式（ひこうしき）ナ　unofficial, informal
4.　無意味（むいみ）ナ　meaningless
5.　不平等（ふびょうどう）ナ　unequal
6.　新製品（しんせいひん）new product／全製品　whole products
7.　高学歴（こうがくれき）high academic career
8.　不正確（ふせいかく）ナ　incorrect, inaccurate
9.　全世界（ぜんせかい）whole world／新世界　new world
10.　重工業（じゅうこうぎょう）heavy industry
11.　急降下（きゅうこうか）スル　steep dive, sudden drop
12.　新発売（しんはつばい）newly on sale
13.　無関心（むかんしん）ナ　indifferent
14.　多人数（たにんずう）a large number of people
15.　最有力（さいゆうりょく）most powerful, strongest

6

基本練習

Ⅰ. 下線のことばを意味の単位に切って、例のように書きかえなさい。

例. 最近、<u>交通量</u>が増えている。（ 交通 ）＋（ 量 ） ＝（ 交通の量 ）

1. <u>最新型</u>のカメラを買った。 （ ）＋（ ）＝（ ）

2. <u>住民税</u>を払った。 （ ）＋（ ）＝（ ）

3. <u>調理師</u>になりたいと思う。 （ ）＋（ ）＝（ ）

4. 国民<u>総生産</u>の１％に当たる。（ ）＋（ ）＝（ ）

5. 町の<u>青年団</u>の会合がある。 （ ）＋（ ）＝（ ）

6. <u>各方面</u>の専門家が集まった。（ ）＋（ ）＝（ ）

7. <u>経済界</u>の<u>大物</u>が出席した。 （ ）＋（ ）＝（ ）

8. 土地の<u>再開発</u>に反対する。 （ ）＋（ ）＝（ ）

9. 外国から<u>超高速</u>旅客機を買う。（ ）＋（ ）＝（ ）

10. <u>未公開</u>の映画を放映する。 （ ）＋（ ）＝（ ）

Ⅱ. 次のことばを例のように言いかえなさい。

例. 無気力 → 気力がないこと
　　危険性 → 危険な性質・危険であること
　　総人口 → すべての人口

1. 急発進 →　　　　　　　4. 再試験 →

2. 指定席 →　　　　　　　5. 入場券 →

3. 世界史 →　　　　　　　6. 未使用 →

7. 諸問題 →　　　　　　　14. 高性能 →

8. 不参加 →　　　　　　　15. 支出額 →

9. 国連軍 →　　　　　　　16. 農民層 →

10. 成長率 →　　　　　　　17. 旧体制 →

11. 不正確 →　　　　　　　18. 音楽堂 →

12. 各分野 →　　　　　　　19. 火山帯 →

13. 平均値 →　　　　　　　20. 強硬派 →

Ⅲ. （　　　）に適当な漢字を下から選んで入れなさい。（何回使ってもよい。）

| 無 | 不 | 未 | 非 | 総 | 超 | 急 | 各 | 旧 | 再 | 税 | 率 | 額 | 値 | 館 | 省 | 堂 |
| 軍 | 戦 | 団 | 群 | 派 | 帯 | 界 | 層 | 師 | 士 | 官 | 者 | 家 | 手 | 型 | 券 | 式 |

1. 文部省は（　　　）都道府県に、教員の採用試験に関する通達を出した。

2. 働く女性が増えるにつれて、出生（　　　）の低下が目立つ。

3. 国会議事（　　　）のまわりを過激（　　　）の学生が取り囲んだ。

4. あの美しい流線（　　　）の新車の人気が（　　　）上昇しているそうだ。

5. 野球の試合で、応援（　　　）ばかり見ていて、試合を見ない人もいる。

6. 政府は自衛隊を国連（　　　）に参加させることを強硬に主張した。

7. 店で買物すると、何にでも5％の消費（　　　）がかかる。

8. このごろ、夜中の時間（　　　）に面白いテレビ番組が多い。

9. コンサートの前売（　　　）を何枚も買っておいたのに、中止になった。

6

10. ゴミを（　　　）利用しようという運動が主婦（　　　）に広がっている。

11. 首相は、内閣の（　　　）辞職ではなく、衆議院の解散を選んだ。

12. あのマンションは（　　　）完成なのに、もう入居してきた人がいる。

13. 彼は経済（　　　）の大物をたくさん知っているらしい。

14. 最近日本では、（　　　）能力とか（　　　）自然とか呼ばれる現象がブーム

　　になっているが、それらを（　　　）科学的だと言って、否定する人も多い。

Ⅳ. 次の ☐ に仕事を表す接尾辞となる漢字を［　　　］から選んで書き入れなさい。

［ 手　者　員　家　師　士　官　人　屋　業 ］

1. 科学 ☐　　　　6. 音楽 ☐　　　　11. 管理 ☐

2. 運転 ☐　　　　7. 警察 ☐　　　　12. 美容 ☐

3. 事務 ☐　　　　8. 製造 ☐　　　　13. 労働 ☐

4. 調理 ☐　　　　9. 写真 ☐　　　　14. 政治 ☐

5. 銀行 ☐　　　　10. 会計 ☐　　　　15. 飛行 ☐

① 3字漢語の語構成

a．□□＋□　：　急行券　＝　急行＋券　　express ticket
　　　　　　　　消防士　＝　消防＋士　　fireman
　　　　　　　　出席率　＝　出席＋率　　percentage of attendance

b．□＋□□　：　旧体制　＝　旧＋体制　　old regime
　　　　　　　　再入国　＝　再＋入国　　re-entry (into a country)
　　　　　　　　超大国　＝　超＋大国　　super-state, super-power

c．□＋□＋□：　上中下　＝　上＋中＋下　　good, fair and poor
　　　　　　　　雪月花　＝　雪＋月＋花　　snow, moon and flower
　　　　　　　　　　　　　　　　　　　　(＝natural beauty in Japan)
　　　　　　　　松竹梅　＝　松＋竹＋梅　　pine-bamboo-plum
　　　　　　　　　　　　(＝congratulatory trees showing three ranks)

d．(□＋□)△　：　青少年　＝　青年＋少年　　younger people
　＝□△＋□△　　陸海軍　＝　陸軍＋海軍　　army and navy

　△(□＋□)　：　輸出入　＝　輸出＋輸入　　export and import
　＝△□＋△□

6

② 漢語の意味

　ある漢語は、分解して訓読みにすると、意味がよくわかります。その時、訓読みにする代わりに、別のことばに置きかえたほうが意味がわかりやすい漢字もあります。

a．訓読みにするとわかりやすい例

　　来日　：　日本に来ること
　　通過　：　通り過ぎること
　　乗車　：　車に乗ること
　　無制限：　制限がないこと　no limit
　　最年少：　最も年少の　　the youngest
　　再生産：　再び(＝もう一度)生産すること　re-production
　　各方面：　各々の(＝それぞれの)方面　　every direction
　　　　　　※一つ一つが違っていることを表す。

111

b．別のことばに置きかえたほうがわかりやすい例

教<u>室</u>	：	教える<u>へや</u>	<u>class</u>room
正<u>解</u>	：	正しい<u>こたえ</u>	correct <u>answer</u>
満<u>開</u>	：	いっぱいに<u>開く</u>	<u>fully</u> open

<u>不</u>正確な：	正確<u>でない</u>	<u>in</u>correct, <u>in</u>accurate
<u>非</u>公式の：	公式<u>でない</u>	<u>un</u>official, <u>in</u>formal
<u>全</u>世界	<u>すべての</u>世界	<u>whole</u> world
<u>未</u>経験	<u>まだ</u>経験<u>していない</u>	<u>not</u> experienced <u>yet</u>
<u>諸</u>問題	<u>諸々の</u>(いろいろな)問題	<u>various</u> problems ※複数あることを表す。
<u>総</u>費用	<u>すべての</u>費用	<u>total</u> expenses
<u>旧</u>体制	<u>ふるい</u>体制	<u>old</u> regime

> 「超(ちょう)」は、もとは、"super-" という意味で「N を超(こ)えた、N 以上の」
> という意味で使われたが、最近は流行語として「超おもしろい」「超疲れる」な
> どのように「ものすごい N、ものすごく Adj.／Verb」という造語力を持つ用法
> もある。

③接尾辞・接頭辞的な用法のある漢字

```
□□＋□：場所    ～地(ち)    ～場(じょう)  ～館(かん)   ～園(えん)
               ～院(いん)  ～室(しつ)    ～堂(どう)   ～所(しょ/じょ)
               ～署(しょ)  ～省(しょう)  ～庁(ちょう)

       ：部局    ～局(きょく)  ～部(ぶ)   ～課(か)   ～係(がかり)

       ：仕事    ～家(か)    ～手(しゅ)  ～師(し)   ～士(し)  ～者(しゃ)
               ～人(にん)  ～員(いん)  ～官(かん)  ～屋(や)  ～業(ぎょう)

       ：お金    ～費(ひ)    ～料(りょう)  ～代(だい)   ～金(きん)
               ～額(がく)  ～賃(ちん)
```

：その他	～制(せい)	system	～法(ほう)	method/law
	～線(せん)	line	～式(しき)	style/ceremony
	～面(めん)	aspect	～型(がた)	type
	～率(りつ)	ratio	～量(りょう)	quantity
	～度(ど)	degree	～値(ち)	value
	～派(は)	sect	～団(だん)	group
	～群(ぐん)	crowd	～軍(ぐん)	troop
	～帯(たい)	zone	～界(かい)	field, world
	～券(けん)	ticket	～税(ぜい)	tax　　　　など

：品詞転換　changing parts of speech

　　　　〜的ナ　-tive, -al (-na adjective forming)

　　　　e.g.　機械 machine　　→　機械的な mechanical

　　　　　　　理想 ideal　　　→　理想的な idealistic

　　　　　　　印象 impression　→　印象的な impressive

　　　　〜化スル　-ize, -ization (verbal noun forming)

　　　　　　　機械 machine　　　→　機械化 mechanization

　　　　　　　　　　　　　　　　　　機械化する　to mechanize

　　　　　　　理想 ideal　　　　→　理想化 idealization

　　　　　　　　　　　　　　　　　　理想化する　to idealize

　　　　〜性　-ness, -ability (noun forming)

　　　　　　　可能な possible　　→　可能性 possibility

　　　　　　　信頼する to rely　→　信頼性 reliability

□+□□：否定　不(ふ)〜　無(む)〜　非(ひ)〜　未(み)〜

　　　　：形容詞　高(こう)〜　低(てい)〜　新(しん)〜　大(だい)〜　多(た)〜
　　　　　　　　　悪(あく)〜　少(しょう)〜　など

　　　　：その他　諸(しょ)〜　各(かく)〜　全(ぜん)〜　総(そう)〜　再(さい)〜
　　　　　　　　　最(さい)〜　第(だい)〜　満(まん)〜　両(りょう)〜
　　　　　　　　　超(ちょう)〜旧(きゅう)〜　など

④長い漢語の分解

　長い漢語を辞書で調べたいときは、語構成を考えて、意味の単位に分解してから、わからない部分を辞書で引きます。

例1．　新製品　→　新／製品　　[□+□□]　＝新しい製品

例2．　車内販売　→　車内／販売　[□□+□□]　＝車内で販売する

例3．　超能力者　→　超／能力／者 [(□+□□)+□]　＝ふつう以上の能力を持つ者

例4．　低出生社会　→　低／出生／社会 [(□+□□)+□□]　＝出生率が低い社会

例5．　大型自動券売機　→　大型／自動／券売／機 [(□□+(□□+(□□+□)))]
　　　　　　　　　　　　　　　　　＝大型の自動で券を売る機械

第6課の学習漢字

総　各　諸　再　超　未　旧　満　券　型
p.268　p.308　p.271　p.326　p.328　p.314　p.289　p.255　p.306　p.309

士　師　団　軍　群　税　額　値　率　帯
p.295　p.290　p.325　p.291　p.274　p.266　p.288　p.246　p.306　p.311

派　堂
p.255　p.309

22

応用練習

I. まん中にある2字漢語の中から1.～10.の接尾辞(せつびじ)をつけて使えるものを選び、
（　　　　）に記入しなさい。

1. □□所
（　洗面　）所
（　　　　）所
（　　　　）所
（　　　　）所
（　　　　）所
（　　　　）所
（　　　　）所
（　　　　）所

2. □□場
（　運動　）場
（　　　　）場
（　　　　）場
（　　　　）場
（　　　　）場
（　　　　）場

3. □□地
（　中心　）地
（　　　　）地
（　　　　）地
（　　　　）地
（　　　　）地
（　　　　）地

4. □□省
（　通産　）省
（　　　　）省
（　　　　）省
（　　　　）省
（　　　　）省

5. □□館
（　図書　）館
（　　　　）館
（　　　　）館
（　　　　）館
（　　　　）館
（　　　　）館

6. □□院
（　美容　）院
（　　　　）院
（　　　　）院
（　　　　）院
（　　　　）院

洗面	中心	美容(びよう)	図書	動物
警察(けいさつ)	運動	養老	植物(しょくぶつ)	通産
美術	消防	競馬(けいば)	運輸	駐車(ちゅうしゃ)
住宅	裁判(さいばん)	厚生	衆議	植民(しょくみん)
保健	遊園	博物(はくぶつ)	造船(ぞうせん)	幼稚(ようち)
製鉄	水族	発電	特売	気象(きしょう)
野球	市街(しがい)	印刷(いんさつ)	税務(ぜいむ)	郵政
修道	労働(ろうどう)	行楽	大使	参議
案内	実験	体育	文化	外務(がいむ)

7. □□園
（　動物　）園
（　　　　）園
（　　　　）園

8. □□署
（　警察　）署
（　　　　）署
（　　　　）署

9. □□庁
（　　　　）庁
（　　　　）庁
（　　　　）庁

10. □□室
（　　　　）室
（　　　　）室
（　　　　）室

Ⅱ. 次の □ に、接辞的に使われる漢字を [　　] から選んで書き入れてみましょう。

A：[諸 各 総 全 新 旧 未 無 不 非]

1. □ 生産　　6. □ 開発　　11. □ 景気〔けいき〕

2. □ 教師　　7. □ 選挙〔せんきょ〕　　12. □ 事情

3. □ 問題　　8. □ 正月　　13. □ 生産的

4. □ 課税　　9. □ 完成　　14. □ 製品

5. □ 関係　　10. □ 健康　　15. □ 人口

B：[好 再 最 超 層 界 帯 団 派 軍 群]

1. □ 満員　　6. □ 軍備　　11. 老年 □

2. □ 都合　　7. 強硬 □　　12. 合唱〔がっしょう〕 □

3. □ 重要　　8. 連合 □　　13. 流星〔りゅうせい〕 □

4. □ 出発　　9. 選手 □　　14. 芸能〔げいのう〕 □

5. □ 音波〔おんぱ〕　　10. 火山 □　　15. 反対 □

6

C: [諸 各 総 満 税 額 費 代 料 値 率 券]

1. □室　　7. 交通□　　13. 成長□

2. □力　　8. 支出□　　14. 住民□

3. □国　　9. 水道□　　15. 電話□

4. □自　　10. 平均□　　16. 建設□

5. □量　　11. 航空（こうくう）□　　17. 輸出□

6. □島　　12. 所得□　　18. 死亡（しぼう）□

Ⅲ. 次の下線の漢語の読みを上に書き、例（れい）のように分解して、その語構成を考えてみましょう。

例1. テレビで新製品（しんせいひん）のＣＭをやっている。　→　(新／製品)[□＋□□]
　　　　　　　　　　　　　　　　　　　　　　＝新しい製品

例2. 有名大学（ゆうめいだいがく）に入りたい人が多い。　→　(有名／大学)[□□＋□□]
　　　　　　　　　　　　　　　　　　　＝有名な大学

例3. ユリ・ゲラーは超能力者（ちょうのうりょくしゃ）と呼ばれていた。

　　　→　(超／能力／者)[(□＋□□)＋□]
　　　　＝ふつう以上の能力をもっている者

1. 日本は、国民総生産(ＧＮＰ)は高いが、人々の生活が豊かとは言えない。
　　→　(　　　　　　　　) [　　　　　　　　　]

2. トラックが高速道路の中央分離帯にぶつかる事故があった。
　　→　(　　　　　) [　　　　　　　　　]

3. 日米間では、いま米の自由化が<u>最重要課題</u>である。
   → (　　　　　　　　　) [　　　　　　　　　　　　]

4. 東京へ行ったら、東京タワーと<u>国会議事堂</u>を見に行きたい。
   → (　　　　　　　　　) [　　　　　　　　　　　　]

5. 駅ビルの2階に<u>前売券発売所</u>があるらしい。
   → (　　　　　　　　　) [　　　　　　　　　　　　]

6. 最近、都心には<u>超高層建造物</u>が増えて、空が見えにくくなっている。
   → (　　　　　　　　　) [　　　　　　　　　　　　]

7. この国の<u>今年度前期輸出額</u>は、昨年度の輸出総額を上回った。
   → (　　　　　　　　　) [　　　　　　　　　　　　]

8. 彼は<ruby>去年<rt>きょねん</rt></ruby>から<u>調理師専門学校</u>に通っている。
   → (　　　　　　　　　) [　　　　　　　　　　　　]

9. これ以上、<u>消費者物価指数</u>が上昇すれば、生活が困難になる。
   → (　　　　　　　　　) [　　　　　　　　　　　　]

10. 最近、老人の<u>自動車<ruby>免許<rt>めんきょ</rt></ruby>取得率</u>が高くなっているという。
    → (　　　　　　　　　) [　　　　　　　　　　　　]

6

※新聞記事などで長い漢語を見つけたら、上のように分解して、その語構成を考えてみて
　ください。

課題

Ⅰ．次の新聞記事を読んで、「□□＋□」という語構成になっている漢語をさがし、その接尾辞（せつびじ）の漢字と用例（ようれい）を次のページの表に記入してみましょう。

郵便物認可　　　　1993年（平成5年）　**2月19日　金曜日**　　　　（日刊）

「65歳以上」2025年に27％超す

高齢化社会　ハイペース

日本医師会　人口推計

日本医師会（村瀬敏郎会長）は十八日、日本の総人口が二〇〇七年にピークを迎え、同時に六十五歳以上の高齢人口が世界で初めて総人口の二〇％に達する——など将来の人口推計をまとめた「超低出生社会における統合モデルに基づく医療分析」を発表した。この研究報告は同医師会が一九九〇年に日大人口研究所に委託して実施したもので、人口ピークは二〇一一年とした昨年九月の厚生省推計データより早まると予測。人口動向のほか、雇用など経済動向、年金、医療保険など社会保障も含めた独自の推計を行った。

出生率、98年から上昇

研究報告は日本の総人口は二〇〇七年の一億二千八百六十四万人を最高に減少に転じ、二〇二五年には九〇年の一億二千三百六十一万人を下回る一億二千百七十万人になると推計。

また、一人の女性が一生に生む子供の数を表す合計特殊出生率については九〇年の一・五三から九七年の一・四九九まで低下すると低出産が長期化すると見ており、厚生省推計より低出産が長期化すると見ている。

死亡数は九一年の八十三万人から増え続け、二〇〇〇年には出生数を上回る。

こうした中で九八年には六十五歳以上の高齢人口が十四歳以下の年少人口を上回る。

出生率と死亡率の推移（‰）
15.0 / 9.0
普通死亡率　普通出生率

年齢構造の変化
年少人口（0〜14歳）
生産年齢人口（15〜64歳）
老年人口（65歳以上）
総人口（千人）120000 / 90000 / 60000 / 30000 / 0

1990	1995	2000	2005	2010	2015	2020	2025年
123611	125466	127346	128520	128416	126966	124537	121700

り、高齢化が決定的となる。

高齢人口比率は九〇年の一二・〇八％から増え続け、二〇二五年には二七・二八％、三・六七人に一人という世界でも例のない高齢社会が訪れるとしている。

この結果、高齢者一人（親）に対する成人の介護適齢者（子供）の数は九〇年の〇・七八人から二〇年の〇・三八人に下降。家族による扶養能力は世界最低となる。また、比較的

年の〇・七人から二〇二五年には百二十万七千人に増加。痴ほう性老人は二〇〇〇年に百五十四万三千人、二〇二五年に三百二十一万五千人となり、九〇年の三・二倍に増える。

寝たきり老人は二〇〇〇年に百二十万七千人、二〇二五年には二百二十八万五千人に増加。

平均寿命は二〇二五年の男性七十九・一七歳、女性八十五・八五歳まで伸び続け、男女間の死亡率の違いから女性高齢者が急増するとしている。

層の厚い、六十五〜六十九歳の老人による八十歳以上の後期高齢者の扶養能力も団塊の世代が七十歳代などになる二〇一七年以降は大幅に低下し、若い老人による老人のサポートも期待できなくなるとしている。

	医師会研究報告	厚生省推計
総人口のピーク	2007年 1億2864万人	2011年 1億3044万人
高齢人口がいつ20％を超えるか	2007年 2630万7000人	2007年 2617万2000人
2025年の高齢人口	3320万1000人 27.28％	3244万人 25.8％
合計特殊出産率の最低値	1997年 1.499	1994年 1.495

厚生省推計は92年9月発表

（毎日新聞社『毎日新聞』日刊（にっかん）　1993年2月19日より）

□□＋□

接尾辞	語　例	接尾辞	語　例
化	高齢化（こうれいか） 長期化（ちょうきか）		
会	医師会（いしかい）		

同じ新聞記事から「□＋□□」という語構成になっている漢語もさがしてみましょう。

□□＋□

接頭辞	語　例	接頭辞	語　例
総	総人口（そうじんこう）		

6

Ⅱ. 自分でも、興味のある新聞記事をさがして、そこに出てくる漢語の中から、
「□□＋□」、「□＋□□」という語構成になっている漢語を見つけ、Ⅰと同じよ
うに表に整理してみましょう。

□□＋□

接尾辞	語　例	接尾辞	語　例

□＋□□

接頭辞	語　例	接頭辞	語　例

第7課
漢語の動詞（2）

○⟲ 復習

次の漢語のうち、「する」をつけて動詞として使われるものに○をつけなさい。
ひとつだけとはかぎりません。

1　a.（　　）急変　　　b.（　　）急病　　　c.（　　）急転回

2　a.（　　）再開　　　b.（　　）再度　　　c.（　　）再利用

3　a.（　　）新車　　　b.（　　）新設　　　c.（　　）新製品

4　a.（　　）大敗　　　b.（　　）大国　　　c.（　　）大流行

5　a.（　　）試食　　　b.（　　）試案　　　c.（　　）試運転

6　a.（　　）多忙　　　b.（　　）多発　　　c.（　　）多数決

7　a.（　　）共有　　　b.（　　）共感　　　c.（　　）共通点

8　a.（　　）明確　　　b.（　　）明言　　　c.（　　）明細書

9　a.（　　）常時　　　b.（　　）常勝　　　c.（　　）常備薬

10　a.（　　）確立　　　b.（　　）確率　　　c.（　　）確実性

< 答 え >

1. a. (○) 急変(きゅうへん)スル　to change suddenly
   b. (　) 急病(きゅうびょう)　a sudden illness
   c. (○) 急転回(きゅうてんかい)スル　to take a sudden turn
2. a. (○) 再開(さいかい)スル　to resume
   b. (　) 再度(さいど)　again, for the second time
   c. (○) 再利用(さいりよう)スル　to re-use, to re-utilize
3. a. (　) 新車(しんしゃ)　new style car
   b. (○) 新設(しんせつ)スル　to establish newly
   c. (　) 新製品(しんせいひん)　new products
4. a. (○) 大敗(たいはい)スル　to be completely defeated
   b. (　) 大国(たいこく)　a big country
   c. (○) 大流行(だいりゅうこう)スル　to prevail widely
5. a. (○) 試食(ししょく)スル　to sample (food)
   b. (　) 試案(しあん)　a tentative plan
   c. (○) 試運転(しうんてん)スル　to make a trial run (in a car)
6. a. (　) 多忙(たぼう)ナ　very busy
   b. (○) 多発(たはつ)スル　to occur frequently
   c. (　) 多数決(たすうけつ)　decision by majority
7. a. (○) 共有(きょうゆう)スル　to have joint ownership
   b. (○) 共感(きょうかん)スル　to feel sympathy
   c. (　) 共通点(きょうつうてん)　common points
8. a. (　) 明確(めいかく)ナ　definite
   b. (○) 明言(めいげん)スル　to say definitely
   c. (　) 明細書(めいさいしょ)　a detailed statement
9. a. (　) 常時(じょうじ)　always
   b. (○) 常勝(じょうしょう)スル　to win everytime
   c. (　) 常備薬(じょうびやく)　household medicine
10. a. (○) 確立(かくりつ)スル　to establish
    b. (　) 確率(かくりつ)　probability
    c. (　) 確実性(かくじつせい)　certainty

基本練習

I. 同じ意味のことばと線で結びなさい。

例. 知人が　きゅうに　なくなる ───────── 急死（きゅうし）する

・愛読（あいどく）する

1. 試合に　おおきく　まける ・新築（しんちく）する

2. よく　かんがえる ・多発（たはつ）する

3. 事故が　よく　おこる ・明示（めいじ）する

4. ハイネの詩集を　このんで　よむ ・熟考（じゅっこう）する

5. 家を　あたらしく　つくる ・細分（さいぶん）する

6. 条件を　はっきり　しめす ・永眠（えいみん）する

7. 自然と　ともに　いきる ・確信（かくしん）する

8. 土地を　こまかく　わける ・共生（きょうせい）する

9. 会社を　もういちど　たてなおす ・大敗（たいはい）する

10. 国が塩を　もっぱら　うる ・再建（さいけん）する

11. 経済を　かるく　みる ・併用（へいよう）する

12. 合格を　かたく　しんじる ・軽視（けいし）する

・専売（せんばい）する

7

Ⅱ．次の ☐ に適当な動詞の漢字を下から選んで入れなさい。

用いる　使う　建てる　減る　着る　写す　守る　作る　感じる
備える　映す　設ける　読む　見る　会う　続く　売る　考える

しちゃく
1．買う前に 試 □ する

ししゃかい
2．映画の 試 □ 会

さいかい
3．高校時代の友人に 再 □ する

しんせつ
4．大学を 新 □ する

きょうかん
5．彼の考えに 共 □ する

あいよう
6．愛 □ の万年筆

じゅくどく
7．専門書を 熟 □ する

じょうび
8．薬を 常 □ する

えいぞく
9．研究を 永 □ させる

らんばい
10．不良品を 乱 □ する

げきげん
11．村の人口が 激 □ する

げんしゅ
12．期限を 厳 □ する

①□→□型の漢語動詞

漢語の中には、前の漢字が後ろの漢字を説明しているもの（□→□）があります。
（⇨BK L.20 の復習　p.200）

a．新車（しんしゃ）　　　　：新しい　→　車
　　多数（たすう）　　　　　：多くの　→　数
　　急用（きゅうよう）　　　：急な　　→　用（＝用事）

b．新設（しんせつ）スル　　：新しく　→　設ける
　　多用（たよう）スル　　　：多く　　→　用いる
　　急増（きゅうぞう）スル　：急に　　→　増える

c．作品（さくひん）　　　　：作った　→　品
　　寝室（しんしつ）　　　　：寝る　　→　室（＝部屋）

d．指示（しじ）スル　　　　：指して　→　示す
　　分配（ぶんぱい）スル　　：分けて　→　配る

　上のb．のように、前の漢字が後ろの動詞の漢字を副詞的に説明している例を見てみ
ましょう。

　　＜つかう＞＝使用する　‥‥‥‥‥‥‥　：どのようにつかう？

　　　新製品を試用（しよう）する　　　　　：ためしに　つかう

　　　職権を乱用（らんよう）する　　　　　：むやみに　つかう

　　　古いカメラを愛用（あいよう）する　　：このんで　つかう

　　　薬を常用（じょうよう）する　　　　　：いつも　つかう

　　　2種類の文字を併用（へいよう）する　：何かとあわせて　つかう

　　　妹と机を共用（きょうよう）する　　　：だれかといっしょに　つかう

　　　電話を専用（せんよう）する　　　　　：だれかがもっぱら　つかう

　　＜ふえる＞＝増加する　‥‥‥‥‥‥‥　：どのようにふえる？

　　　人口が　急増（きゅうぞう）する　　　：急に　ふえる
　　　　　　　激増（げきぞう）する　　　　：急激に　ふえる
　　　　　　　倍増（ばいぞう）する　　　　：2倍に　ふえる

7

＜さがる＞＝下落する　・・・・・・・・・・・・・・・　：どのようにさがる？

株価が　<u>急落（きゅうらく）する</u>　　　　　：急に　さがる
　　　　<u>暴落（ぼうらく）する</u>　　　　　：とつぜん大きく　さがる

| ②よく副詞的に使われる漢字 |

よく副詞的に使われる漢字には、次のようなものがあり、意味をやさしく言いかえると［　］のようになります。

a．概（ガイ）　［おおまかに／ざっと］　　～ガ～ヲ　概観（がいかん）スル
　　　　　　　　　　　　　　　　　　　　～ガ～ヲ　概算（がいさん）スル
　　　　　　　　　　　　　　　　　　　　～ガ～ヲ　概説（がいせつ）スル

　　確（カク）　［たしかに／かたく］　　　～ガ～ヲ　確信（かくしん）スル
　　　　　　　　　　　　　　　　　　　　～ガ～ヲ　確認（かくにん）スル
　　　　　　　　　　　　　　　　　　　　～ガ～ヲ　確約（かくやく）スル

　　急（キュウ）［きゅうに］　　　　　　　　　～ガ　急死（きゅうし）スル
　　　　　　　　　　　　　　　　　　　　　　～ガ　急増（きゅうぞう）スル
　　　　　　　　　　　　　　　　　　　　　　～ガ　急変（きゅうへん）スル

　　共（キョウ）［ともに／いっしょに］　～ガ～ニ　共感（きょうかん）スル
　　　　　　　　　　　　　　　　　　　　～ガ～ト　共存（きょうぞん）スル
　　　　　　　　　　　　　　　　　～ガ～ヲ～ト　共用（きょうよう）スル

　　再（サイ）　［ふたたび／もういちど］～ガ～ニ　再任（さいにん）スル
　　　　　　　　　　　　　　　　　　　　～ガ～ヲ　再建（さいけん）スル
　　　　　　　　　　　　　　　　　　　　～ガ～ト　再婚（さいこん）スル

　　常（ジョウ）［つねに／いつも］　　　～ガ～ヲ　常設（じょうせつ）スル
　　　　　　　　　　　　　　　　　　　　～ガ～ヲ　常備（じょうび）スル
　　　　　　　　　　　　　　　　　　　　～ガ～ヲ　常用（じょうよう）スル

　　専（セン）　［もっぱら］　　　　　　～ガ～ヲ　専売（せんばい）スル
　　　　　　　　　　　　　　　　　　　　～ガ～ヲ　専有（せんゆう）スル
　　　　　　　　　　　　　　　　　　　　～ガ～ヲ　専用（せんよう）スル

b．永（エイ）　［ながく／ずっと］　　　～ガ～ニ　永住（えいじゅう）スル
　　　　　　　　　　　　　　　　　　　　　　～ガ　永続（えいぞく）スル
　　　　　　　　　　　　　　　　　　　　　　～ガ　永眠（えいみん）スル

　　厳（ゲン）　［きびしく］　　　　　　～ガ～ヲ　厳禁（げんきん）スル
　　　　　　　　　　　　　　　　　　　　～ガ～ヲ　厳守（げんしゅ）スル
　　　　　　　　　　　　　　　　　　　　～ガ～ヲ　厳選（げんせん）スル

激（ゲキ）　　［はげしく］　　　　　　　　〜ガ　激動（げきどう）スル
　　　　　　　　　　　　　　　　　　　　　　〜ガ　激変（げきへん）スル
　　　　　　　　　　　　　　　　　　　　　　〜ガ　激怒（げきど）スル

明（メイ）　　［あきらかに／はっきり］　　〜ガ〜ヲ　明記（めいき）スル
　　　　　　　　　　　　　　　　　　　　　〜ガ〜ヲ　明言（めいげん）スル
　　　　　　　　　　　　　　　　　　　　　〜ガ〜ヲ　明示（めいじ）スル

新（シン）　　［あたらしく／あらたに］　　〜ガ〜ヲ　新設（しんせつ）スル
　　　　　　　　　　　　　　　　　　　　　〜ガ〜ヲ　新築（しんちく）スル

大（タイ）　　［おおきく／おおいに］　　　〜ガ　大勝（たいしょう）スル
　　　　　　　　　　　　　　　　　　　　　　〜ガ　大敗（たいはい）スル

> 「新作」「新任」「新婚」は、「する」をつけては使わない。
> 「大作」「大任」「大会」も同じ。「大変」「大切」はナ形容詞。

c．愛（アイ）　　［このんで］　　　　　　　〜ガ〜ヲ　愛飲（あいいん）スル
　　　　　　　　　　　　　　　　　　　　　〜ガ〜ヲ　愛読（あいどく）スル
　　　　　　　　　　　　　　　　　　　　　〜ガ〜ヲ　愛用（あいよう）スル

試（シ）　　　［ためしに］　　　　　　　　〜ガ〜ヲ　試作（しさく）スル
　　　　　　　　　　　　　　　　　　　　　〜ガ〜ヲ　試食（ししょく）スル
　　　　　　　　　　　　　　　　　　　　　〜ガ〜ヲ　試着（しちゃく）スル

熟（ジュク）　［よく／ふかく］　　　　　　　〜ガ　熟睡（じゅくすい）スル
　　　　　　　　　　　　　　　　　　　　　〜ガ〜ヲ　熟考（じゅっこう）スル
　　　　　　　　　　　　　　　　　　　　　〜ガ〜ヲ　熟読（じゅくどく）スル

併（ヘイ）　　［あわせて］　　　　　〜ガ〜ト〜ヲ　併願（へいがん）スル
　　　　　　　　　　　　　　　　　　〜ガ〜ト〜ヲ　併記（へいき）スル
　　　　　　　　　　　　　　　　　　〜ガ〜ト〜ヲ　併用（へいよう）スル

暴（ボウ）　　［とつぜんはげしく］　　　　　〜ガ　暴走（ぼうそう）スル
　　　　　　　　　　　　　　　　　　　　　　〜ガ　暴発（ぼうはつ）スル
　　　　　　　　　　　　　　　　　　　　　　〜ガ　暴落（ぼうらく）スル

乱（ラン）　　［みだりに／むやみに］　　　〜ガ〜ヲ　乱読（らんどく）スル
　　　　　　　　　　　　　　　　　　　　　〜ガ〜ヲ　乱用（らんよう）スル
　　　　　　　　　　　　　　　　　　　　　〜ガ〜ヲ　乱発（らんぱつ）スル
　　　　　　　　　　　　　　　　　　　　　　〜ガ　乱立（らんりつ）スル

7

③同じ意味を表す動詞の漢字

＜見る＞ …… 視・観		
	軽視（けいし）する	＝かるく　見る
	概観（がいかん）する	＝ざっと　見る
＜書く＞ …… 記		
	明記（めいき）する	＝はっきり　書く
＜使う＞ …… 用		
	常用（じょうよう）する	＝いつも　使う
＜建てる＞ …… 築		
	新築（しんちく）する	＝あたらしく　建てる
＜起こる＞ …… 発		
	多発（たはつ）する	＝たくさん　起こる
＜眠る＞ …… 睡		
	熟睡（じゅくすい）する	＝よく　眠る
＜始める＞ …… 開		
	再開（さいかい）する	＝また　始める
＜下がる＞ …… 落		
	暴落（ぼうらく）する	＝とつぜんはげしく　下がる

第7課の学習漢字

専	併	乱	愛	倍	概	観	算	認	死
p.312	p.245	p.270	p.310	p.246	p.260	p.286	p.303	p.271	p.261

存	任	永	厳	守	禁	築	示	熟	睡
p.310	p.244	p.329	p.297	p.295	p.317	p.304	p.262	p.316	p.263

暴	視	22
p.299	p.286	

Ⅰ．A欄の漢字とB欄の漢字を組み合わせて、文の内容に合う漢語動詞（スル動詞）を作り、（　　　）の中に読み方も書きましょう。

A
> 専・乱・常・試・暴
> 併・共・再・新・急
> 概・明

B
> 存・製・業・落・生
> 建・開・作・記・降
> 増・築・見・念・発
> 観・下・示・視

1．地震で止まっていた新幹線は9時に運転を　□□　した。
（　　　　　　）

2．古い木造のアパートから　□□　の2階建ての家に引っ越した。
（　　　　　　）

3．この2年間上昇を続けていたN社の株価が　□□　した。
（　　　　　　）

4．商品が売れるかどうかまず　□□　品を出して、消費者の意見を聞く。
（　　　　　　）

5．多民族が平和　□□　の道を歩んでいくことは難しい。
（　　　　　　）

6．今年はアルバイトを減らし、研究に　□□　することにした。
（　　　　　　）

7

7．日本で働く外国人労働者（ろうどうしゃ）が 　　　　 しているそうだ。
　　　　　　　　　　　　　　　　（　　　　　　）

8．経済的に苦しくなった新政府は、紙幣（しへい）を 　　　　 した。
　　　　　　　　　　　　　　　　（　　　　　　）

9．このカードに名前を書くときは、ローマ字と漢字を 　　　　 すること。
　　　　　　　　　　　　　　　　（　　　　　　）

10．あの博物館（はくぶつかん）では古代から現代までの歴史が 　　　　 できる。
　　　　　　　　　　　　　　　　（　　　　　　）

Ⅱ．次の文中の下線のことばの読み方を書き、その意味を例（れい）のようにやさしく言いかえてみましょう。

例．　姉は一年前に再婚した。
　　　　さいこん　＝　もう一度結婚すること

1．この書類に間違いがないかどうか確認してください。

2．このアパートは、台所と風呂（ふろ）が共用になっている。

3．夜中になると暴走族が集まってきて、非常にうるさい。

4．著者（ちょしゃ）はこの本の序章（じょしょう）で、近代資本主義の成り立ちを概説している。

5．政治家が職権（しょっけん）を乱用して大金を受け取るのは、許（ゆる）されないことだ。

6．ジャーナリストにとっては、現実を直視し、私情を交（まじ）えずに伝えることが何より大切だ。

7．彼は、ずいぶん前から睡眠薬を<u>常用</u>していたらしい。

8．このコーヒーは、<u>厳選</u>した<ruby>豆<rt>まめ</rt></ruby>だけを使っている。

9．この用紙に住所と<ruby>氏名<rt>しめい</rt></ruby>を<u>明記</u>の上、郵送してください。

10．病人は先週から快方に向かっていたが、今朝早く<ruby>容態<rt>ようだい</rt></ruby>が<u>急変</u>した。

Ⅲ．＜　　　＞のヒントを見て文中に適当な漢字を入れ、読み方も書きましょう。

1．家を建てるのにいくらぐらいかかるか□□してもらった。

（　　　　　　　）＝＜ざっと計算する＞

2．仕事で長く米国に住んでいるが、□□するつもりはない。

（　　　　　　　）＝＜死ぬまでずっと住む＞

3．日本語はひらがな、カタカナ、漢字を□□する。

（　　　　　　　）＝＜あわせて使う＞

7

4．<ruby>夏目漱石<rt>なつめ そうせき</rt></ruby>の「こころ」は私の□□書です。

（　　　　　　　）＝＜このんで読む＞

5．国土の□□□が進み、<ruby>緑<rt>みどり</rt></ruby>の森が年々けずられている。

（　　　　　　　）＝＜むやみに開発する＞

6．海外への旅行者が５年間に□□した。

（　　　　　　　）＝＜２倍にふえた＞

7. 元気だった社長が ☐☐ し、社内は混乱した。

　　　　　　（　　　　　　　　　）＝＜急になくなる＞

8. 知事には現職の小田氏が ☐☐ された。

　　　　　　（　　　　　　　　　）＝＜また選ぶ＞

9. 「店の出入口につき、無断駐車 ☐☐ 」と書いてある。

　　　　　　（　　　　　　　　　）＝＜きびしく禁じる＞

10. ゆうべは ☐☐ できなかったので、今ごろ眠くなってきた。

　　　　　　（　　　　　　）＝＜よく眠る＞

11. 大学院修了後は職場に復帰することを ☐☐ した。

　　　　　　（　　　　　　　　　）＝＜かたく約束した＞

Ⅳ. 次の漢字がどのような漢字と結びついて漢語を作るか調べてみましょう。

例.

熟	睡	（ V N ）
	考	（ V N ）
	年	（ N ）

1.

乱		（　　）
		（　　）
		（　　）

2.

激		（　　）
		（　　）
		（　　）

3.

再		（　　）
		（　　）
		（　　）

Ⅰ. 次のa.～h.の新聞記事の見出しから、副詞的（ふくしてき）に使われる漢字と動詞（どうし）の漢字との組み合わせによる漢語を見つけて、読み方と意味を調べましょう。

a.
米の電子製品
貿易赤字急増

b.
人間と自然の共生
——リゾート開発には、
自然破壊の批判があります
が。

c.
世界貿易センターが
3週間ぶり営業再開
【ニューヨーク18日＝佐
藤吉雄】先月二六日の爆

d.
「環境権」明記し対案
環境基本法案
社党が国会提出

e.
㈱乱売事件

f.
新潟5人殺傷
「無期」が確定
最高裁が上告棄却
新潟市内で別れ話のもつ
れからスナックの女性従業

g.
海外観光、5年で倍増
一九九〇年十月から九一
年九月までの一年間に外国
へ観光旅行に出かけた人
は、十五歳以上人口で一三
・五人に一人（七・四％）
と五年前のちょうど二倍に
なっていたことが、総務庁

h. インドネシアが
通産閣僚を新設 産業育成に力

7

	漢語	読み	意味		漢語	読み	意味
a.	急増	きゅうぞう	急に増えること	e.			
b.				f.			
c.				g.			
d.				h.			

Ⅱ. 次の新聞記事を読んで、記事の中から「する」をつけて使える漢語をさがしてみましょう。（要約部分のことばの読みは、⇨p.59）

患 者 様
これからは 気配りします
東大病院

患者（かんじゃ）
推進（すいしん）
委員会
　（いいんかい）
提案（ていあん）
内視鏡
　（ないしきょう）
検査（けんさ）
看護婦
　（かんごふ）
接遇（せつぐう）
老朽化
　（ろうきゅうか）
病棟（びょうとう）
天井（てんじょう）
耐（た）える
右往左往
　（うおうさおう）
指摘（してき）
内容（ないよう）
真剣（しんけん）
方針（ほうしん）
暮（く）れ
表看板
　（おもてかんばん）
診療棟
　（しんりょうとう）
相（あい）前後
施設（しせつ）
修繕（しゅうぜん）
検討（けんとう）
巨大（きょだい）

苦情多くマナー集作成へ

「説明ない」「乱暴」設備も「汚い」

とかく「患者に冷たい」といわれる大学病院の悪いイメージを改善しようと、東大医学部付属病院（東京都文京区本郷、武藤徹一郎病院長）は、医師や看護婦が患者に対して取るべき態度や服装などの「気くばりのすすめ」を説くマナー集を作成することにした。近年、地盤沈下がささやかれる東大病院。外来・入院患者からの投書を反省材料に、「居心地のいい病院」へ脱皮を図る方針だ。

東大病院患者サービス向上推進委員会（委員長、加我君孝・耳鼻咽喉科教授）によると、院内三カ所に設けられた意見箱には毎月二十通前後の投書がある。大まかには「おほめ」「提案」「質問」が二割程度なのに対し、「苦情」が約八割を占める。

苦情の半数弱が「医師から十分な説明がないまま内視鏡検査を受けることが決まり、こわかった」「一部の看護婦さんの患者への接し方が乱暴」「窓口で待たされると、医師、看護婦、職員の接遇に対する不満となっている。

また、東大病院の老朽化を反映し、「病棟の天井にシミが付いている」「水道水がにごっている」「トイレが男女共用で耐えがたい」と、設備の古さに対する意見が苦情の半数を超える。病院の各建物への道案内がなく、病院を訪れた人が右往左往するなどの不備も指摘されている。

今回、同委員会は「患者サービスに、しばしば欠けがちのところがあった」と投書内容を真剣に受け止め、近く、投書内容などをもとに東大病院「患者サービス白書」（仮称）をまとめる。これを土台に、医師、看護婦の患者への接し方をマニュアル化する方針。病院職員については、すでに昨年暮れ「接遇のしおり」と題するマニュアルを作成し、配布している。

東大病院の表看板といえる外来診療棟は来年夏、新築オープンする予定。相前後して、他の老朽化施設の修繕や、各建物への道案内図の設置なども、東大病院全体で前向きな検討が始まっているという。

加我委員長は「大学病院は巨大ホテルと同じ。快適に過ごしてもらうため、問題点を一つひとつ、解決していきたい」と話している。

（毎日新聞社『毎日新聞』夕刊、6月11日より）

第8課
漢字の音訓

 復習

Ⅰ. 下線の漢字のことばの読み方を（　　　　　）の中に書きなさい。

1. a. 冬休みに北海道へスキーに行った。
（　　　　　　）

   b. 卒業式は来月の10日に行われる。
（　　　　　　）

2. a. 夏は冷たい麦茶（むぎちゃ）がおいしい。
（　　　　　　）

   b. お客が来るので、ビールを冷やしておいた。
（　　　　　　）

3. a. あの先生はすぐに学生の名前を覚える。
（　　　　　　）

   b. 年をとると、朝早く目が覚める。
（　　　　　　）

4. a. 8時に成田空港に着いた。
（　　　　　　）

   b. このコートは小さすぎて着られない。
（　　　　　　）

5. a. 食べすぎて体重が増えた。
（　　　　　　）

   b. 大雨で川の水が増した。
（　　　　　　）

6. a. 今年は春の訪れが早い。
（　　　　　　）

   b. 毎年正月に先生のお宅を訪ねる。
（　　　　　　）

Ⅱ. 下線の語の読み方を書きなさい。

1. a. 上から5行目から読んでください。
   （　　　　）

   b. 年末年始の休みに海外旅行をする人が多い。
   　　ねんまつ　　　　　　　　　（　　　　）

2. a. 絵の勉強のためフランスに留学した。
   　　　　　　　　　　　（　　　　）

   b. 出張のため2、3日留守にします。
   　　　　　　　　（　　　　）

3. a. 父は退職してからすっかり元気がなくなってしまった。
   　　　　　　　　　　　（　　　　）

   b. 毎年元日には家族そろって初詣に出かける。
   　　（　　　　）　　　＊初詣（はつもうで）first visit of the year to a shrine

4. a. 弟はなるべく楽な仕事につきたいと考えている。
   　　　　　　（　　　　）

   b. ピアノでもギターでも何か楽器がひけたら楽しいだろう。
   　　　　　　　　　　　（　　　　）　（　　　　）

5. a. この会社の製品はどれも性能がいい。
   　　　　　　　　　（　　　　）

   b. 彼は有能だが、とても気性が激しい。
   　　　　　　　　（　　　　）

6. a. 物理学、化学、生物学などを自然科学という。
   　　　　　　　　　　　（　　　　）

   b. カモシカは天然記念物に指定されている。　　　＊カモシカ　antelope
   　　（　　　　）

7. a. 食料品売り場には加工食品があふれている。
   　　　　　　　　（　　　　）

   b. あの先生はたえず教え方を工夫している。
   　　　　　　　　　　　（　　　　）

＜答え＞

I.

1. a．行(い)く　　　　　to go
   b．行(おこな)う　　　to perform, to do
2. a．冷(つめ)たい　　　cold
   b．冷(ひ)やす　　　　to cool
3. a．覚(おぼ)える　　　to memorize
   b．覚(さ)める　　　　to wake up
4. a．着(つ)く　　　　　to arrive
   b．着(き)る　　　　　to wear
5. a．増(ふ)える　　　　to increase
   b．増(ま)す　　　　　to increase
6. a．訪(おとず)れる　　to come, to visit
   b．訪(たず)ねる　　　to visit

II.

1. a．5行目(ごぎょうめ)　　the fifth line
   b．旅行(りょこう)スル　　to travel
2. a．留学(りゅうがく)スル　to study abroad
   b．留守(るす)　　　　　　absence
3. a．元気(げんき)ナ　　　　healthy, fine
   b．元日(がんじつ)　　　　the first day of the year
4. a．楽(らく)ナ　　　　　　comfortable, easy
   b．楽器(がっき)　　　　　musical instrument
   　　楽(たの)しい　　　　　enjoyable
5. a．性能(せいのう)　　　　capacity, efficiency
   b．気性(きしょう)　　　　temperament
6. a．自然(しぜん)　　　　　nature
   b．天然(てんねん)　　　　nature
7. a．加工(かこう)スル　　　to process
   b．工夫(くふう)スル　　　to devise

8

Ⅰ. 次の漢字はそれぞれ二つの音読みを持っています。[　　　] の中に後ろのこと
　ばに使われている漢字の読み方をカタカナで書きなさい。

例. 人 (ひと)
　　　a. [　ニン　]： 人間　他人　人気　人情
　　　b. [　ジン　]： 人工　個人　人類　人格

1. 力 (ちから)
　　　a. [　　　]： 体力　能力　気力　暴力
　　　b. [　　　]： 馬力　力学　力説する　力投する

2. 物 (もの)
　　　a. [　　　]： 生物　物理　産物　名物
　　　b. [　　　]： 荷物　書物　作物　貨物

3. 下 (した)
　　　a. [　　　]： 部下　下流　下降する　低下する
　　　b. [　　　]： 上下　下宿　下車する　下落する

4. 大 (おお-きい)
　　　a. [　　　]： 大学　遠大な　増大する　拡大する
　　　b. [　　　]： 大使　大切な　大勝する　大成する

5. 率 (ひき-いる)
　　　a. [　　　]： 率直な　軽率な　率先する　引率する
　　　b. [　　　]： 確率　比率　能率　百分率　円周率

6. 去 (さ-る)
　　　a. [　　　]： 去年　死去する　辞去する　去来する
　　　b. [　　　]： 過去

7. 絵
　　　a. [　　　]： 絵本　油絵　絵馬　浮世絵
　　　b. [　　　]： 絵画

8. 象
　　　a. [　　　]： 現象　印象　対象　象形文字
　　　b. [　　　]： インド象　象牙

Ⅱ．次の下線の漢字と同じ読み方をすることばをa．〜c．の中から選んで、〇をつけなさい。

例．音<u>楽</u>　［　ⓐ．<u>楽</u>団　　　b．行<u>楽</u>　　　c．気<u>楽</u>な　］

1．<u>素</u>顔　［　a．色<u>素</u>　　　b．<u>素</u>直な　　c．簡<u>素</u>な　］

2．<u>丁</u>重な［　a．<u>丁</u>度　　　b．<u>丁</u>寧な　　c．3<u>丁</u>目　］

3．使<u>役</u>　［　a．<u>役</u>割　　　b．<u>役</u>所　　　c．現<u>役</u>　］

4．<u>神</u>経　［　a．精<u>神</u>　　　b．<u>神</u>社　　　c．<u>神</u>主　］

5．残<u>留</u>　［　a．<u>留</u>守　　　b．書<u>留</u>　　　c．<u>留</u>学する］

6．首<u>相</u>　［　a．<u>相</u>談する　b．<u>相</u>手　　　c．外<u>相</u>　］

7．反<u>省</u>　［　a．文部<u>省</u>　　b．帰<u>省</u>する　c．<u>省</u>略する］

8．<u>精</u>神　［　a．<u>精</u>度　　　b．不<u>精</u>な　　c．<u>精</u>進する］

9．<u>世</u>紀　［　a．<u>世</u>界　　　b．二<u>世</u>　　　c．<u>世</u>話する］

10．能<u>率</u>　［　a．<u>率</u>直な　　b．引<u>率</u>する　c．効<u>率</u>　］

Ⅲ．次のa．b．の下線のことばは、同じ漢字で表します。下の漢字の中から適当なものを選んで、□に書き入れなさい。できる人は、下の漢字を見ないでやってみましょう。

8

治　優　直　浅　細　著　返　汚　増　裕　苦　盛　省　略　悪　勝

1．a．急に走って息が<u>くるしく</u>なった。　　　　　　　　　□

　　b．この薬は<u>にがい</u>が、よく効く。

2. a. 千円札_{せんえんさつ}をこまかいお金にくずしてもらう。
   b. 祖父_{そふ}は初孫_{はつまご}の成長に目をほそめている。

3. a. 武力_{ぶりょく}だけで国をおさめることはできない。
   b. 彼の病気はもうなおらないだろう。

4. a. 近年の科学技術の進歩はいちじるしい。
   b. 彼は最近、公害問題の本をあらわした。

5. a. この1年の自分の生活をかえりみる。
   b. エネルギーのむだをはぶこう。

6. a. ころんで服をよごしてしまった。
   b. けがれを知らない子どもたちに囲まれる。

7. a. 彼女はだれにもやさしく親切だ。
   b. パリにはすぐれた芸術家_{げいじゅつか}たちが集まっている。

8. a. この試合にかてば、オリンピックに出場できる。
   b. 一人旅_{ひとりたび}にまさる楽しみはない。

①漢字の音と訓

　漢字には音（おん）と訓（くん）の二通りの読み方がありますが、二つ以上の音訓を持っている漢字やどちらか片方しか持たない漢字もあります。

　音は、昔中国から伝わってきた音が変化した読み方、訓はその漢字と同じ意味の日本語をあてた読み方です。ただし、全部の漢字が音と訓二通りの読み方を持っているわけではなく、また二つ以上の音訓を持っている漢字もあることに注意しましょう。

a．音読みを持たない漢字

　　　「常用漢字表」の中では音読みを持たない漢字は、40字あります。
　　　　貝（かい）、株（かぶ）、届（とど）ける、など

　　その中でも日本で作られた漢字は「国字」と呼ばれ、「働（はたら-く／ドウ）」をのぞいて音読みがありません。
　　　　畑（はたけ）、峠（とうげ）、込（こ）む、など

b．訓読みを持たない漢字

　　　「常用漢字表」の中では訓読みを持たない漢字は、736字もあります。
　　　　医（イ）、演（エン）、械（カイ）、感（カン）、希（キ）、職（ショク）、
　　　　絵（エ／カイ）、役（エキ／ヤク）、歳（サイ／セイ）、素（ス／ソ）、
　　　　象（ショウ／ゾウ）、精（ショウ／セイ）、など

c．複数の音訓を持つ主な漢字

細（サイ）	（こま-かい）	：	細かいお金を数える。
	（ほそ-い）	：	細い糸でセーターをあむ。
覚（カク）	（おぼ-える）	：	難しい漢字を覚える。
	（さ-める・さ-ます）	：	目覚まし時計の音で目を覚ます。
苦（ク）	（くる-しい）	：	アルバイトをしても生活が苦しい。
	（にが-い）	：	苦い薬ほどよく効く。
勝（ショウ）	（か-つ）	：	この試合に勝つと優勝する。
	（まさ-る）	：	真の友情に勝るものはない。
傷（ショウ）	（きず）	：	金は軟らかいので傷がつきやすい。
	（いた-む・いた-める）	：	暑くなると食べ物が傷みやすい。
占（セン）	（うらな-う）	：	試合の勝敗を占う。
	（し-める）	：	森林が全国土の70％を占める。
断（ダン）	（ことわ-る）	：	友だちの誘いを断る。
	（た-つ）	：	健康のために酒とたばこを断つ。

8

著（チョ）　（いちじる-しい）　　　：　子どもたちの体力の低下が著しい。

　　　　　　（あらわ-す）　　　　　：　外交問題の本を多数著す。

優（ユウ）　（やさ-しい）　　　　　：　優しく病人の世話をする。

　　　　　　（すぐ-れる）　　　　　：　運動神経が優れている。

頼（ライ）　（たの-む）　　　　　　：　大そうじの手伝いを頼む。

　　　　　　（たよ-る）　　　　　　：　友人を頼って上京する。

冷（レイ）　（つめ-たい）　　　　　：　冷たい水で顔を洗う。

　　　　　　（ひ-える・ひ-やす）　：　ぬれたタオルで頭を冷やす。

　　　　　　（さ-める・さ-ます）　：　冷めたスープはおいしくない。

厳（ゲン）　（きび-しい）　　　　　：　あの先生はしつけが厳しい。

　　　　　　（おごそ-かな）　　　　：　神父が厳かな声で話を始めた。

治（ジ/チ）（おさ-まる・おさ-める）：　乱れた国を治める。

　　　　　　（なお-る・なお-す）　：　入院して病気を治す。

省（ショウ/セイ）（かえり-みる）　：　まず自分自身を省みることが大切だ。

　　　　　　（はぶ-く）　　　　　　：　細かい説明を省く。

盛（ジョウ/セイ）（さか-んな・さか-り）：　桜(さくら)の花は今が盛りだ。

　　　　　　（も-る）　　　　　　　：　大盛りのラーメンを注文する。

②意味の近い訓読みを持つ漢字

下の漢字のように、訓読みは違っても、意味が非常に近いものがあります。

汚（オ）　（よご-れる・よご-す）　：　汚水で川の水が汚れる。

　　　　　（けが-れる・けが-す）　：　美しい思い出を汚される。

　　　　　（きたな-い）　　　　　　：　字が汚くて、はずかしい。

集（シュウ）（あつ-まる・あつ-める）：　8時に全員が駅に集まる。

　　　　　（つど-う）　　　　　　　：　この大会には世界の名選手が集う。

怒（ド）　（いか-る）　　　　　　　：　マスコミに対して怒りをぶつける。

　　　　　（おこ-る）　　　　　　　：　いたずらをして父親に怒られる。

捕（ホ）　（つか-まる・つか-まえる）：　スピード違反で白バイに捕まる。

　　　　　（と-らわる・と-らえる）：　網(あみ)でめずらしい昆虫(こんちゅう)を捕らえる。

　　　　　（と-る）　　　　　　　　：　クジラを捕ることは禁じられている。

訪（ホウ）（おとず-れる）　　　　　：　戦争が終わり、やっと平和が訪れた。

　　　　　（たず-ねる）　　　　　　：　高校時代の友人が急に訪ねてきた。

抱（ホウ）（だ-く）　　　　　　　　：　両手で子どもを抱き上げる。

　　　　　（いだ-く）　　　　　　　：　先生から聞いた話に疑問(ぎもん)を抱く。

　　　　　（かか-える）　　　　　　：　難しい問題に頭を抱える。

③複数の音読みを持つ漢字

a.　音によって意味の異なるもの

楽（たの-しい）
（ガク）music　　　　　　　：音楽（オンガク）　楽器（ガッキ）
（ラク）comfort, amusement：楽（ラク）な　　　楽園（ラクエン）

率（ひき-いる）
（ソツ）lead　　　　　　　：引率（インソツ）する　率先（ソッセン）する
（リツ）ratio　　　　　　　：進学率（シンガクリツ）百分率（ヒャクブンリツ）

象（ショウ）image, symbol　：現象（ゲンショウ）　対象（タイショウ）
（ゾウ）elephant　　　　　：象（ゾウ）　　　　象牙（ゾウゲ）

画（ガ）　picture, painting　：画家（ガカ）　画面（ガメン）　映画（エイガ）
（カク）drawn line, stroke　：計画（ケイカク）する　企画（キカク）する
　　　　a drawn

b.　一つの音が特定のことばにしか使われないもの

去（さ-る）
（キョ）　　：去年（キョネン）　死去（シキョ）する　退去（タイキョ）する
（コ）　　　：過去（カコ）

平（たい-ら・ひら）
（ヘイ）　：平均（ヘイキン）する　平和（ヘイワ）な　公平（コウヘイ）な
（ビョウ）：平等（ビョウドウ）な

盛（さか-る・さか-んな・も-る）
（セイ）　：全盛（ゼンセイ）盛大（セイダイ）な　盛況（セイキョウ）な
（ジョウ）：繁盛（ハンジョウ）する

留（とま-る・と-める）
（リュウ）：留学（リュウガク）する　残留（ザンリュウ）する　留意（リュウイ）する
（ル）　　：留守（ルス）

神（かみ）
（シン）　：精神（セイシン）　神経（シンケイ）　神話（シンワ）
（ジン）　：神社（ジンジャ）　神宮（ジングウ）　天神（テンジン）

望（のぞ-む）
（ボウ）　：希望（キボウ）する　願望（ガンボウ）　有望（ユウボウ）な
（モウ）　：本望（ホンモウ）　所望（ショモウ）する

相（あい）
（ソウ）　：相談（ソウダン）する　相当（ソウトウ）する　手相（テソウ）
（ショウ）：首相（シュショウ）　外相（ガイショウ）　文相（ブンショウ）
　　　　＊～相は大臣（だいじん）の意味。

8

絵（エ）　　：絵本（エホン）　絵馬（エマ）　絵師（エシ）　油絵（あぶらエ）…
　（カイ）　：絵画（カイガ）
精（セイ）　：精神（セイシン）　精読（セイドク）する　精選（セイセン）する…
　（ショウ）：不精（ブショウ）な　精進（ショウジン）する
素（ソ）　　：質素（シッソ）な　　簡素（カンソ）な　要素（ヨウソ）…
　（ス）　　：素顔（スがお）　　　素足（スあし）　素直（スなお）な
歳（サイ）　：十歳（ジッサイ）　歳入（サイニュウ）　歳出（サイシュツ）…
　（セイ）　：歳暮（セイボ）

> 漢字が複数の音読みを持つのは、漢字が伝わってきた時代や地方によっ
> て使われていた音（「漢音」「呉音」「唐音」など）が異なるからです。

④ 1字で使われる漢字の読み

　一般に、「動（うご）く」「車（くるま）」のように、1字で使われる漢字は、ふつう訓
読みになります。しかし、いまは音読みしか持たない漢字の中にも、下のように1字
でことばとして使われるものや、「〜する」「〜じる」の形で動詞となるものがありま
す。

例.　駅（エキ）へ行く　　愛（アイ）する　　演（エン）じる
　　　肉（ニク）を買う　　熟（ジュク）する　感（カン）じる
　　　役（ヤク）につく　　約（ヤク）する　　禁（キン）じる

⑤ 音読みの特性

　日本語では、単漢字（漢字1字）の音は、1音節または2音節で、3音節以上のも
のはありません。2音節の場合、2音目にくる音は、以下の7つのどれかになります。
1. イ：愛（アイ）　英（エイ）　会（カイ）　係（ケイ）　再（サイ）　など
2. ウ：王（オウ）　求（キュウ）交（コウ）　層（ソウ）　周（シュウ）など
3. キ：駅（エキ）　激（ゲキ）　式（シキ）　的（テキ）　歴（レキ）　など
4. ク：悪（アク）　育（イク）　作（サク）　服（フク）　役（ヤク）　など
5. チ：一（イチ）　七（シチ）　八（ハチ）　吉（キチ）　日（ニチ）　など
6. ツ：決（ケツ）　雑（ザツ）　室（シツ）　接（セツ）　熱（ネツ）　など
7. ン：安（アン）　温（オン）　官（カン）　神（シン）　戦（セン）　など
　したがって、「頭（あたま）」のように単漢字で3音節以上の読みのものがあれば、それ
は訓読みだとわかります。

> 訓読みは、ほとんどの場合、2音節以上で、1音節のものは非常に限ら
> れています。
> 例.子（こ）　手（て）　火（ひ）　尾（お）　血（ち）　値（ね）　歯（は）
> 　　野（の）　家（や）　など

⑥読み方で意味が変わることば

生物　（セイブツ）　：地球上にはさまざまな生物が生きている。
　　　（なまもの）　：肉や魚などの生物は冷蔵庫(れいぞうこ)に入れないと傷みやすい。

色紙　（シキシ）　：色紙に有名な女優のサインをもらった。
　　　（いろがみ）　：子どもたちが色紙で動物や花を折っている。

初日　（ショニチ）　：公演の初日にはおおぜいの観客が集まった。
　　　（はつひ）　：元日は水平線にのぼる初日を見に海へ行く。

風車　（フウシャ）　：オランダは風車とチューリップが有名だ。
　　　（かざぐるま）：子どものころ、縁日(えんにち)で父に風車を買ってもらった。

上手　（ジョウズ）　：彼は外国語を上手に話す。
　　　（うわて）　：よく気がつくことでは、彼のほうが一枚上手だ。
　　　　　　　　　：横綱(よこづな)が上手投げで勝った。
　　　（かみて）　：客席から見て舞台(ぶたい)の右の方を上手、左の方を下手(しもて)という。

市場　（シジョウ）　：最近の株式(かぶしき)市場は活気がない。
　　　（いちば）　：近くの市場で魚や野菜を買う。

他にも、 { 工場（コウジョウ/コウば）
　　　　立食（リッショク/たちぐい）
　　　　明日（ミョウニチ/あした/あす） } などがある。

「こうじょう」は機械を使った近代的で大きな工場、「こうば」というと、働いている人が2〜3人程度(ていど)の小さな町工場のようなイメージがある。同様に、「りっしょく」というと、ホテルなどで開かれる「立食パーティー」、「たちぐい」の方は、駅などにある「立食そば」のイメージがある。

第8課の学習漢字

絵	怒	抱	頼	捕	占	著	汚	優	盛
p.268	p.313	p.253	p.288	p.253	p.307	p.297	p.254	p.248	p.317

傷	象	去	精	神	希	望	素	歳	役	20
p.247	p.293	p.294	p.266	p.262	p.311	p.282	p.317	p.299	p.250	

Ⅰ. 文を読んで、a.b.のうち、どちらか適当なものを選びましょう。

1. 少年は宇宙飛行士になりたいという大きな希望を { a.抱(いだ)いていた。
{ b.抱(だ)いていた。

2. 赤ん坊を { a.抱(いだ)いている } 母親に席をゆずった。
{ b.抱(だ)いている }

3. 静かに目を { a.閉(し)めて } 過去をふりかえる。
{ b.閉(と)じて }

4. 風が強くなったら、雨戸を { a.閉(し)めて } ください。
{ b.閉(と)じて }

5. 無断で欠席して、先生に { a.怒(おこ)られた。
{ b.怒(いか)られた。

6. 不合理な判決に { a.怒(おこ)り } をおさえることができない。
{ b.怒(いか)り }

7. 「現代社会を考える若人の { a.集(あつ)まり } 」に参加した。
{ b.集(つど)い }

8. 明日10時に新宿駅西口交番前に { a.集(あつ)まって } ください。
{ b.集(つど)って }

9. 会ったこともない親類を { a.頼(たの)んで } 上京する。
{ b.頼(たよ)って }

10. 著名な作家に原稿を書いてくれるよう { a.頼(たの)んだ。
{ b.頼(たよ)った。

11. この時間帯にタクシーを { a.捕(つか)まえる } のは難しい。
{ b.捕(と)らえる }

12. よく見て、ラケットのまん中でボールを { a．捕(つか)まえる / b．捕(と)らえる } こと
が大切だ。

13. 機械や備品を { a．傷(いた)めないように / b．傷(きず)つけないように } 気をつけてください。

14. 暑い季節は食べ物が { a．傷(いた)み / b．傷(きず)つき } やすい。

15. タバコの火の不始末が火事の原因の３割を { a．占(し)めて / b．占(うらな)って }
いるという。

16. この仕事がうまくいくかどうかを { a．占(し)めて / b．占(うらな)って } もらった。

17. 雨の日にころんで、ズボンを { a．汚(よご)して / b．汚(けが)して } しまった。

18. 指導してくださった先生のお名前を { a．汚(よご)さない / b．汚(けが)さない } ように
がんばる。

Ⅱ. 次の文の下線の漢字を、a．b．それぞれと同じ読み方で使っている漢字のことば
をひとつあげてみましょう。

例. a．土曜の夜は音楽会に行く。　　　➡ (楽団)

b．消防士は、けっして楽な仕事ではない。　➡ (楽園)

1. a．画家になるためにフランスへ留学する。　➡ ( )

b．留学生との交流会を計画している。　➡ ( )

2. a．彼は質素な生活をしている。　➡ ( )

b．彼女は素直な性格でだれからも好かれている。　➡ ( )

3. a. この色は妹には<u>地</u>味すぎる。　　　　　　➡（　　　）

　　b. 産<u>地</u>直送の野菜（やさい）を売っている。　　　➡（　　　）

4. a. 高校生100人を調査（ちょうさ）の対<u>象</u>とした。　➡（　　　）

　　b. ジンバブエから２頭の<u>象</u>がおくられた。　➡（　　　）

5. a. 寝<u>台</u>車で北海道へ行った。　　　　　　➡（　　　）

　　b. あちこちで<u>台</u>風の被害（ひがい）が続出している。➡（　　　）

6. a. 事件（じけん）の真<u>相</u>を調べる。　　　　　➡（　　　）

　　b. 日米外<u>相</u>会談が開かれた。　　　　　　➡（　　　）

7. a. 市<u>役</u>所に離婚届（りこんとどけ）を出す。　　➡（　　　）

　　b. 殺人（さつじん）で有罪（ゆうざい）となり、現在（げんざい）服<u>役</u>している。➡（　　　）

8. a. その<u>神</u>社は、20年に一度建てかえる。　➡（　　　）

　　b. ギリシャ<u>神</u>話にはとても人間的な神々が登場（とうじょう）する。➡（　　　）

9. a. 部長の<u>代</u>理で会議に出席する。　　　　➡（　　　）

　　b. 共働きなので家事は交<u>代</u>で行う。　　　➡（　　　）

10. a. 将来（しょうらい）、眼科（がんか）の医者になることを希<u>望</u>している。➡（　　　）

　　b. 彼女にこんなに優しく看病（かんびょう）してもらえて本<u>望</u>だ。➡（　　　）

Ⅲ. a.～d.の下線の漢字のうち、読み方の違うものをひとつ選んで○をつけましょう。また、下の文の（　　）に４つの中から適当なことばを入れてみましょう。

例.　　[　a. 留学　　b. 留意　　ⓒ 留守　　d. 残留　]

・２週間ほど（　留守　）にするので、隣の人に犬の世話を頼んだ。

・仕事が大変でしょうが、健康に（　留意　）してがんばってください。

1.　[　a. 歳出　　b. 歳暮　　c. 17歳　　d. 歳月　]

・二人が別れてから20年の（　　　　）が流れた。

・年末にお世話になった方に贈るプレゼントをお（　　　　）という。

2.　[　a. 精進　　b. 精読　　c. 精神　　d. 精選　]

・彼は、肉体的にも（　　　　）的にも健康な人間だ。

・これからも仕事により一層（　　　　）していきたいと思います。

3.　[　a. 平和　　b. 平等　　c. 公平　　d. 平静　]

・男女は（　　　　）だというが、まだ職場での差別が残っている。

・世界の（　　　　）なしに、私たちの幸福はあり得ない。

4.　[　a. 去年　　b. 退去　　c. 辞去　　d. 過去　]

・犯罪を犯して、国外（　　　　）を命じられた。

・（　　　　）ばかりを振り返らずに、未来を見て生きよう。

5.　[　a. 質素　　b. 素養　　c. 素直　　d. 要素　]

・彼は（　　　　）な身なりをしているが、本当は金持ちの息子だ。

・彼女は（　　　　）な性格で、みんなに好かれている。

6.　[　a. 繁盛　　b. 盛夏　　c. 盛大　　d. 最盛期　]

・では、出演者のみなさんに（　　　　）な拍手をお願いします。

・商売が（　　　　）するように、神社でお守りをもらってきた。

8

課題

Ⅰ．複数の音・訓を持つ漢字をさがし、下のように読み方と意味・用法を調べて、ノートにまとめてみましょう。

漢字		読　み　方	意　味	用　　法
降	訓	お－りる お－ろす	to get off, to put down	電車を降りる 子どもを車から降ろす
		ふ－る	to fall	雨が降る　雪が降る
	音	コウ	to get off, to fall	降車　乗降客　昇降口 降水量
神	訓	かみ ＊かん　＊こう	god, Shinto	神　神様　女神　死神 ＊神主　＊神戸
	音	シン	mind, spirit, god	精神　神経　神聖な　失神する 神話　神父　神学　　多神教
		ジン	god, Shinto	神社　神宮　天神

Ⅱ．次のような漢字の部品を組み立てると、どんな漢字ができるでしょうか。考えて
みましょう。

例1．
| 口
イ
立 | → 倍 |

例2．
| 示
木
木 | → 禁 |

1.
| 又
女
心 | → ○ |

2.
| 心
目
木 | → ○ |

3.
| 王
亡
月 | → ○ |

4.
| 戊
示
止 | → ○ |

5.
| 刀
走
口 | → ○ |

6.
| 刃
言
心 | → ○ |

7.
| 心
糸
ム
ハ | → ○ |

8.
| エ
木
凡
竹 | → ○ |

9.
| ネ
口
田
一 | → ○ |

10.
| イ
百
糸
ウ | → ○ |

11.
| カ
カ
カ
十 | → ○ |

12.
| ム
人
二
糸 | → ○ |

8

※上と同じように、漢字の部品を組み立てる問題を作って、友だち同士でやって
みましょう。

アルファベットの略称

　新聞などでは、よく略称（長い名前を短く縮めた呼び方）が使われています。たとえば、「ＥＣ」というのは、「欧州共同体」の略称です。次の1～10の略称は、右のａ～ｊのどれに当たるでしょうか。

略　称	読み方	
1．ＯＰＥＣ	オペック	ａ．経済協力開発機構
2．ＮＡＴＯ	ナトー	ｂ．国際通貨基金
3．ＩＭＦ	アイエムエフ	ｃ．国際労働機関
4．ＯＥＣＤ	オーイーシーディー	ｄ．世界保健機関
5．ＩＬＯ	アイエルオー	ｅ．新興工業地域
6．ＷＨＯ	ダブルエイチオー	ｆ．非政府機関
7．ＡＳＥＡＮ	アセアン	ｇ．国連児童基金
8．ＮＧＯ	エヌジーオー	ｈ．石油輸出国機構
9．ＮＩＥＳ	ニーズ	ｉ．東南アジア諸国連合
10．ＵＮＩＣＥＦ	ユニセフ	ｊ．北大西洋条約機構

　ａ～ｊを見ると、ｂとｃには、「国際」という同じことばが使われています。左の1～10の略称を見ると、3と5の頭に「Ｉ」がありますからここから「国際」が略称の「Ｉ」、つまり「International」に対応していることがわかるでしょう。他のことばについても、2回以上使われていることばがどんな英語と対応しているか考えてみましょう。「Ｏ」、すなわち「Organization」に対応しているのが「機構」と「機関」で、「Ｆ」、すなわち「Fund」に対応しているのが「基金」だということがわかるでしょう。ほかにも新聞を見て、略称をさがしてみましょう。

　日本でも、最近はアルファベットを使った略称が流行していますが、下の11～15の略称がわかりますか。

略　称	読み方	
11．ＪＲ	ジェーアール	ｋ．日本放送協会
12．ＪＡＬ	ジェーエーエル／ジャル	ｌ．日本自動車連盟
13．ＪＡＦ	ジェーエーエフ／ジャフ	ｍ．日本電信電話会社
14．ＮＴＴ	エヌティーティー	ｎ．日本鉄道会社
15．ＮＨＫ	エヌエイチケー	ｏ．日本航空

　「日本」を表すのに、「Ｊ（Japan）」と「Ｎ（Nippon）」の2つがあることがわかりますね。（正解はp.236にあります。）

　新聞には漢字による略称も使われます。「自由民主党」を「自民党」と呼ぶようなものです。こちらもさがしてみましょう。

第9課
同訓の漢字

　次の文を読んで、＿＿の部分を書き表すのに適当な漢字を、a．とb．のうちから選びなさい。似ている訓の漢字を使っていますが、正しいものはどちらかひとつです。できる人は、右の漢字を見ないで、書いてみてください。

1.　今週は毎日いそがしい。　　　　　　　　　　　　　　　（a．忙　　b．急）
2.　パーティーには、おおくの人々が集まった。　　　　　（a．大　　b．多）
3.　事故で授業におくれてしまった。　　　　　　　　　　（a．送　　b．遅）
4.　今日は寒いから雪が降るとおもう。　　　　　　　　　（a．思　　b．重）
5.　テストの結果はわるかった。　　　　　　　　　　　　（a．悪　　b．割）
6.　疲れたので、少しやすもう。　　　　　　　　　　　　（a．安　　b．休）
7.　この町の南を川がながれている。　　　　　　　　　　（a．長　　b．流）
8.　試合は午前10時にはじまった。　　　　　　　　　　　（a．始　　b．初）
9.　きのう遅くまで勉強したので、今日はねむい。　　　　（a．眠　　b．寝）
10.　この家は電車がとおると、ゆれる。　　　　　　　　　（a．通　　b．遠）
11.　コンピュータの使いかたがわからない。　　　　　　　（a．方　　b．形）
12.　30分まったが、田中さんは来なかった。　　　　　　　（a．待　　b．持）
13.　旅行の行き先がきまらない。　　　　　　　　　　　　（a．来　　b．決）
14.　本がたくさんならんでいる。　　　　　　　　　　　　（a．並　　b．習）
15.　今日の会議は第一会議室でひらかれる。　　　　　　　（a．広　　b．開）
16.　夜が明けて外があかるくなってきた。　　　　　　　　（a．赤　　b．明）
17.　彼女は今まで一人でいきてきた。　　　　　　　　　　（a．生　　b．行）
18.　友人をよんでパーティーを開いた。　　　　　　　　　（a．呼　　b．読）
19.　図書館で本をかりた。　　　　　　　　　　　　　　　（a．貸　　b．借）
20.　新しい作品をこころみたが、うまくいかなかった。　　（a．心　　b．試）

＜ 答 え ＞

1.	a.	忙（いそが）しい	busy	急（いそ）ぐ	to hurry
2.	b.	多（おお）い	many, much	大（おお）きい	big
3.	b.	遅（おく）れる	to be late	送（おく）る	to send
4.	a.	思（おも）う	to think	重（おも）い	heavy
5.	a.	悪（わる）い	bad	割（わ）る	to break
6.	b.	休（やす）む	to rest	安（やす）い	cheap
7.	b.	流（なが）れる	to flow	長（なが）い	long
8.	a.	始（はじ）まる	to begin	初（はじ）めて	first
9.	a.	眠（ねむ）い	sleepy	寝（ね）る	to sleep
10.	a.	通（とお）る	to pass	遠（とお）い	far
11.	a.	方（かた）	way	形（かた／かたち）	shape
12.	a.	待（ま）つ	to wait	持（も）つ	to hold
13.	b.	決（き）まる	to decide	来（く）る	to come
14.	a.	並（なら）ぶ	to line up	習（なら）う	to learn
15.	b.	開（ひら）く	to open	広（ひろ）い	wide
16.	b.	明（あか）るい	bright	赤（あか）い	red
17.	a.	生（い）きる	to live	行（い）く	to go
18.	a.	呼（よ）ぶ	to call	読（よ）む	to read
19.	b.	借（か）りる	to borrow	貸（か）す	to lend
20.	b.	試（こころ）みる	to try	心（こころ）	heart, mind

基本練習

Ⅰ. 次の文を読んで、a．とb．のうち適当なほうを選びなさい。同訓の漢字を使って
いますが、適当なものはどちらかひとつです。

1. 駅で久しぶりに山田さんに（a．合った　b．会った）。

2. 両親は北海道に（a．住んで　b．済んで）いる。

3. この先で道が二つに（a．分かれて　b．別れて）いる。

4. この温泉は腰痛によく（a．効く　b．聞く）らしい。

5. パーティーをするので、（a．飲み者　b．飲み物）が必要だ。

6. この神社は、今から700年ほど前に（a．立てられた　b．建てられた）。

7. このアパートの（a．大家　b．大夜）さんは、山本という女の人だ。

8. 図書館に本を（a．返し　b．帰し）に行った。

9. この手紙は彼の気持ちをよく（a．表して　b．現して）いる。

10. 寒いのでヒーターをつけて（a．温かく　b．暖かく）した。

11. 宿題はもう（a．住んだ　b．済んだ）ので、遊びに行こう。

12. 病気が（a．直った　b．治った）ので、会社に行った。

13. 子どもが独立するのを待って、その夫婦は（a．分かれた　b．別れた）。

14. 30分ほど遅れて、田中さんがパーティーに（a．表れた　b．現れた）。

15. 飛行機で往復するのが一番安くて（a．早い　b．速い）。

9

Ⅱ. 次の文を読んで、a.とb.のうち適当なほうを選びなさい。同訓の漢字を使っていますが、適当なものはどちらかひとつです。

1. 研究室でワープロを（a.打って　b.撃って）いる。

2. きのう、国の家族に絵はがきを（a.送った　b.贈った）。

3. 公園の花を（a.折って　b.織って）はいけない。

4. 彼の乗った飛行機はもう空港に（a.付いた　b.着いた）だろう。

5. 犬がワンワン（a.泣いて　b.鳴いて）いてうるさい。

6. 大きな事故が（a.起こって　b.怒って）、死傷者が出た。

7. 彼女はパーティーでピアノを（a.引いた　b.弾いた）。

8. 田中さんが手を（a.降って　b.振って）いるのが見えた。

9. 彼は父親によく声が（a.煮て　b.似て）いる。

10. 米の中に小さな石が（a.交じって　b.混じって）いた。

11. きのうから（a.葉　b.歯）が痛いので病院へ行った。

12. 春になると、アレルギーで（a.花　b.鼻）がかゆくなる。

13. ピストルを（a.打つ　b.撃つ）音が聞こえたので、驚いた。

14. 母が台所で野菜を（a.煮て　b.似て）いる。

15. このネクタイは手で（a.折った　b.織った）ものです。

16. あの人は酒を飲むとすぐ（a.起こる　b.怒る）。

17. 秋になって、木々の（a.葉　b.歯）が落ち、さびしくなった。

18. 背中に糸が（a.付いて　b.着いて）いる。

19. 誕生日に友だちに （a.送り物　b.贈り物） をもらった。

20. 絵の具を （a.交ぜて　b.混ぜて） いろいろな色を作った。

21. 自転車で転んだ子どもが （a.泣いて　b.鳴いて） いる。

22. 近くの公園にきれいな （a.花　b.鼻） が咲いている。

23. 寒いと思って、外を見たら、雪が （a.降って　b.振って） いた。

24. 私の家の戸は横に （a.引いて　b.弾いて） 開ける。

Ⅲ. 次の下線のことばを漢字で書きなさい。

1. a. 意見がわかれる（　　　　　　）＝違う意見をもつ

   b. 恋人とわかれる（　　　　　　）＝（人と）別々になる

2. a. やわらかい毛布（　　　　　　）＝ふわふわして、弾力がある

   b. やわらかい話　（　　　　　　）＝かたくるしくない、気楽な

3. a. はじめて外国へ行く（　　　　　　）＝いままで行ったことがない

   b. はじめて、5分たつ（　　　　　　）＝物事をやりはじめる

4. a. 毎朝はやく起きる　（　　　　　　）＝時刻がはやい

   b. いつもよりはやく走る（　　　　　　）＝スピードがはやい

9

①同訓の漢字語

a. 同訓の漢字語の使い分け

| あう | 合う | サイズが合う。くつが足に合う。気が合う。 |
| | 会う | 人に会う。駅で友だちと会う。 |

| いたむ | 痛む | 胃が痛む。心が痛む。古い傷が痛む。 |
| | 傷む | 家の屋根が傷む。食べ物が傷む。 |

| うつ | 打つ | くぎを打つ。ワープロを打つ。電報を打つ。 |
| | 撃つ | ピストルを撃つ。ライフルで鳥を撃つ。 |

| きく | 効く | 薬が効く。この方法が効く。効き目。 |
| | 利く | 気が利く。右手が利く。左利き。 |

| おくる | 送る | 荷物を送る。写真を送る。宅配便で送る。 |
| | 贈る | プレゼントを贈る。花を贈る。指輪を贈る。 |

| つく | 付く | 服にごみが付く。元金に利子が付く。 |
| | 着く | 目的地に着く。列車が駅に着く。 |

| なく | 泣く | 人が泣く。悲しくて泣く。 |
| | 鳴く | 動物が鳴く。鳥や虫が鳴く。 |

| ひく | 引く | 手を引く。ドアを引く。辞書を引く。 |
| | 弾く | 楽器（ピアノ／ギター／バイオリン）を弾く。 |

| あたたかい | 暖かい | 風が暖かい。暖かい部屋。暖かい日。 |
| | 温かい | 料理が温かい。温かい家庭。温かい笑顔。 |

| はやい | 早い | 時間が早い。早く起きる。早く寝る。 |
| | 速い | スピードが速い。速く走る。速く食べる。 |

| やわらかい | 柔らかい | 体が柔らかい。柔らかい生地。柔らかい手。 |
| | 軟らかい | 応対が軟らかい。軟らかい話。 |

| かた | 形 | ひし形の箱。たまご形の顔。自由形で泳ぐ。 |
| | 型 | 新型カメラ。大型テレビ。髪型を変える。 |

b．自動詞と他動詞が対になっているもの

あらわれる・あらわす
　　　現れる・現す　　　　人が現れる。場所に姿を現す。
　　　表れる・表す　　　　表情に表れる。気持ちを表す。

かえる・かえす
　　　帰る・帰す　　　　　人が国に帰る。子どもを家に帰す。
　　　返る・返す　　　　　貸した物が返る。図書館に本を返す。

たつ・たてる
　　　立つ・立てる　　　　人が立つ。立て札を立てる。物を立てる。
　　　建つ・建てる　　　　建物が建つ。家を建てる。工場を建てる。

なおる・なおす
　　　直る・直す　　　　　故障が直る。こわれた機械を直す。間違いを直す。
　　　治る・治す　　　　　病気が治る。けがを治す。

はなれる・はなす
　　　離れる・離す　　　　席を離れる。遠くへ離れる。手を離す。
　　　放れる・放す　　　　動物がくさりから放れる。犬を放す。

まざる／まじる・まぜる
　　　交ざる／交じる・交ぜる　　人が交ざる。漢字が交じる。
　　　混ざる／混じる・混ぜる　　砂が混じる。酒を混ぜる。

c．同訓の漢字語が3つ以上あるもの

あく・あける　　　　開く・開ける　　窓が開く。戸を開ける。
　　　　　　　　　　空く・空ける　　席が空く。場所を空ける。
　　　　　　　　　　明ける　　　　　夜が明ける。年が明ける。

うつる・うつす　　　移る・移す　　　場所が移る。会場を移す。
　　　　　　　　　　写る・写す　　　写真が写る。文を写す。
　　　　　　　　　　映る・映す　　　鏡に顔が映る。映画を映す。

つとめる　　　　　　努める　　　　　解決に努める。実現するよう努める。
　　　　　　　　　　勤める　　　　　会社に勤める。大使館に勤める。
　　　　　　　　　　務める　　　　　会長を務める。主役を務める。

とまる・とめる　　　止まる・止める　人が止まる。車を止める。
　　　　　　　　　　泊まる・泊める　旅館に泊まる。友人を家に泊める。
　　　　　　　　　　留まる・留める　人の目に留まる。事を心に留める。

9

のぼる	上る	坂を上る。利益が百万円に上る。
	昇る	日が昇る。社長の地位に昇る。
	登る	山に登る。木に登る。
あらわす	表す	気持ちを表す。
	現す	姿を現す。
	著す	書物を著す。
あつい	暑い	今日は暑い。暑い日。暑い地方。
	熱い	体が熱い。熱い飲み物。熱い風呂。
	厚い	人情が厚い。厚い本。厚いステーキ。
かたい	固い	口が固い。固い決心。固く約束する。
	硬い	表情が硬い。硬い金属。
	堅い	堅い商売。堅い人。堅い話。
かわ	川	川が流れる。アマゾン川
	皮	果物の皮をむく。りんごの皮。毛皮。
	革	革のジャケットを着る。革のベルト。

d. 同訓の漢字語がたくさんあって、使い分けが難しいもの

～ガ おさまる・～ヲ おさめる

収まる・収める（落ち着く・結果を出す）	台風が収まる。成功を収める。
納まる・納める（ものが入る・入れる）	倉庫に納まる。税金を納める。
治まる・治める（政治を行う）	国が治まる。地方を治める。
修まる・修める（学問などを身につける）	身が修まる。学業を修める。

～ガ かわる・～ヲ かえる

変わる・変える（状態や質）	形／色が変わる。方法を変える。
代わる・代える（役目や役割）	父に代わってする。命に代えてする。
換わる・換える（ものを交換）	新聞が金に換わる。駅で乗り換える。
替わる・替える（新しいものに）	社長が替わる。服を着替える。両替。

～ヲ はかる

図る（目標にする）	利益を図る。解決を図る。合理化を図る。
計る（数や時間を調べる）	時間を計る。数量を計る。
測る（長さや大きさを調べる）	距離を測る。面積を測る。温度を測る。
量る（重さや量を調べる）	体重を量る。分量を量る。容積を量る。

※「計」や「量」の代わりに「測」を使うこともできる。

もと

本（重要なところ）	もと（本）を正す。
元（出発点や以前のもの）	元は農民だった。元の住所に送る。
下（影響を受ける範囲）	山田先生のご指導の下で研究した。
基（基礎や根拠となるもの）	資料を基にして論文を書いた。

②同訓の漢字語のアクセントや送りがな

ａ．アクセントが違うもの

あつい	暑い、熱い（あ￣つ￢い）	：	厚い（あ￢つい）
かく	書く（か￢く）	：	欠く（か￣く￢）
ふる	降る（ふ￢る）	：	振る（ふ￣る￢）
は	葉（は￣）	：	歯（は￢）
はな	花（は￣な￢）	：	鼻（は￢な）

ｂ．送りがなが違うもの

おこる	起こる　／　怒る
かえる	変える、代える、換える、替える　／　帰る、返る
わかれる	別れる　／　分かれる

③同訓の動詞で文法的用法が違う語

ａ．辞書形が同じでも、動詞の種類が違うため、ほかの活用形が違うもの
（アクセントも違う。）

かえる	帰る	（か￣え￢る）	帰らない	帰ります	帰って
	返る	（か￣え￢る）	返らない	返ります	返って
	変える	（か￣え￢る）	変えない	変えます	変えて
	代える	（か￣え￢る）	代えない	代えます	代えて
きる	切る	（き￢る）	切らない	切ります	切って
	着る	（き￣る）	着ない	着ます	着て
へる	減る	（へ￣る￢）	減らない	減ります	減って
	経る	（へ￢る）	経ない	経ます	経て

9

b．辞書形が違う動詞で、テ形が同じもの（アクセントはふつう違う。）

うって　打つ　　打って（う￢って）　　　きて　　着る　　着て（き￢て）
　　　　売る　　売って（う￢って）　　　　　　　来る　　来て（き￢て/き￢て）

おいて　老いる　老いて（お￢いて）　　　とんで　飛ぶ　　飛んで（と￢んで）
　　　　置く　　置いて（お￢いて）　　　　　　　富む　　富んで（と￢んで）

おって　追う　　追って（お￢って）　　　よんで　読む　　読んで（よ￢んで）
　　　　折る　　折って（お￢って）　　　　　　　呼ぶ　　呼んで（よ￢んで）

※次のものはアクセントが同じ。

　　　　いって　　言う　　言って（い￢って）
　　　　　　　　　行く　　行って（い￢って）

c．使う助詞が違うもの

きく　　　　聞く（〜ヲ）　　　　　　　音楽を聞く。
　　　　　　聞く（〜ニ〜ヲ）　　　　　人に名前を聞く。意味を聞く。
　　　　　　効く（〜ガ〜ニ）　　　　　頭痛にはこの薬が効く。

すむ　　　　住む（〜ガ〜ニ）　　　　　東京に住む。
　　　　　　済む（〜ガ）　　　　　　　テストが済む。

つとめる　　努める（〜ガ〜ニ）　　　　サービスに努める。
　　　　　　勤める（〜ガ〜ニ）　　　　工場に勤める。
　　　　　　務める（〜ヲ）　　　　　　会長を務める。

にる　　　　似る（〜ガ〜ニ／〜ト）　　顔が父に似る。
　　　　　　煮る（〜ヲ）　　　　　　　魚を煮る。

はなす　　　話す（〜ヲ）　　　　　　　日本語を話す。
　　　　　　離す（〜ト〜ヲ）　　　　　物と物を離す。
　　　　　　放す（〜ヲ）　　　　　　　小鳥を放す。

ふる　　　　降る（〜ガ）　　　　　　　雨が降る。
　　　　　　振る（〜ヲ）　　　　　　　手を振る。

わかれる　　分かれる（〜ガ〜ニ）　　　道が左右に分かれる。
　　　　　　別れる（〜ガ〜ト）　　　　友人と別れる。

④同訓の漢字の組み合わせでできた漢語

あう＋あう	→	会合（かいごう）スル	会合を開く。
あらわす＋あらわす	→	表現（ひょうげん）スル	喜びを表現する。
うつ＋うつ	→	打撃（だげき）	打撃を受ける。
うつす＋うつす	→	映写（えいしゃ）スル	フィルムを映写する。
おさめる＋おさめる	→	収納（しゅうのう）スル	服を収納する。
かえる＋かえる	→	変換（へんかん）スル	かなを漢字に変換する。
たてる＋たてる	→	建立（こんりゅう）スル	寺院を建立する。
つく＋つく	→	付着（ふちゃく）スル	ごみが付着する。
つとめる＋つとめる	→	勤務（きんむ）スル	会社に勤務する。
のぼる＋のぼる	→	上昇（じょうしょう）スル	飛行機が上昇する。
はかる＋はかる	→	計量（けいりょう）スル	重さを計量する。
		計測（けいそく）スル	長さを計測する。
		測量（そくりょう）スル	土地を測量する。
わける＋わかれる	→	分別（ぶんべつ）スル	ごみを分別する。
あたたかい＋あたたかい	→	温暖（おんだん）ナ	温暖な土地に住む。
はやい＋はやい	→	早速（さっそく）Adv.	早速出かける。
かわ＋かわ	→	皮革（ひかく）	皮革製品を作る。
もと＋もと	→	基本（きほん）	基本が大切だ。

第9課の学習漢字

撃	贈	織	鳴	弾	振	似	煮	革	皮
p. 321	p. 272	p. 268	p. 248	p. 250	p. 253	p. 245	p. 315	p. 320	p. 285

葉	鼻	努	勤	務	登	納	換	替	混
p. 298	p. 331	p. 305	p. 278	p. 277	p. 301	p. 267	p. 254	p. 314	p. 255

測	基
p. 255	p. 309

22

9

Ⅰ. 次の文を読んで、a.〜c.のうち適当なものを選び、読みも書きましょう。

1. となりのご主人は銀行に（a.努めて　b.勤めて　c.務めて）いる。

2. 池（いけ）に空を飛ぶ鳥の姿（すがた）が（a.写って　b.映って　c.移って）いる。

3. 寒いので（a.川　b.皮　c.革）のジャケットを着て出かけた。

4. 時間が（a.開いた　b.空いた　c.明いた）ので、映画を見た。

5. 体が冷えたので、（a.暑い　b.熱い　c.厚い）お茶が飲みたい。

6. 海の見えるホテルに（a.止まった　b.泊まった　c.留まった）。

7. テーブルをとなりの部屋に（a.写した　b.移した　c.映した）。

8. 家具とテレビを（a.話して　b.離して　c.放して）置いた。

9. 魚が川を（a.上って　b.昇って　c.登って）きた。

10. 美しい女の人が目に（a.止まった　b.泊まった　c.留まった）。

11. 会議では山田さんが議長を（a.努めた　b.勤めた　c.務めた）。

12. 教室で8ミリ映画を（a.写した　b.移した　c.映した）。

13. こんなに（a.暑い　b.熱い　c.厚い）本は今週中には読めない。

14. みかんは（a.川　b.皮　c.革）がむきやすいので、好きだ。

15. 彼は、毎年夏、富士山に（a.上る　b.昇る　c.登る）。

Ⅱ．次の文を読んで、a.～d.のうち、適当なものを選びましょう。

1. 部長の（a.変わり　b.代わり　c.替わり　d.換わり）に会議に出席した。

2. 荷物の重さを（a.図ったら　b.計ったら　c.測ったら　d.量ったら）30キロあった。

3. この国は若い国王が（a.収めて　b.納めて　c.治めて　d.修めて）いる。

4. この電車の終点でバスに乗り（a.変えて　b.代えて　c.替えて　d.換えて）ください。

5. 国民は法の（a.本　b.元　c.下　d.基）に平等である。

6. その男は自殺を（a.図った　b.計った　c.測った　d.量った）が失敗した。

7. 今月の会費を早く（a.収めて　b.納めて　c.治めて　d.修めて）ください。

8. この土地の面積を（a.図ったら　b.計ったら　c.測ったら　d.量ったら）100平方メートルあった。

9. 1989年に年号が「昭和」から「平成」に（a.変わった　b.代わった　c.替わった　d.換わった）。

10. 社長が（a.本　b.元　c.下　d.基）秘書と結婚した。

11. この時計はいつも遅れるので、時間を正確に（a.図る　b.計る　c.測る　d.量る）ことができない。

12. 朝になって、風が（a.収まった　b.納まった　c.治まった　d.修まった）。

Ⅲ. 次の文の___の語を漢字に直しなさい。

例. かぜによく<u>きく</u>薬があると<u>きいた</u>。
　　　　　　効く　　　　　　　聞いた

1. 図書館に本を<u>かえして</u>、家に<u>かえって</u>きた。

2. この機械が<u>なおらない</u>と、歯が<u>なおせない</u>。

3. 今晩<u>とまる</u>ホテルの前に<ruby>観光<rt>かんこう</rt></ruby>バスが<u>とまった</u>。

4. 部長の<u>かわり</u>に銀行へドルを円に<u>かえ</u>に行った。

5. <u>あつい</u>日には涼しい部屋で<u>あつい</u>コーヒーが飲みたい。

6. 家を<u>はなれて</u>東京へ出てきたころのことを<u>はなした</u>。

7. 通産省に<u>つとめて</u>いた友人は、今、食品会社の会長を<u>つとめて</u>いる。

8. 映画を<u>うつす</u>場所が、ほかのところへ<u>うつった</u>。

9. この木に<u>のぼる</u>と、<ruby>太陽<rt>たいよう</rt></ruby>が<u>のぼる</u>ようすがよく見える。

10. 年が<u>あけたら</u>、<u>あいて</u>いた土地にビルが<u>たった</u>。

課題

I. 日本人の名前に使われる漢字は、数も多く、読み方も複雑です。読み方が同じなのに、漢字が違うということがよくあります。そのような例を集めてみましょう。

読み方	漢字	意味
あきこ	秋 子	秋に生まれた（女の）子
	明 子	明るい（女の）子
まさこ	雅 子	優_{ゆう}雅_がな（女の）子
	正 子	正しい／正直な（女の）子
みちこ	美智子	
	道 子	

9

※上の例は女性の名前ですが、男性の名前も集めてみましょう。

Ⅱ. 名字（家族の名前）にもいろいろな漢字が使われます。電話などで相手の名字を聞いても、漢字がわからないと、手紙を書いたりするとき困ります。日本人に名前を聞き、「どんな漢字を書くんですか。」とたずねて、漢字をどのように口で説明するか、例を集めてみましょう。よく聞く説明のしかたは、漢字の訓読みやよく使われる熟語、意味などを言うことです。

読み方	漢　字	説明のしかた
かのう	加　納	「加える」に「納める」と書く。
もちづき	望　月	「望む」に「月」と書く。
せきの	関　野	「関係」の「関」に「野原」の「野」と書く
あきもと	秋　元	「春夏秋冬」の「秋」に「元気」の「元」

※名前以外にも、あることばをどんな漢字で書くかわからないとき、同じように聞いてみましょう。

第10課
類義語の漢字

復習

I. 次の語と意味が最も近いものを選びなさい。

1. 図 ： a.色 b.絵 c.形
2. 晩 ： a.朝 b.昼 c.夜
3. 乏しい ： a.小さい b.悲しい c.少ない
4. 暑い ： a.暖かい b.濃い c.涼しい
5. 等しい ： a.同じだ b.貧しい c.危ない
6. 定める ： a.決める b.進める c.集める
7. 争う ： a.勝つ b.求める c.戦う
8. 異なる ： a.変わる b.違う c.似る
9. 敗れる ： a.失う b.助ける c.負ける
10. 勤める ： a.通う b.働く c.学ぶ

II. 次の文を読んで、a.とb.のうちから適当なほうを選びなさい。

1. 農村では、年寄りが多く（a.新しい b.若い）人が少ない。
2. 食後に（a.寒い b.冷たい）ジュースを飲んだ。
3. せきが出て（a.悲しい b.苦しい）ので、病院へ行った。
4. このお茶は（a.濃くて b.強くて）、苦い。
5. 機械がこわれたので、（a.改めて b.直して）もらった。
6. 買ったばかりの茶わんを（a.切って b.割って）しまった。
7. 数学の問題を（a.思った b.考えた）が、できなかった。
8. 父は（a.寝 b.眠り）ながら本を読んでいた。
9. 植物を（a.育てて b.養って）花を咲かせる。
10. 試験に受かり、入学が（a.確かめられた b.認められた）。

＜ 答 え ＞

Ⅰ.
1.　ｂ.絵（え）　picture　　　　　図（ず）　drawing, figure
2.　ｃ.夜（よる）　night　　　　　晩（ばん）　evening
3.　ｃ.少（すく）ない　few　　　　乏（とぼ）しい　scarce
4.　ａ.暖（あたた）かい　warm　　　暑（あつ）い　hot
5.　ａ.同（おな）じだ　same　　　　等（ひと）しい　equal
6.　ａ.決（き）める　to decide　　　定（さだ）める　to establish
7.　ｃ.戦（たたか）う　to fight　　　争（あらそ）う　to fight
8.　ｂ.違（ちが）う　to be different　異（こと）なる　to differ
9.　ｃ.負（ま）ける　to be defeated　敗（やぶ）れる　to be defeated
10.　ｂ.働（はたら）く　to work　　　勤（つと）める　to work for

Ⅱ.
1.　ｂ.若（わか）い人　　　　　　新（あたら）しい
　　　　young men　　　　　　　new
2.　ｂ.冷（つめ）たいジュース　　寒（さむ）い
　　　　cold/chilled juice　　　cold, chilly (weather)
3.　ｂ.苦（くる）しい　　　　　　悲（かな）しい
　　　　painful, difficult　　　sad, miserable
4.　ａ.濃（こ）くて　　　　　　　強（つよ）くて
　　　　濃い　strong (tea), dense　強い　strong
5.　ｂ.直（なお）して　　　　　　改（あらた）めて
　　　　直す　to correct, to repair　改める　to renew, to change
6.　ｂ.割（わ）って　　　　　　　切（き）って
　　　　割る　to break (into pieces)　切る　to cut
7.　ｂ.考（かんが）えた　　　　　思（おも）った
　　　　考える　to think, to meditate　思う　to think
8.　ａ.寝（ね）ながら　　　　　　眠（ねむ）りながら
　　　　寝る　to lie down, to sleep　眠る　to sleep
9.　ａ.育（そだ）てて　　　　　　養（やしな）って
　　　　育てる　to raise, to bring up　養う　to bring up
10.　ｂ.認（みと）められた　　　　確（たし）かめられた
　　　　認める　to admit, to accept　確かめる　to make sure

Ⅰ. 次の文で下線の語の代わりに使える語を a .～ c .から選び、その読みを書きなさい。

1. 田中さんの欠点は、人の話をよく聞かないところだ。
   a . 弱点   b . 短所   c . 汚点

2. 食事の用意ができたので、食堂に集まってください。
   a . 注意   b . 準備   c . 用事

3. 面接を行う順序を決めなければならない。
   a . 順番   b . 番号   c . 順位

4. 最近、石油の値段が上がっていて、心配だ。
   a . 価格   b . 数値   c . 物価

5. 時間に遅れたことの言い訳は、しないほうがよい。
   a . 弁解   b . 申し訳   c . 理由

6. 経済について基本から勉強しなければならない。
   a . 基礎   b . 基地   c . 基準

7. この会社では毎月一回、勉強会を開くのが習慣になっている。
   a . 習性   b . 慣例   c . 風習

8. 日米間の問題について、政治家がテレビ番組で討論した。
   a . 会議   b . 議論   c . 論理

9. 学生時代から全然本を読まないせいか、あまり教養がない。
   a . 教育   b . 知識   c . 養育

10. 今の会社を辞職することを決意した。
   a . 意図   b . 結果   c . 決心

11. 火事になったビルの中に取り残されていた人を消防士が救助した。
   a . 援助   b . 応援   c . 救出

12. この文章は少しおかしいので、修正しなければならない。
   a . 修理   b . 改訂   c . 訂正

10

Ⅱ．次の文を読んで、（　）に入れるのに最も適当なものをa．～c．から選びなさい。

1．来週の木村先生の（　　）は休講になったそうだ。
　　　　　a．講演　　　　b．講義　　　　c．演説

2．彼は（　　）が強く、やると決めたことは最後まであきらめない。
　　　　　a．意志　　　　b．意思　　　　c．意図

3．食品会社で新しい商品が（　　）されている。
　　　　　a．企画　　　　b．計算　　　　c．計略

4．鉄道の開通により、町は（　　）し、人口も増加した。
　　　　　a．進歩　　　　b．発達　　　　c．発展

5．その事故の（　　）は、運転手の不注意だった。
　　　　　a．結果　　　　b．原因　　　　c．理由

6．政治に金がかかりすぎるという（　　）的問題を解決しない限り、政治
　　改革は成功しないだろう。
　　　　　a．基礎　　　　b．基本　　　　c．根本

7．父は60歳で定年になり、長年勤めた会社を（　　）した。
　　　　　a．辞職　　　　b．失業　　　　c．退職

8．今日のサッカーの試合は時間通り4時に（　　）した。
　　　　　a．完了　　　　b．終了　　　　c．終結

9．あの2人は考え方が正反対で、全く（　　）的だ。
　　　　　a．対称　　　　b．対照　　　　c．対比

10．時計を（　　）して、部品を取り替えた。
　　　　　a．分解　　　　b．分割　　　　c．分離

11．この学校では情報工学関係の技術者を（　　）している。
　　　　　a．保育　　　　b．養育　　　　c．養成

12．雨のため、運動会は来週の日曜に（　　）されることになった。
　　　　　a．延期　　　　b．延長　　　　c．遅延

要点

①類義語の漢字

意味が似ていることばを類義語（るいぎご）と言います。類義語には、意味が似ている漢字が使われている場合が多くあります。

値－価　　値段（ねだん）　－　価格（かかく）
企－計　　企画（きかく）　－　計画（けいかく）
完－終　　完了（かんりょう）－　終了（しゅうりょう）
基－根　　基本（きほん）　－　根本（こんぽん）
育－養　　育成（いくせい）　－　養成（ようせい）
到－達　　到着（とうちゃく）－　到達（とうたつ）
助－援－救　救助（きゅうじょ）－　援助（えんじょ）－　救援（きゅうえん）

②類義の漢語

意味が似ている漢語には、共通の漢字を使うものもたくさんあります。

意イ	：意思（いし）	意志（いし）	意図（いと）
延エン	：延期（えんき）	延長（えんちょう）	遅延（ちえん）
革カク	：変革（へんかく）	改革（かいかく）	革命（かくめい）
慣カン	：習慣（しゅうかん）	慣例（かんれい）	慣習（かんしゅう）
基キ	：基本（きほん）	基礎（きそ）	
区ク	：区分（くぶん）	区別（くべつ）	
決ケツ	：決意（けつい）	決心（けっしん）	決定（けってい）
講コウ	：講演（こうえん）	講義（こうぎ）	講習（こうしゅう）
順ジュン	：順番（じゅんばん）	順序（じゅんじょ）	順位（じゅんい）
対タイ	：対照（たいしょう）	対称（たいしょう）	対比（たいひ）
点テン	：欠点（けってん）	弱点（じゃくてん）	難点（なんてん）
展テン	：発展（はってん）	進展（しんてん）	展開（てんかい）
討トウ	：討論（とうろん）	討議（とうぎ）	検討（けんとう）
発ハツ	：発展（はってん）	発達（はったつ）	開発（かいはつ）
分ブン	：分割（ぶんかつ）	分離（ぶんり）	分解（ぶんかい）
弁ベン	：弁護（べんご）	弁解（べんかい）	弁明（べんめい）
了リョウ	：終了（しゅうりょう）	完了（かんりょう）	修了（しゅうりょう）
論ロン	：討論（とうろん）	議論（ぎろん）	論争（ろんそう）

10

③意味が似ている接辞　　（⇨第 6 課 p.112）

a．　お金の接尾辞
料－費－代－賃　授業料（じゅぎょうりょう）－　学費（がくひ）
　　　　　　　　賃貸料（ちんたいりょう）　－　住居費（じゅうきょひ）
　　　　　　　　部屋代（へやだい）　　　　－　家賃（やちん）

b．　仕事・職業の接尾辞
者－師　　医者（いしゃ）　　　　　－　医師（いし）
手－士　　運転手（うんてんしゅ）－　運転士（うんてんし）
員－人　　公務員（こうむいん）　－　役人（やくにん）
屋－店－業　本屋（ほんや）－書店（しょてん）－出版業（しゅっぱんぎょう）

c．　場所の接尾辞
室－所　事務室（じむしつ）　－　事務所（じむしょ）
室－院　美容室（びようしつ）－　美容院（びよういん）
室－館　図書室（としょしつ）－　図書館（としょかん）

d．　否定の接頭辞
非－無　非常識（ひじょうしき）－　無教養（むきょうよう）
不－未　不確実（ふかくじつ）　－　未確認（みかくにん）

④類義語の使い分け

　主語や目的語、修飾語の内容によって、似ている意味の語でも使える場合と使えない場合があります。（⇨第 3 課 p.49～p.51）

完了（かんりょう）する　　…：仕事や任務がおわる／をおえる
終了（しゅうりょう）する　…：試合や時間が／をおわる
修了（しゅうりょう）する　…：教育の課程が／をおわる
終結（しゅうけつ）する　　…：戦争や事件がおわる

発達（はったつ）する　　　…：科学や技術が先へすすむ
進歩（しんぽ）する　　　　…：科学や技術／社会が先へすすむ
発展（はってん）する　　　…：社会がすすんで広がる

企画（きかく）する　　　　…：会社などの団体が新しいことをすることを考える
計画（けいかく）する　　　…：個人や会社、団体が何かをすることを考える

改革（かいかく）する　　　…：組織や制度をかえる
変革（へんかく）する　　　…：社会や制度をかえる
改良（かいりょう）する　　…：品質をよくする

習慣（しゅうかん）　　　…：毎日人がやるときまっていること
慣例（かんれい）　　　　…：仕事上や儀式上、やるときまっていること
慣習（かんしゅう）　　　…：社会でやるときまっていること
風習（ふうしゅう）　　　…：その地方や土地でやるときまっていること
習性（しゅうせい）　　　…：動物などがもっているきまった性質

構成（こうせい）　　　　…：社会や団体、文章のしくみ
組織（そしき）　　　　　…：社会や団体、生物体のしくみ
構造（こうぞう）　　　　…：社会や組織、機械のしくみ

⑤類義語の文法的用法

意味が似ていても文法的な用法が違うものがあります。

a．名詞とスル動詞

意思（いし）	N	意思を変える。意思が通じる。
意志（いし）	N	自分の意志で決める。意志が固い。
意図（いと）	N，VN	意図を知る。事業拡大を意図する。
申し訳（もうしわけ）	N	申し訳がない。申し訳が立たない。
言い訳（いいわけ）	N，VN	言い訳を考える。言い訳する。
弁解（べんかい）	N，VN	弁解の余地がない。弁解する。
構造（こうぞう）	N，	機械の構造が分からない。
構成（こうせい）	N，VN	文章の構成がおかしい。会を構成する。
組織（そしき）	N，VN	組織が大きい。会社を組織する。
革命（かくめい）	N	革命が起こり、共和制になった。
改革（かいかく）	N，VN	政治の改革は難しい。行政を改革する。
変革（へんかく）	N，VN	制度の変革が望まれる。社会を変革する。
改良（かいりょう）	N，VN	品質の改良を図る。製品を改良した。
計略（けいりゃく）	N	企業を乗っ取る計略をめぐらす。
計画（けいかく）	N，VN	旅行の計画を立てる。事業を計画する。
企画（きかく）	N，VN	新商品の企画を立てる。番組を企画する。
仕度（したく）	N，VN	食事の仕度をする。
用意（ようい）	N，VN	旅行の用意をする。お金を用意する。
準備（じゅんび）	N，VN	講演会の準備をする。ドルを準備する。

10

ｂ．　スル動詞…いっしょに使う助詞が違う

（目標）を	達成(たっせい)スル	売り上げ目標を達成する。
（ものごと）に／が	成功(せいこう)スル	実験に／が成功した。
（目標、目的地）に	到達(とうたつ)スル	収入が１億円に到達する。
（場所）へ／に	到着(とうちゃく)スル	飛行機が成田に到着した。
～を／～ようと	決意(けつい)スル	結婚を決意した。
～を／～ようと	決心(けっしん)スル	お酒をやめようと決心した。
～を／が	決定(けってい)スル	集合時間が／を決定した。
ＡとＢを／ＡをＢと	区別(くべつ)スル	男と女を区別する。
ＡとＢを／ＡをＢと	分別(ぶんべつ)スル	新聞と雑誌を分別する。
ＡをＢとＣに	区分(くぶん)スル	住宅地と商業地に区分する。

ｃ．　その他

	熱意(ねつい)　Ｎ	研究に対する熱意がある。
（仕事）に　熱心(ねっしん)ナ		木村先生は熱心な先生だ。
（物事）に　熱中(ねっちゅう)スル		テレビに熱中する。
（物事）に　夢中(むちゅう)ダ／ニナル		ゲームに夢中になる。
順序(じゅんじょ)Ｎ／順序よく		順序が乱れる。順序よく並ぶ。
順番(じゅんばん)Ｎ／順番に		順番が来る。順番に歌を歌う。
順位(じゅんい)Ｎ		順位を決める。
番　（ばん)Ｎ		今度は私の番だ。
理由(りゆう)Ｎ		欠席の理由は不明だ。
原因(げんいん)Ｎ		事故の原因を調べる。
		不注意が原因で事故が起こる。
～と～を　対照(たいしょう)スル／サセル		英文と日本文を対照する。
対照的ナ		２人は性格が対照的だ。
～と～を　対比(たいひ)スル／サセル		理想と現実を対比させる。
～と～を　比較(ひかく)スル		都市と農村を比較する。
比較的 Adv.		ここは物価が比較的安い。

⑥場面による使い分け

　日常的な話題のときによく使うもの（ａ）と、やや改まった場合や文章の中でよく使うもの（ｂ）とがあります。

　ａ．値段（ねだん）　　　石油の値段が上がった。
　ｂ．価格（かかく）　　　石油の価格が変動している。

ａ．仕度（したく）　　　出かける仕度ができた。
ａ．用意（ようい）　　　使うものは全部用意した。
ｂ．準備（じゅんび）　　彼の研究発表は準備が不足していた。

ａ．様子（ようす）　　　彼は元気そうな様子だった。
ｂ．状況（じょうきょう）　内戦の状況を報告する。
ｂ．状態（じょうたい）　病人は危険な状態である。

⑦使い分けの難しい類義語

欠点（けってん）　　　…不足しているところ、わるいところ
弱点（じゃくてん）　　…せめられると弱いところ
短所（たんしょ）　　　…性質や性能でおとっているところ
難点（なんてん）　　　…問題になるわるいところ

基本（きほん）　　　　…中心となる不変のもの
基礎（きそ）　　　　　…最初の段階
根本（こんぽん）　　　…ものごとを成立させるおおもと

方向（ほうこう）　　　…ある地点から運動の進行する向き
方角（ほうがく）　　　…ある地点を基準にした東西南北の方位
方面（ほうめん）　　　…ある方向の地域／ある分野

改革（かいかく）ＶＮ　…制度や組織の悪い部分をよくすること
変革（へんかく）ＶＮ　…社会や制度を大きく変えること
革命（かくめい）　　　…根本から急激に大きく変わること

議論（ぎろん）ＶＮ　　…意見を出して、論じ合うこと／論じた内容
論議（ろんぎ）ＶＮ　　…限定的な問題について、答えを求めて、論じ合うこと
討論（とうろん）ＶＮ　…問題を研究する会などで、意見を出し、論じ合うこと
論争（ろんそう）ＶＮ　…違う主張をして、論じ争うこと

⑧同音の類義語

同じ音で、しかも意味が似ているために、使い分けが難しいものがあります。
（⇨第5課 p.80）

いし　　　　意思…考えや思い intention　　　　　意思を表示する。
　　　　　　意志…しようとする強い気持ち will　　意志が強い。
　　　　　　遺志…死んだ後に残す考え last wishes　遺志を重んじる。

しゅうりょう　終了…試合や時間が終わる ＶＮ　end　映画が終了する。
　　　　　　修了…コースが終わる ＶＮ completion　修士課程を修了する。

10

177

たいしょう	対照…比べること　ＶＮ　contrast	ＡとＢを対照する。
	対象…目的のもの　object	女性を調査の対象にする。
	対称…つりあうこと　symmetry	左右対称の位置に置く。

ほしょう	保証…うけあう　ＶＮ　guarantee	品質を保証する。
	保障…災害(さいがい)から守る　ＶＮ　security	安全を保障する。
	補償…損害(そんがい)をつぐなう　ＶＮ　compensation	損害を補償する。

第10課の学習漢字

志	申	訳	弁	講	礎	根	討	企	略
p. 312	p. 300	p. 271	p. 292	p. 271	p. 264	p. 259	p. 270	p. 291	p. 263

因	慣	例	達	展	識	順	序	段	照	**20**
p. 325	p. 251	p. 245	p. 327	p. 323	p. 271	p. 288	p. 322	p. 284	p. 315	

Ⅰ. 次の文を読んで、（　　）に入れるのに最も適当なものを下から選んで、書き入れましょう。また、各語の読みも書いてみましょう。

1. 研究グループは難しい実験に（　　　　）した。

[　　成功　　　達成　　　到達　　　完成　　]

2. 彼女の英語はどんどん（　　　　）し、英字新聞まで読めるようになった。

[　　進歩　　　展開　　　発達　　　発展　　]

3. 話に（　　　　）になって、ご飯を食べるのを忘れてしまった。

[　　熱意　　　熱心　　　熱中　　夢^む中^{ちゅう}　　]

4. この地^ち域^{いき}は住宅地、商業地、農業地などに細かく（　　　　）されている。

[　　区分　　　区別　　　分別　　　分離　　]

5. 日本の米は、長年の品^{ひん}種^{しゅ}（　　　　）の結果、おいしくなった。

[　　改革　　　改良　　革^{かく}命^{めい}　　変革　　]

6. 私のうちの家族（　　　　）は、両親と私と妹二人だ。

[　　組織　　　構図　　　構成　　　構造　　]

7. 私は毎朝、公園の周りをジョギングする（　　　　）がある。

[　　慣習　　　慣例　　　習慣　　　風習　　]

10

8. 税制の改革をテーマに（　　　　）会が開かれた。

[　　議論　　　討論　　　論議　　　論争　　]

Ⅱ. 次の文を読んで、下線部分に漢字を書きましょう。また、その語の代わりに使える語を右の（　　　）に書いてみましょう。

例. ＿＿準　備＿＿ができたら、さっそく出かけよう。
　　じゅんび（　仕度、用意　）

1. 人間はだれでも＿＿＿＿＿と長所を持っている
　　　　　　　　　　たんしょ（　　　　　　　　）

2. 今月は、売上げの倍増という＿＿＿＿＿目標を立てた。
　　　　　　　　　　　　　　　とうたつ（　　　　　　　　）

3. 5時間かけて＿＿＿＿＿したが、結局、この＿＿＿＿＿は通らなかった。
　　　　　　　とうぎ　（　　　　　　）きかく（　　　　　　）

4. この研究会は、高校の先生たちで＿＿＿＿＿されている。
　　　　　　　　　　　　　　　　　そしき（　　　　　　）

5. ＿＿＿＿＿を身につけるため、その＿＿＿＿＿会に行くことにした。
　　きょうよう（　　　　　　）　こうしゅう（　　　　　　）

6. 大橋さんは、宿題を忘れたことについて＿＿＿＿＿した。
　　　　　　　　　　　　　　　　　べんかい（　　　　　　）

7. 土地の＿＿＿＿＿は下がっているというが、諸外国と比べるとまだまだ
　　高い。　ねだん（　　　　　　）

8. どんなことを勉強するにも、＿＿＿＿＿が大切だ。
　　　　　　　　　　きそ　（　　　　　　）

9. 原文と＿＿＿＿＿してみて、翻訳の間違いがあることがわかった。
　　たいしょう（　　　　　　）

10. 社会が＿＿＿＿＿しても、古くからある良い＿＿＿＿＿は残したい。
　　はってん（　　　　　　）　しゅうかん（　　　　　　）

Ⅲ．a.とb.の（　　）の中に同じ漢字を入れて、類義語を作りましょう。

1. この試験に合格するには、{ a.（　　）本的 / b.（　　）礎的 }な知識が必要だ。

2. 会議では激しい{ a.議（　　） / b.討（　　） }が行われたが、結論は出なかった。

3. 優勝戦で負けたのは、主力選手のけがに{ a.原（　　）がある。 / b.起（　　）している。 }

4. 国の行政機構を{ a.改（　　） / b.変（　　） }しなければ、赤字は減らない。

5. 大学をやめて、国へ帰るという彼の{ a.（　　）意 / b.（　　）心 }は固かった。

6. 面接試験の{ a.（　　）序 / b.（　　）番 }が発表になった。

7. この組織の{ a.（　　）造 / b.（　　）成 }について、研究会で発表した。

8. 国連による難民の{ a.（　　）援 / b.（　　）助 }活動が続いている。

9. この土地に来た以上、ここの{ a.（　　）習 / b.（　　）例 }を重んじてもらいたい。

10. 新しい事業を行うことが{ a.企（　　） / b.計（　　） }されている。

11. 木村先生の{ a.（　　）演 / b.（　　）義 }は、先生が病気のため、中止になった。

12. 人に笑われないように、もっと{ a.常（　　） / b.知（　　） }を身につけたほうがよい。

13. 彼は医学部に入って医者になることを{ a.志（　　） / b.希（　　） }している。

14. 金のためなら、どんな{ a.計（　　） / b.策（　　） }でも用いる相手だ。

10

課題

Ⅰ. 類義語の使い分けを知るために、次のような表を作ってみましょう。○はその文脈（context）で使えるもの、×は使えないものです。

例	会社を〜する	委員／役員を〜する	会社が倒産して〜する	定年〜する	内閣が総〜する
失業	×	×	○	×	×
辞任	×	○	×	×	×
辞職	○	×	×	×	○
退職	○	×	×	○	×

　下の表の空いている欄に、上の例のように自分で使い分けのための文型を書き、○か×でうめてみましょう。

例	ゲームに〜する	教育に〜な先生	〜がある〜を持つ		
熱意					
熱心					
熱中					
夢中					

※辞書を引いたり、先生や友だちに聞いたりして、自分でもノートに類義語の表を作ってみましょう。

II. 次の文章は、毎日新聞（1992年）の記事の一部です。未習の漢字が使われている
ところは■にしてあります。■があってもどのぐらい意味がわかるものか、読ん
でみましょう。まず、Aを読んでから、次にBを読んでみてください。Aでは
基本漢字500字以外の漢字を■に、Bでは本書の第10課までに学習した漢字以外
を■にしてあります。理解の程度がどのぐらい変わるでしょうか。

A

国■理■－日本からの主■

　日本人は「ＮＯと言えない」ということが時々話題になる。国■的
な交流の場で日本人が「ＮＯ」と言うべきときに「ＮＯ」と言わない
ことが問題の発■のようだ。

　日本人も「ＮＯ」と言えるようになるべきだという意見を■べる人
が多いが、ことがらはそれほど簡単ではない。

　英語の「ＮＯ」に近い日本語のことばに「いいえ」という語がある。
英語の初歩の学習■階では、「ＮＯ」に「いいえ」をあてはめて考える
ことも多いので両者は同じ意味の語だと思っている人も少なくない。

　しかし、「ＮＯ」と「いいえ」の用法をくらべてみるとかなりの■が
■■することがわかってくる。日本語の「いいえ」では、話し相手へ
の配■が用法に制約を■えていることが多い。

　相手の意■や■、たとえばこちらへの■いかけに対して、「いいえ
私はしたくありません」と■ずることが困難である場合は多い。「ＮＯ」
と「いいえ」は決して同じではない。

　「ＮＯ」を使うのは英語の場面である。英語の土■にあがって「ＮＯ」
を■使することは、「いいえ」の発■を■本に持つ日本人にとっては当
■不利をもたらす。

　もちろん、英語的な表現法に■■した人■を作り出すことは不■■
ではない。合理的で目的主■に■した教育・■練はそれを■■にする。

　しかし、現■の国■交流は、一部の特別の人たちにゆだねて成り立
つ時代ではなくなりつつある。大げさに言えば、すべての日本人が外
国人との交流に■■を持たねばならなくなっている。

　すべての日本人が「いいえ」の発■と同時に「ＮＯ」の発■をも■得・
■持することは■■なことではない。

　基本漢字以外の漢字（■）はこの文章中、32語に使われており、これは文章中の全漢字
語（82語）の約40％に当たります。つまり基本漢字500字で、この文章の60％の漢字語は
読めるということです。

では、第10課までに学習した220字を加えると、どうなるでしょうか。

B

国際理解－日本からの主張

日本人は「ＮＯと言えない」ということが時々話題になる。国際的な交流の場で日本人が「ＮＯ」と言うべきときに「ＮＯ」と言わないことが問題の発■のようだ。

日本人も「ＮＯ」と言えるようになるべきだという意見を■べる人が多いが、ことがらはそれほど簡単ではない。

英語の「ＮＯ」に近い日本語のことばに「いいえ」という語がある。英語の初歩の学習段階では、「ＮＯ」に「いいえ」をあてはめて考えることも多いので両者は同じ意味の語だと思っている人も少なくない。

しかし、「ＮＯ」と「いいえ」の用法をくらべてみるとかなりの■が存■することがわかってくる。日本語の「いいえ」では、話し相手への配■が用法に制約を■えていることが多い。

相手の意志や■断、たとえばこちらへの■いかけに対して、「いいえ私はしたくありません」と応ずることが困難である場合は多い。「ＮＯ」と「いいえ」は決して同じではない。

「ＮＯ」を使うのは英語の場面である。英語の土■にあがって「ＮＯ」を■使することは、「いいえ」の発想を基本に持つ日本人にとっては当然不利をもたらす。

もちろん、英語的な表現法に熟達した人■を作り出すことは不可能ではない。合理的で目的主義に■した教育・■練はそれを可能にする。

しかし、現■の国際交流は、一部の特別の人たちにゆだねて成り立つ時代ではなくなりつつある。大げさに言えば、すべての日本人が外国人との交流に■任を持たねばならなくなっている。

すべての日本人が「いいえ」の発想と同時に「ＮＯ」の発想をも■得・■持することは■■なことではない。

Bでは、未習の漢字（■）を含む漢字語の数は18語に減り、これは全漢字語数の約20％に当たります。つまりこの文章中の約80％の漢字語は知っていることになるわけです。

Ａの段階の人に比べると、Ｂの段階の人は、知っている漢字語から■にどんな漢字が使われているかを推測（guess）する力もついたのではないでしょうか。次のページに、もとの新聞記事がありますから、あなたの推測が当たっているかどうか、確かめてみてください。

※新聞などを読むときには、知らない漢字があっても、このように推測して読むことが大切です。

オピニオンワイド

◉　毎　日　新　聞　◉　　（第3種郵便物認可）

私見／直言

国際理解―日本からの主張

国立国語研究所所長　水谷　修

日本人は「NOと言えない」ということが時々話題になる。

国際的な交流の場で日本人が「NO」と言うべきときに「NO」と言わないことが問題の発端のようだ。日本人も「NO」と言う人が多くなったという意見を述べる人もいるが、これほど簡単ではない。

英語の「NO」に近い日本語をあげてみると、「いいえ」という語がある。英語の「NO」は言語の初歩の学習段階でおぼえる「いいえ」と考えることも多いので、両者は同じ意味の語だと思っている人も多い。

しかし「いいえ」の用法をくらべてみるとかなりの差が存在することがわかってくる。日本語の「いいえ」は話し相手への配慮や相手の意志の判断、相手への誘いかけ

などについて困難な場合も多いけれども、それに対して「いいえ」と答えることは決して同じではない。

「NO」を使うのは英語の場合であり、英語の手段になるが、英語の「NO」の発想を基本に持つ人間を作り出すことも重要である。

もちろん、英語的な表現に熟達した人材を作り出すことは不可能ではなく、合理的な目的を目ざして一部の特別な人たちのために教育・訓練することは容易なことではない。

しかし、現在の国際交流の場の大きさを言えば、すべての日本人が外国人との交流に責任を持たねばならなくなってくるのではないか。すべての日本人が「いいえ」の発想を同時に「NO」の発想を獲得・維持することは容易なことではない。

「NO」と言える日本人だが、それ以上に日本人が「NO」と言わないからという方を大切にしているという事実を相手に知らせる努力をすることの方が現実的である。

「NO」と言える慣習をかえるよう努力をしつつも、相手だけの言葉に頼らず身ぶりを使わないという日本人の言動は日本の文化に近づいてくれるための基本的な「NO」という判断をする。

互いに正確な理解をするためには、国際的な相手の考え方や行動の様式を知ることと、日本人の考えや行動を伝える努力とともに、日本語にも近づいてくれるための基本的な理解をするため、日本文化を一人でも多く世界の人々に増やすことを広めることが、国際理解を深めるためにも地球との関わりをもつ上で当然の権利をもつだろう。

発端（ほったん）　　　配慮（はいりょ）　　土俵（どひょう）　　訓練（くんれん）　　維持（いじ）する
述（の）べる　　　　　与（あた）える　　　駆使（くし）する　　現在（げんざい）　　容易（ようい）な
差（さ）　　　　　　　判断（はんだん）　　人材（じんざい）　　責任（せきにん）　　尽（つ）くす
存在（そんざい）する　誘（さそ）いかけ　　徹（てっ）した　　　獲得（かくとく）する　相互（そうご）

（毎日新聞社『毎日新聞』1992年9月29日より）

10

複合語の連濁

　「会社（かいしゃ）」のように単独では清音（voiceless sound）で始まることばの前に別の語がついて複合語になるとき、「保険会社（ほけんがいしゃ）」のように後ろの語の頭が濁音（voiced sound）になることを連濁といいます。訓読みのことばの場合、どんなときに連濁が起こるのか、考えてみましょう。

①動詞＋動詞→複合動詞　………連濁しにくい
　　例：取り組む　入れ替わる　切り替える　振り返る　取り返す
　　　　取り消す　飲み込む　　飛び立つ　　走り去る　書き足す
　　※例外：　寝返る　　割り引く

②名詞（を）＋動詞（かな２字以下）→複合名詞　………連濁しにくい
　　例：金貸し　物知り　魚釣り　草刈り　鉛筆立て
　　※例外：　ぶどう狩り　あて名書き

③名詞（を）＋動詞（かな３字以上）→複合名詞　………連濁しやすい
　　例：米作り　目覚まし　人殺し　金遣い　気遣い
　　※例外：　力比べ

④名詞（に/で）＋動詞→複合名詞　………連濁しやすい
　　例：横書き　旅立ち　共働き　手触り　足踏み　一人勝ち

⑤形容詞/動詞/名詞＋形容詞→複合形容詞　………連濁しやすい
　　例：薄暗い　寝苦しい　物悲しい　息苦しい　悪賢い　手堅い
　　※例外：　重苦しい　焦げ臭い

⑥形容詞＋動詞→複合名詞　………連濁しやすい
　　例：遅咲き　早咲き　長話し　早死に　古漬け

【問題】他にどんな場合があるでしょうか。次の語を読んでみましょう。

　　　１．青白い　　（　　　　　　）　６．若作り　　（　　　　　　）
　　　２．持ち運ぶ（　　　　　　）　７．山開き　　（　　　　　　）
　　　３．人助け　　（　　　　　　）　８．間近い　　（　　　　　　）
　　　４．名高い　　（　　　　　　）　９．折り返す（　　　　　　）
　　　５．物書き　　（　　　　　　）　10．立ち止まる（　　　　　　）

形声文字（2）

Ⅰ．下線のことばに使われる漢字を ｜ ｜ から選んで○をつけなさい。できる人は自分で書いてみてください。

1. <u>きほんてきな</u>問題はみんなで大いに討論してから決定すべきだ。

｜ 基本的な　期本的な ｜

2. 試験には<u>ごうかくした</u>が、面接では失敗してしまった。

｜ 合各した　合格した ｜

3. 人類の平和は私たちの<u>えいえん</u>の夢^{ゆめ}である。

｜ 永遠　泳遠 ｜

4. パレードの警備^{けいび}のための人員の<u>はいち</u>を完了した。

｜ 配置　配値 ｜

5. 人気女優が15歳年上の医師と<u>せいだいに</u>結婚式をあげた。

｜ 成大に　盛大に ｜

6. 国王は首相を<u>ししゃ</u>として送ることに決めた。

｜ 使者　使煮 ｜

7. この絵は、ピカソの本物か<u>ふくせい</u>か、見分けがつかない。

｜ 復製　複製 ｜

8. <u>みせいねんしゃ</u>を、酒やたばこから守る運動に参加している。

｜ 未成年者　味成年者 ｜

9. 医者の指示にしたがって薬を<u>ぞうりょうした</u>。

｜ 増量した　贈量した ｜

10. 新しいアパートに移ったので、市役所に住民<u>とうろく</u>に行った。

｜ 豆録　登録　頭録 ｜

11. 彼女の希望で、結婚式は仏式ではなく<u>しんしき</u>に変更になった。
　　　　　　　　　　　　　　　　　　　　　　｛申式　伸式　神式｝

12. この絵画は写実主義というより印象派の表現<u>ようしき</u>を多く取り入れた。
　　　　　　　　　　　　　　　　　　　　　　｛洋式　様式　養式｝

13. 応接室の<u>しょうめい</u>が暗かったので新しい電球に変えた。
　　　　　　　　　　　　　　　　　　｛召明　招明　紹明　照明｝

14. 仕事があまりに多忙で不健康な生活が続くと<u>せいしん</u>にも異常をきたす。
　　　　　　　　　　　　　　　　　　｛青神　精神　晴神　清神｝

15. 25年前、彼は老人医療の遅れに気がつき、老人の専門医を<u>しがんした</u>。
　　　　　　　　　　　　　　　｛士願した　仕願した　志願した　誌願した｝

16. あの国では少数民族の分離・独立運動が起き、多くの<u>しぼう</u>者が出た。
　　　　　　　　　　　　　　　　　　｛死亡　死忙　死忘　死望｝

17. 若いころ、あんなに成功して裕福だった人が、晩年こんなに貧乏になる
なんて人生は<u>ひにくな</u>ものだ。
　　　　　　　　　　　　　　　｛疲肉な　彼肉な　皮肉な　被肉な｝

< 答 え >

1. 基本的な問題はみんなで大いに討論してから決定すべきだ。

2. 試験には合格したが、面接では失敗してしまった。

3. 人類の平和は私たちの永遠の夢である。

4. パレードの警備のための人員の配置を完了した。

5. 人気女優が15歳年上の医師と盛大に結婚式をあげた。

6. 国王は首相を使者として送ることに決めた。

7. この絵は、ピカソの本物か複製か、見分けがつかない。

8. 未成年者を、酒やたばこから守る運動に参加している。

9. 医者の指示にしたがって薬を増量した。

10. 新しいアパートに移ったので、市役所に住民登録に行った。

11. 彼女の希望で、結婚式は仏式ではなく神式に変更になった。

12. この絵画は写実主義というより印象派の表現様式を多く取り入れた。

13. 応接室の照明が暗かったので新しい電球に変えた。

14. 仕事があまりに多忙で不健康な生活が続くと精神にも異常をきたす。

15. 25年前、彼は老人医療の遅れに気がつき、老人の専門医を志願した。

16. あの国では少数民族の分離・独立運動が起き、国民は多くの死亡者が出た。

17. 若い時、あんなに成功して裕福だった人が、晩年こんなに貧乏になるなんて
人生は皮肉なものだ。

復2

Ⅱ. 下の語に適当な字を選んで書きいれなさい。

1. 残念なことに書道コンクールには＿＿選した。
   らくせん
   {絡　落}

2. ＿＿式にしたがって、願書に記入する。
   けいしき
   {形　型}

3. あの上司（じょうし）は、＿＿力しない部下ばかりで年中苦労（くろう）している。
   どりょく
   {努　怒}

4. 鈴木常務とお約＿＿があって参りました。
   やくそく
   {束　速}

5. この村では長男は親の仕事をつぐという＿＿習があった。
   かんしゅう
   {貫　慣}

6. 異常気＿＿のため、まだ９月だというのにもう葉が落ちはじめた。
   きしょう
   {象　像}

7. 野鳥を捕らえようと＿＿囲した。
   ほうい
   {包　抱}

8. 納税の期限最終日には、税務署の前に行＿＿ができた。
   ぎょうれつ
   {列　例}

9. いつ土地を買って家を新築できるか予＿＿がつかない。
   よそく
   {則　測　側}

10. 彼は迷（まよ）わず離婚届（とどけ）に＿＿名した。
    しょめい
    {暑　諸　署}

11. 全校生徒が＿＿堂に集まって卒業式が厳（おごそ）かに行われた。
    こうどう
    {構　購　講}

12. 彼は先週手術が終わり、これからは安＿＿にして自宅で療養する。
    あんせい
    {精　静　晴}

13. 収入が安定した＿＿＿業につきたいが、銀行や保険会社はいやだ。
しょくぎょう　　　　　　　　　　　　　　　　　　　　　　｜織　識　職｜

14. 水に強くしかもゴムのように＿＿力のある物質が開発された。
だんりょく　　　　　　　　　　　　　　　　｜単　戦　弾｜

15. 収入が少なくても公務員は＿＿業ができない。
ふくぎょう　　　　　　　　　　　　　　　｜副　福　富｜

16. 秋になるとサケの大＿＿が北海道の川を上ってくる。
たいぐん　　　　　　　　　　　　　　　　　　｜君　群　郡｜

17. 会社の営業が不振なので、研究の存続が可能かどうか＿＿討する。
けんとう
｜険　検　験｜

18. わが家から町まで往＿＿2時間の道のりだ。
おうふく　　　　　　　　　　　　　　　　　　｜副　復　複｜

Ⅲ. 下線の字に注意して（　　）に語の読み方を書きなさい。

1. 独占(どくせん)　：販売店(　　　　　　　)：視点(　　　　　)

2. 医者(　　　　　)：署長(　　　　　)　：諸島(　　　　)
　　　　　　　　　　：残暑(　　　　　)　：著者(　　　　)
　　　　　　　　　　：都庁(　　　　　)　：都合(　　　　)

3. 各人(　　　　　)：昇格(　　　　　)する：旅客機(　　　　　)
　　　　　　　　　　：客席(　　　　　)　：金額(　　　　)

　　　　　　　　　　：落成(　　　　　)する：連絡(　　　　)する
　　　　　　　　　　：省略(　　　　　)する：道路(　　　　)

4. 納豆(　　　　　)：出頭(　　　　　)する：頭痛(　　　　)
　　　　　　　　　　：登場(　　　　　)する：登山(　　　　)
　　　　　　　　　　：短気(　　　　　)な

復2

◀まとめ▶　L 6 ─ L 10

①一つの漢字がそのまま音記号になっているもの

（⇨復習1 p.94③a と合わせて覚えましょう。）

音記号	これまでに習った漢字	未習の漢字（常用漢字内）
永（エイ　）	：泳	詠
貫（カン　）	：慣	
其（キ　）	：基　期	旗　棋
士（シ　）	：仕　志　誌	
召（ショウ）	：召　招　紹　照	昭　沼　詔
	（例外　超チョウ）	
申（シン　）	：神　伸	紳
成（セイ　）	：盛	誠（例外　城　ジョウ）
象（ゾウ　）	：像	
則（ソク　）	：測　側	
奴（ド　）	：努　怒	
忍（ニン　）	：認	
皮（ヒ）	：彼　疲　被	披（例外　波　破　ハ）
包（ホウ）	：抱	胞　飽　砲　泡
亡（ボウ）	：忙　忘　望	
憂（ユウ）	：優	

②漢字の一部が音記号になっているもの　（復習1 p.95③b）

戠（シキ）	：織　識	
（ショク）	：織　職	
开（ケイ）	：形　型	刑
（カイ）	：開	
余（ケン）	：研	
（ケン）	：験　険　検	倹　剣
冓（コウ）	：講　購　構	溝
艮（コン）	：根	恨　墾　懇
（ゲン）	：限	
（ギン）	：銀	
（ガン）	：	眼

192

囪（ソウ）　　　：窓　総

畐（フク）　　　：福　副　　　　幅
　（フ　）　　　：富

复（フク）　　　：復　複　　　　腹（例外　履　リ）

③漢字の読みと音記号としての読み

単独で使われるときの読み方と、音記号として使われるときの読み方が違ったり、音が少し変わったりしているものがあります。（⇨復習１ p.95④）

例１．　以　単独　＝イ　　：以上（いじょう）
　　　　　　音記号＝ジ　　：類似（るいじ）

例２．　君　単独　＝クン　：君主（くんしゅ）
　　　　　　音記号＝グン　：大群（たいぐん）
　　　　　　　　　　　　　　郡部（ぐんぶ）

例３．　軍　単独　＝グン　：海軍（かいぐん）
　　　　　　音記号＝ウン　：運転（うんてん）

例４．　占　単独　＝セン　：独占（どくせん）
　　　　　　音記号＝テン　：代理店（だいりてん）
　　　　　　　　　　　　　　点字（てんじ）

例５．　曽　単独　＝ソウ　：曽祖父（そうそふ）
　　　　　　音記号＝ソウ　　下層（かそう）
　　　　　　　　　＝ゾウ　：増加（ぞうか）
　　　　　　　　　　　　　　贈答（ぞうとう）

例６．　直　単独　＝チョク：直営（ちょくえい）
　　　　　　音記号＝チ　　：位置（いち）
　　　　　　　　　　　　　　価値（かち）

④音記号が表すいろいろな音

同じ音記号を持っていても、いろいろな読み方をする漢字があります。
（⇨復習１ p.96⑤）

例１．　各　　カク　　　　各：各地（かくち）　各国（かっこく）
　　　　　　　　　　　　　格：格式（かくしき）　　客：旅客（りょかく）
　　　　　　　ガク　　　　額：税額（ぜいがく）　　＊「りょきゃく」とも読む。
　　　　　　　キャク　　　客：来客（らいきゃく）
　　　　　　　ラク　　　　落：段落（だんらく）　　絡：短絡（たんらく）

復2

193

		リャク	略：計略（けいりゃく）
		ロ	路：線路（せんろ）
例2.	者	シャ	者：役者（やくしゃ）
			煮：煮沸（しゃふつ）
		ショ	暑：暑気（しょき）
			諸：諸君（しょくん）
			署：署名（しょめい）
		チョ	著：著名（ちょめい）
		ツ	都：都度（つど）
		ト	都：都市（とし）
例3.	尺	シャク	尺：尺度（しゃくど）
		ヤク	訳：和訳（わやく）
		エキ	駅：駅弁（えきべん）
例4.	矛	ム	矛：矛盾（むじゅん）
			務：総務課（そうむか）
		ジュウ	柔：柔道（じゅうどう）
		ニュウ	柔：柔和（にゅうわ）
例5.	垂	スイ	垂：垂直（すいちょく）
			睡：睡眠薬（すいみんやく）
		ユウ	郵：郵便物（ゆうびんぶつ）
例6.	束	ソク	束：約束（やくそく）
			速：速報（そくほう）
		ライ	頼：依頼（いらい）
例7.	単	タン	単：単純（たんじゅん）
		ダン	弾：弾圧（だんあつ）
		セン	戦：戦死（せんし）
例8.	豆	トウ・ズ	豆：豆腐（とうふ）　大豆（だいず）
		トウ	登：登場（とうじょう）
			頭：先頭（せんとう）
		ト	登：登山（とざん）
		ズ	頭：頭痛（ずつう）
		タン	短：短縮（たんしゅく）

例9.　未　　ミ　　　　未：未来（<u>み</u>らい）

　　　　　　　　　　　味：味方（<u>み</u>かた）

　　　　　マイ　　　妹：姉妹（し<u>まい</u>）

例10.　予　　ヨ　　　　予：予防（<u>よ</u>ぼう）

　　　　　ジョ　　　序：序論（<u>じょ</u>ろん）

　　　　　ヤ　　　　野：平野（へい<u>や</u>）

例11.　列　　レツ　　　列：行列（ぎょう<u>れつ</u>）　列車（<u>れっ</u>しゃ）

　　　　　レイ　　　例：具体例（ぐたい<u>れい</u>）

例12.　青　　セイ・ショウ　青：青春（<u>せい</u>しゅん）　緑青（ろく<u>しょう</u>）

　　　　　セイ　　　静：動静（どう<u>せい</u>）

　　　　　　　　　　晴：快晴（かい<u>せい</u>）

　　　　　　　　　　精：精米（<u>せい</u>まい）

　　　　　ジョウ　　静：静脈（<u>じょう</u>みゃく）

　　　　　　　　　　情：情報（<u>じょう</u>ほう）

例13.　成　　セイ・ジョウ　成：成年（<u>せい</u>ねん）　　成仏（<u>じょう</u>ぶつ）

　　　　　セイ・ジョウ　盛：全盛期（ぜん<u>せい</u>き）　繁盛（はん<u>じょう</u>）

例14.　亡　　ボウ・モウ　亡：亡父（<u>ぼう</u>ふ）　　　亡者（<u>もう</u>じゃ）

　　　　　ボウ　　　忙：多忙（た<u>ぼう</u>）

　　　　　　　　　　忘：備忘録（び<u>ぼう</u>ろく）

　　　　　ボウ・モウ　望：願望（がん<u>ぼう</u>）　　所望（しょ<u>もう</u>）

例15.　容　　ヨウ　　　容：内容（ない<u>よう</u>）

復習2の学習漢字

復	豆	伸	召	招	紹	亡	被	束	包	
p.251	p.330	p.245	p.307	p.252	p.268	p.290	p.265	p.314	p.324	
則	側	購	構	副	君	郡	検	列	容	**20**
p.276	p.247	p.272	p.260	p.277	p.308	p.281	p.260	p.276	p.296	

復2

I.（　）に適当な漢字を選んで入れてみましょう。ヒントとして、後ろの［　］に
その語の音読みがあります。

> 厚　硬　更　交　校　効　郊　講　購　構　工
> 功　紅　康

A 1．相手側の一方的な主張に対して彼は態度を（　化）させた。
〔たいど〕
　　　　　　　　　　　　　　　　　　　　　　　　　　　　　［コウカ］

　2．この薬は（　果）はあるが、副作用も強いので服用は中止した。
　　　　　　　　　　　　　　　　　　　　　　　　　　　　　［コウカ］

　3．一度非行に走った少年を（　生）させるには、周囲の人々の理解が
大切だ。　　　　　　　　　　　　　　　　　　　　　　　　［コウセイ］

　4．二つの異なった民族がこの国家を（　成）しているので、問題が多
い。　　　　　　　　　　　　　　　　　　　　　　　　　　［コウセイ］

　5．彼女は（　生）年金を受ける資格がある。　　　　　　　［コウセイ］

> 成　盛　城　青　晴　静　情　精　清　制　製
> 生　性　正　政　整

B 1．企画は良かったが、販売の方は今一つ（　果）が上がらない。
　　　　　　　　　　　　　　　　　　　　　　　　　　　　　［セイカ］

　2．銀行家の養子となった少年は、今や（　紙）工場の経営者だ。
　　　　　　　　　　　　　　　　　　　　　　　　　　　　　［セイシ］

　3．社会の暴力を（　止）するには、警察だけでなく市民の協力も必要
だ。　　　　　　　　　　　　　　　　　　　　　　　〔けいさつ〕［セイシ］

　4．北欧の自然をとった写真を（　理）して、展示会に出した。
　　　　　　　　　　　　　　　　　　　　　　　　　　　　　［セイリ］

　5．ぐるぐる体を回転させてから急に（　止）するとふらふらする。
　　　　　　　　　　　　　　　　　　　　　　　　　　　　　［セイシ］

乏 暴 亡 忙 忘 望 防 方 放 訪 房
報 法 豊 包 抱

C1．金に困った男が家に保険をかけてから(　火)し、捕まった。
[ホウカ]

2．あの建物は有名な建築家の設計によるものだが、古くて(　火)設備が十分でない。
[ボウカ]

3．今年は天候にめぐまれて、米の出来がよく、(　年)満作だ。
[ホウネン]

4．政治に不正が多く、政情が不安になり、ついに先月(　動)が起きた。
[ボウドウ]

5．実際には起こらなかった事をさも起こったように(　道)するのは、記者としての良識が足りない。
[ホウドウ]

6．国王は、革命軍に(　囲)され、国外脱出を断念した。　[ホウイ]

Ⅱ．下の［　　］から適当な語を選んで（　　）に書き入れなさい。

1．彼は独特な（　　　）を持っている。　　　　　　　　（視点　示点）

2．病人を24時間（　　　）するのは、激務だ。　　　　　（介抱　介包）

3．ニュートンは引力の（　　　）を発見した。　　　　　（法測　法則）

4．彼の祖父は戦前に（　　　）業を始め、大成功した。　（海軍　海運）

5．犬にかまれて足に犬の（　　　）がついた。　　　　　（歯形　歯型）

6．本物（　　　）が流行し、自然の物が好まれている。　（志向　仕向）

復2

Ⅲ．次の語を下線の形声文字に注意して読んでみましょう。

1．召集(　　　　)する　：招待(　　　　)する　：紹介(　　　　)する
　　　　　　　　　　　　：参照(　　　　)する　：超過(　　　　)する

2．直線(　　　)　　　　：正直(　　　)な　　　：数値(　　　)
　　　　　　　　　　　　：放置(　　　)する

3．解説(　　　　)する　：遊説(　　　　)する　：税金(　　　)
　　　　　　　　　　　　：脱税(　　　　)する

4．刑務所(　　　)　　　：正方形(　　　　)　　：形相(　　　　)
　　　　　　　　　　　　：体型(　　　　)　　　：開業医(　　　　)
　　　　　　　　　　　　：研修(　　　　)する

5．銀貨(　　　)　　　　：根性(　　　)　　　　：限界(　　　)

6．予感(　　　)　　　　：野生(　　　)　　　　：序言(　　　)

7．矛盾(　　　)　　　　：総務課(　　　　)　　：柔軟(　　　　)な
　　　　　　　　　　　　：柔和(　　　　)な

8．単位(　　　)　　　　：戦略(　　　)　　　　：実弾(　　　)

9．行列(　　　)　　　　：例外(　　　)

Ⅳ．次の文が読めますか。音記号から読み方を考えてみましょう。

1．人事院の勧告を受ける。

2．細胞の組織を培養する。

3．深い感慨を覚える。

4．2本の線が垂直に交わっている。

5．どんなことにも誠意をもって真剣に取り組む。

6．その紳士に服の支払いを請求した。

7．妊娠している女性が腹痛をうったえた。

形声文字のグループの漢字について下のように辞書を引いて、読みと意味、そして
あなたに役に立つ語彙を調べて、ノートにまとめてみましょう。

文字	読み方	語 彙 ・ 意 味
構	かま-う かま-える コウ	構える（to set up, to pose）V　一家を構える 構造（structure）N　文の構造　社会の構造 機構（organization）N　経済機構　国際機構 構築する（to build, to devise）VN　理論を構築する
講		
購		

復2

199

Ⅰ. 次の下線のことばの読みを書いてみましょう。

1. 父が 死ぬ まで 愛用 していた古い 外国製 の時計は、つい最近まで チクタクと実に 正確 に 時 を 刻ん で いたが、ある日気がつく と 止まっていた。近くの 専門店 に 分解 修理 に出したら、 予算 の 二倍 もかかってしまったが、新品 同様 に 直った。

2. 神 や 仏 じゃあるまいし、不断 の 努力 で何でも 達成 できると 思うなんて、考えが 甘すぎる。

3. この4月で5年の 海外 勤務 期限 が 終了 して、いよいよ本社に 管理職 として 転勤 する。帰国を前に 研修 で留学したなつかし い 東欧 諸国 を 再訪 したい。

4. どんなに頭のいい人でも、どんなに美しい人でも、健康 と 富 と 成功 と 幸福 な 結婚 をすべて手に入れるなんて 不可能 だ。

5. 今度の 発展 途上国 への 農業 機械 の 売り込み 企画 は、 昇進 に 関係 するので「ぜひ 参加 したい」という 希望 を出した。

6. 予測 のつかない現代社会の 危険 から身を 守る ために、普段 か らの 修練 が大切だと 柔道 と合気道を習っていた 友達 が 原因 不明 の病気で 急死 した。

7. 相手チームの 反撃 で、観 客 のだれも 予 想 しなかった 展 開 に なり、試合は13回まで 延 長 された。

8. 19 世 紀 後半に始まった産業 革 命 によって、西 欧 社会の 構 造 が 根 底 からくつがえされ、人々の 価 値 観 も前とはかなり 異 な った ものとなった。

9. あの若い野心的な 建 築 家 は、保 守 的 な 慣 例 を 無 視 して、 革 新 的 なアイデアで、この 木 造 の 教 会 堂 を 設 計 した。

10. 仕事に 失 敗 し、人生に 失 望 し、酒に走った男は、不 健 康 な生 活から体調をくずし、いつか 精 神 にも 異 常 をきたしたらしく家族 に 乱 暴 を働くようになった。

11. あの 著 名 な 女 優 は、25年前にアンネ・フランク 役 を 演 じて 世 に 認 められた。しかし 不 幸 なことに、それ以来今に至るま で 薄 幸 な少女という 初 演 の 印 象 から 脱 皮 できていない。今 年は母親役に 挑 戦 するとテレビで 抱 負 を語っていた。もう47歳だ。

復2

各課のクイズ

各課の勉強が終わったら、クイズをやってみましょう。クイズには解答がついていませんが、基本的な問題ですから、自分で各課の要点を見直して答えを確かめてください。先生や友だちに確かめてもらってもよいでしょう。

＜第1課　クイズ＞

国＿＿＿＿＿＿＿＿　氏名＿＿＿＿＿＿＿＿＿＿＿＿

Ⅰ．次の下線のことばの読み方をひらがなで書きなさい。(10)

1．来月首相は欧州へ旅行する予定だ。

2．郵便局は、郵政省の下に置かれている。

3．県庁の広報係に聞いてください。

4．この厚い本を読むと、日米の経済関係の問題がよくわかる。

5．その国王は、子どものとき、独りで遊ぶのが好きだったという。

Ⅱ．次のグループに入る漢字を書きなさい。(10)

1．（　　　　）しい人々が川の（　　　　）いところで魚をとっている。
　　　　まず　　　　　　　　あさ

2．タイは（　　　）教　国である。
　　　　　ぶっ　きょうこく

3．この（　　　）（　　　）史の本は（　　　）くて読みやすい。
　　　　　せ　　かい　　　　　　うす

4．この国は、1965年に（　　　）（　　　）した。
　　　　　　　　　　　どく　　　りつ

5．人前で話すと、（　　　　）くなってしまう。
　　　　　　　かた

6．きのうは（　　　　）が痛くて、寝られなかった。
　　　　　くび

Ⅲ．次の漢字の中から1つだけ仲間でないものを選び、×をつけなさい。(5×2＝10)

例．｛ 花・荷・課・家 ｝　　音読みが「カ」の仲間

1．｛ 西・北・米・印・英 ｝

2．｛ 濃・深・強・弱・軟 ｝

3．｛ 省・道・都・府・県 ｝

4．｛ 経・絵・軽・計・係 ｝

5．｛ 庁・町・野・停・訂 ｝

＜第２課　クイズ＞

国＿＿＿＿＿＿＿氏名＿＿＿＿＿＿＿＿＿＿

Ⅰ．次の下線のことばの読み方をひらがなで書きなさい。（10）

1．輸出の拡大について、政府は企業(きぎょう)から圧力を受けている。

2．戦争の後、大量生産がようやく可能になった。

3．オリンピックは勝つことではなく、参加することに意義(いぎ)がある。

4．オゾン層をまもるために、フロンガスの使用を縮小しなければならない。

Ⅱ．次の（　　）に適当な漢字を書きなさい。（10×2＝20）

1．上（　　）する　　　⟷　下（　　）する
　　じょう　しょう　　　　　　か　こう

2．国内問題　　　　　⟷　国（　　）問題
　　　　　　　　　　　　　　こく　さい

3．（　　）入　　　　　⟷　（　　）出
　　しゅう　にゅう　　　　　　し　しゅつ

4．開始する　　　　　⟷　終（　　）する
　　　　　　　　　　　　　　しゅう　りょう

5．成（　　）する　　　⟷　失（　　）する
　　せい　こう　　　　　　　しっ　ぱい

6．単（　　）な　　　　⟷　（　　）雑な
　　たん　じゅん　　　　　　ふく　ざつ

204

＜第3課　クイズ＞

国＿＿＿＿＿＿＿＿＿　氏名＿＿＿＿＿＿＿＿＿＿＿＿＿＿＿＿

Ⅰ．次の下線のことばの読み方をひらがなで書きなさい。(8)

1．教科書にある間違いを<u>訂正</u>した。

2．このグループは反政府活動を<u>支援</u>している。

3．雨で試合が一時間<u>中断</u>したため、予定を<u>変更</u>しなければならなかった。

4．彼は55歳で定年<u>退職</u>して、いま次の仕事のための<u>研修</u>を受けている。

5．テレビ<u>出演</u>中にけがをして、テレビ局から<u>治療</u>費をもらった。

Ⅱ．次の（　　　）に漢字を書きなさい。(6×2=12)

1．バス（　　　　）で友だちに会った。

2．規則（き そく）が（　てい　）正された。

3．レポートの期限（き げん）を来週に（　かい せい　）ばしてくれませんか。

4．あの学校ではエンジニアを（　の　）成している。

5．あれは自動車を（　よう　せい　）造している工場だ。

6．電話をかけても、（　せい　ぞう　）答がない。
　　　　　　　　　　おう　とう

Ⅲ．次の｜　　｜の中から適当な語を選びなさい。(5×2=10)

1．この仕事は大変だが、みんなで＿＿＿＿＿＿すれば、すぐに終わる。
　　　　　　｜分配　　分類　　分担　　分割｜

2．エレベータに閉（と）じ込められた人を＿＿＿＿＿＿しなければならない。
　　　　　　｜援助　　救出　　救助　　救援｜

3．こわれた機械（き かい）を＿＿＿＿＿＿して、＿＿＿＿＿＿する。
　　　　　　｜分断　分類　分割　分解｜｜治療　診療　修正　修理｜

4．新しいドラマを＿＿＿＿＿＿する予定だ。
　　　　　　｜制作　作成　創作　創造｜

＜第４課　クイズ＞

国＿＿＿＿＿＿＿氏名＿＿＿＿＿＿＿＿＿＿＿

Ⅰ．次の下線のことばの読み方をひらがなで書きなさい。（5×2＝10）

　1．漢字は線の一本一本まで正確に書かなければなりません。

　2．物事をあまり深刻に考えないほうがいいですよ。

　3．人間の自由と平等は、保証 されなければならない。

　4．雨がますます激しくなってきた。

　5．彼は確かに事実を知っている。

Ⅱ．次の（　　　）に適当な漢字を書きなさい。（5×2＝10）

　1．人間は、（　けん　）（　こう　）が一番大切だ。

　2．この国は、天然資源が（　ほう　）（　ふ　）にある。

　3．夏を（　かい　）適に過ごすためにクーラーを買った。
　　　　　　　　　　てき

Ⅲ．（　　）に適当な漢語を下から選んで入れなさい。（5×2＝10）

　1．（　　　　　）な理由がなければ、欠席できません。

　2．ここは（　　　　　）ですから、すぐ外へ出てください。

　3．検査の結果、どこにも（　　　　　）はありませんでした。

　4．国際人はどんな時も（　　　　　）な考え方ができる必要がある。

　5．両親は（　　　　　）ではなかったが、子どもには何でも買ってくれた。

薄弱	軟弱	貧弱	柔軟	危機	危険	保険	険悪
正常	正確	正当	正式	不常	無常	非常	異常
多幸	幸運	幸福	裕福				

＜第5課　クイズ＞

国＿＿＿＿＿＿＿＿＿　氏名＿＿＿＿＿＿＿＿＿＿＿＿＿

Ⅰ．次の下線のことばの読み方をひらがなで書きなさい。(5×2＝10)

1．自動車保険に加入しなければならない。

2．この国は天然資源が豊富にある。
　　　　　　　　し　げん

3．机の上を整理してください。
　　つくえ

4．普通電車に乗って、ゆっくり旅行を楽しむ。

5．これは、この物質に固有の性質である。

Ⅱ．(　　　　)に適当な漢字を書きなさい。(5×2＝10)

1．父は 消(　　　)(　　　　)に勤めている。
　　　　　　　　しょう　　ぼう　　　しょ　　　　つと

2．東京の(　　　　)外に家を買った。
　　　　　　こう　　がい

3．この写真からいろいろなことが(　　　)(　　　)できる。
　　　　　　　　　　　　　　　　そう　　ぞう

Ⅲ．正しい漢字を選びなさい。(10)

1．大使館で政府の 高{a. 官　b. 管　c. 菅} に会った。

2．テレビで 野{a. 求　b. 球　c. 救} の試合を見るのが好きだ。

3．この店は来月でちょうど 一{a. 終　b. 週　c. 周}年になる。

4．みんなの {a. 共　b. 強　c. 協}力 がなければ、完成できなかった。

5．海{a. 低　b. 底　c. 抵}油田が発見された。

6．こわれた 機{a. 械　b. 解　c. 改} を修理した。

7．アパートの {a. 官　b. 管　c. 菅}理人にかぎをもらう。

8．試合に負けて、本当に 残{a. 然　b. 念　c. 年} だ。

9．イタリックの文字は、強{a. 張　b. 長　c. 調} する時に使う。

10．本の貸し出し 期{a. 元　b. 限　c. 現} は、来週の土曜までだ。

<第6課　クイズ>

国＿＿＿＿＿＿＿＿＿氏名＿＿＿＿＿＿＿＿＿＿＿＿＿

Ⅰ．次の下線のことばの読み方をひらがなで書きなさい。（10）

1．この国は進学率が高く、総人口の10％以上が大学に進む。

2．デパートの食堂は、この時間には満員だろう。

3．最新型のカメラの横に、旧式のカメラがならんでいる。

4．政治や軍事関係の諸問題を話し合う。

5．特急券の金額を教えてください。

Ⅱ．（　　　　）に適当な漢字を書きなさい。（5×2＝10）

1．（　　　　）国の代表（　　　　）が入場した。
　　　　かっ　こく　だいひょう　だん

2．まどから新宿の（　　　　）高層ビルが見える。
　　　　　　　　　ちょう　こうそう

3．（　　　　）開の土地で、技（　　　　）として働くことになった。
　　　　み　かい　　　　　　　　ぎ　し

Ⅲ．正しい漢字を選びなさい。（5×2＝10）

1．この国に {a. 再　b. 最　c. 急} 入国する時は、ビザが必要だ。
2．新幹線の運転 {a. 家　b. 士　c. 者} になりたい。
　　しんかんせん
3．首相の席を強硬 {a. 派　b. 軍　c. 群} の議員が取り囲んだ。
4．経済成長 {a. 率　b. 値　c. 額} が下降している。
5．その鳥は、熱 {a. 界　b. 層　c. 帯} のジャングルに住んでいる。

＜第7課　クイズ＞

国＿＿＿＿＿＿＿＿　氏名＿＿＿＿＿＿＿＿＿＿＿＿＿

Ⅰ．次の下線のことばの読み方をひらがなで書きなさい。（5×2＝10）

1．高価な家具だから、乱暴に動かしてはいけない。

2．郵便を出す前に、送り先の住所を確認する。

3．健康のためには、十分な睡眠をとることが大切だ。

4．コピーの倍率を86％にして、縮小する。

5．医師の指示にしたがって養生する。

Ⅱ．（　　　）に適当な漢字を書きなさい。（5×2＝10）

1．秋になると、いろいろな木の実が（　　　）す。
　　　　　　　　　　　　　　　　　　じゅく

2．祖国を（　　　）する気持ちを歌にした。
　　そこく　　　　あい

3．研修期間中は、無断外泊を（　　　）じる。
　　　　　　　　　　　　　　　きん

4．先生のお名前は、よく（　　　）じ------ております。
　　　　　　　　　　　　　ぞん

5．山下氏を外務大臣に（　　　）じる。
　　し　　　　だいじん　　にん

Ⅲ．適当なものを選びなさい。（10）

1．大雪のため、スリップ事故が ｛a．多発　b．併発　c．乱発｝している。

2．東京の郊外に家を ｛a．再建　b．新築　c．併設｝する。

3．団体旅行では、時間を ｛a．厳禁　b．厳守　c．厳重｝すること。

4．宗教の異なる民族が ｛a．共生　b．共立　c．共存｝する。
　　しゅうきょう

5．睡眠薬を ｛a．試用　b．常用　c．重用｝すると危険だ。

6．前回に引続き、田中氏が会長に ｛a．改選　b．厳選　c．再選｝された。

7．ニューヨーク市場で株価が ｛a．暴落　b．急降　c．激変｝した。
　　　　　　　　　　かぶか

8．家を増築するための費用を ｛a．外観　b．概算　c．概要｝してもらった。

9．父は昨夜、入院先で ｛a．永遠　b．永生　c．永眠｝した。

10．選手はクラブの ｛a．愛用　b．共用　c．専用｝コートで練習している。

<第8課　クイズ>

Ⅰ．次の下線のことばの読み方をひらがなで書きなさい。(10)

1．川の水で子どもの汚れた手足を洗った。

2．コンピュータ占いに若い女性の人気が集まっている。

3．その男性は大きな花束(はなたば)を両手に抱えていた。

4．地球に優しい商品の開発が盛んに行われている。

5．現代人の食生活は、カルシウムが著しく不足している。

6．彼は、頼まれると断れない性格だ。

7．父の大切な絵をやぶって、怒られた。

8．高速道路でスピード違反で捕まった。

Ⅱ．(　　　) に適当な漢字を書きなさい。(5×2＝10)

1．彼は実力はあるが、(　　　)神的な弱さがある。
　　　　　　　　　　　せい　しんてき

2．列車(れっしゃ)の事故でおおぜいの死(　　　)者が出た。
　　　　　　　　　　　　　　　　　　し　しょう　しゃ

3．運転免許(めんきょ)の取得は、18(　　　)から認められている。
　　　　　　　　　　　　　　　　　さい

4．国連で働きたいという(　　　)望がかなった。
　　　　　　　　　　　　　　　　　き　ぼう

5．今回のアンケート調査(ちょうさ)の対(　　　)は、20代の女性である。
　　　　　　　　　　　　　　　　たい　しょう

Ⅲ．下線の漢字が [　　] と同じ読み方の語を選びなさい。(5×2＝10)

1．[エキ]　a．役員　b．使役　c．主役

2．[ジン]　a．神社　b．神父　c．神様

3．[リキ]　a．暴力　b．実力　c．力学

4．[コ]　a．過去　b．死去　c．退去

5．[ソ]　a．素顔　b．素直　c．簡素

＜第9課　クイズ＞

国＿＿＿＿＿＿＿＿＿　氏名＿＿＿＿＿＿＿＿＿＿＿＿

Ⅰ．次の下線のことばの読み方をひらがなで書きなさい。(10)

1. 鼻がかゆかったが、くしゃみをしないように努力した。

2. 肉を柔らかく煮るために、ハーブの葉を使う。

3. 基地を去るとき、彼女が手を振っていたのが忘れられない。

4. うぐいすに似た鳥が木の上で鳴いている。

5. 手織りのネクタイを5ダース、デパートに納めた。

Ⅱ．(　　　　)に適当な漢字を書きなさい。(5×2＝10)

1. 父はコンピュータの会社に(　　　　)(　　　　)している。
　　　　　　　　　　　　　　　　きん　　　む

2. このタンスは服がたくさん 収(　　　　)できる。
　　　　　　　　　　　　　　しゅう　　のう

3. この店は、ハンドバッグやベルトなどの(　　　)(　　　)製品を
   あつかっている。　　　　　　　　　　　　ひ　　　　かく

Ⅲ．正しいものを選びなさい。(10)

1. ピストルを ｛a. 打つ　b. 撃つ｝ 音が聞こえた。

2. 母の日の ｛a. 送り物　b. 贈り物｝ を買った。

3. 妹はピアノを ｛a. 引く　b. 弾く｝ のが上手だ。

4. 外を見たら、雪が ｛a. 降って　b. 振って｝ いた。

5. 米の中に石が ｛a. 混じって　b. 交じって｝ いる。

6. 夏休みに富士山に ｛a. 上った　b. 昇った　c. 登った｝。

7. 上野でJR線に乗り ｛a. 替えた　b. 代えた　c. 換えた｝。

8. 長さを ｛a. 量ったら　b. 測ったら　c. 図ったら｝、1メートルあった。

9. その会社の ｛a. 本　b. 元　c. 基｝ 社長がなくなった。

10. あの人は学会の会長を ｛a. 努めた　b. 務めた　c. 勤めた｝ことがある。

＜第10課　クイズ＞

国＿＿＿＿＿＿＿＿＿　氏名＿＿＿＿＿＿＿＿＿＿＿＿＿

Ⅰ．次の下線のことばの読み方をひらがなで書きなさい。(10)

1．略式のあいさつだけで、申し訳ありません。

2．あの照明器具は、値段のわりによく見える。

3．根本的な問題を解決しなければ、この町の発展はない。

4．事故の原因について討議した結果を報告する。

5．基礎的なことから学び始めたが、ずいぶん上達した。

Ⅱ．(　　　　)に適当な漢字を書きなさい。(5×2＝10)

1．月に1回勉強会を開くのが(　　　　)(　　　　)になっている。
　　　　　　　　　　　　　　　　かん　　　れい

2．本を(　　　　)(　　　　)正しく並べた。
　　　　じゅん　　じょ

3．知(　　　　)を増やすために本をたくさん読む。
　　　ち　　しき

Ⅲ．最も適当なものを選びなさい。(10)

1．彼は {a. 意思　b. 意志　c. 意見} が強い。

2．木村先生の {a. 講演　b. 講義　c. 演説} は休講になった。

3．新しい商品が {a. 企画　b. 計算　c.計略} されている。

4．ついに目標を {a. 成功　b. 達成　c. 到達} した。

5．彼女の日本語はどんどん {a. 進歩　b. 発達　c. 発展} した。

6．この説明は、{a. 根本的　b. 対照的　c. 比較的} わかりやすい。

7．政治改革をテーマに {a. 議論会　b. 討論会　c. 論理会} が開かれた。

8．宿題を忘れたことについて {a. 弁解　b. 申し訳　c. 理由} する。

9．米の品種を {a. 改革　b. 改良　c. 改正} して、おいしくする。

10．私は毎朝2キロ歩く {a. 慣習　b. 習性　c. 習慣} がある。

＜ 解 答 ＞

第１課─────────────────────────────

■ 基本練習 ■

Ⅰ. 1. 部首が「氵」(さんずい) ：j濃，q減
2. 音読みが「コウ」 ：m高，v硬
3. ①イ形容詞 ：f苦しい／苦い，j濃い，m高い，
p難しい，u軟らかい，v硬い
　　②送りがなが「-い」の形容詞 ：f苦(にが)い，j濃い，m高い，v硬い
4. 字の中に「田」がある ：n界
5. 官公庁の組織 ：b省，k係
6. 音読みが「シュウ」 ：c州，t習
7. 字の中に「王」がある ：w王，x全
8. 部首が「欠」 ：o欠，u軟
9. 国名 ：e独，r印
10. ①イ形容詞 ：3.①と同じ
　　②送りがなが「-しい」の形容詞：f苦しい，p難しい
11. ①動詞 ：b省く，g通る/通す/通う，i教える，o欠
く，q減る/減らす，s乗る/乗せる，t習う
　　②助詞「を」をとる動詞 ：b省く，f苦しめる，g通す，i教える，
m高める，o欠く，q減らす，s乗せる，t習う
　　③送りがなが「-る」の動詞 ：g通る，q減る，s乗る
12. 体の部分 ：d首，y目

Ⅱ. 1. 赤(あか)い 青(あお)い，黒(くろ)い，白(しろ)い，など
2. 兄(あに) 姉(あね)，妹(いもうと)，弟(おとうと)，など
3. 東(ひがし) 西(にし)，南(みなみ)，北(きた)，中央(ちゅうおう)
4. 指(ゆび) 足(あし)，手(て)，頭(あたま)，首(くび)，など
5. 後(うし)ろ 前(まえ)，右(みぎ)，左(ひだり)，横(よこ)，など
6. 春(はる) 夏(なつ)，秋(あき)，冬(ふゆ)
7. 朝(あさ) 昼(ひる)，夜(よる)，夕方(ゆうがた)，夜中(よなか)
8. 暑(あつ)い 寒(さむ)い，涼(すず)しい，暖(あたた)かい
9. 仏(ふつ) 独(どく)，中(ちゅう)，印(いん)，英(えい)，西(せい)，加(か)，
伊(い)，など
10. 厚(あつ)い 薄(うす)い，大(おお)きい，小(ちい)さい，重(おも)い，高(た
か)い，など
11. 文部科学省(もんぶかがくしょう) 環境(かんきょう)省，厚生労働(こうせいろ
うどう)省，財務(ざいむ)省，法務(ほうむ)省，外務(がいむ)省，
など⇨P.27

12. 医者(いしゃ) 学者(がくしゃ)，新聞記者(しんぶんきしゃ)，小説家（しょうせつか)／作家(さっか)，政治家(せいじか)，音楽家(おんがくか)，画家(がか)，歌手(かしゅ)，運転手(うんてんしゅ)，スポーツ選手(せんしゅ)，会社員(かいしゃいん)，銀行員(ぎんこういん)，教師 (きょうし)，看護婦(かんごふ)，など

13. 農業(のうぎょう) 工業(こうぎょう)，商業(しょうぎょう)，漁業(ぎょぎょう)，林業(りんぎょう)，など

14. 交通費(こうつうひ) 食(しょく)費，教育(きょういく)費，住居（じゅうきょ)費，交際(こうさい)費，光熱(こうねつ)費，衣料(いりょう)費，など

15. 映画館(えいがかん) 図書館(としょかん)，美術館(びじゅつかん)，水族館(すいぞくかん)，食堂(しょくどう)，喫茶店(きっさてん)，教室(きょうしつ)，など

16. 首(くび) 頭(あたま)，手(て)，足(あし)，指(ゆび)，歯(は)，目(め)，耳(みみ)，腹(はら)，胃(い)，腰(こし)，など⇨P.74

■ 応用練習 ■

Ⅰ. 1. a 会議，b 仕事，e 勉強，f 電話：継続的(けいぞくてき)な動作(どうさ)(continuous action)を表す VN
2. c 西，d 仏，e 独，f 英：国や言語を表す
3. b 曲がって，c 通って，d 渡って，e 歩いて：通過点(つうかてん)の「を」をとる動詞
4. a 熱すぎて，b 濃すぎて，d 薄すぎて：お茶の性質(せいしつ)に使える形容詞(けいようし)
5. b 頭，d 体，e 首，f 歯：「～が痛い」と言える体の部分
6. c 教育，e 経済，f 歴史：大学で勉強する科目(かもく)(subjects)
7. a 放送局，c 新聞社，d 外務省，e 防衛庁：仕事をする場所
8. a 読書，d 料理，e 旅行，f 運動：趣味(しゅみ)(hobby)になること
9. a 山口県，b 北海道，d 京都府，e テキサス州：地名および地方名
10. c 首相，d 大統領，e 元首，f 国王：国の上に立つ人（＊「国長」「国首」ということばはない。)

Ⅱ. 1. ① 省(しょう) 2. ② 府(ふ)，③ 府(ふ)
3. ④ 世(せい)，⑤ 王(おう)，⑥ 世(せい)，⑦ 王(おう)
4. ⑧ ～ ⑮ 県(けん) 5. ⑯ 庁(ちょう)
6. ⑰ 界(かい)，⑱ 界(かい) 7. ⑲ 局(きょく)，⑳ 庁(ちょう)
8. ㉑ 欧(おう) 9. ㉒ 薄(うす)くて，㉓ 濃(こ)く ＊㉒，㉓は反対でもよい。
10. ㉔ 世(せ)，㉕ 界(かい)，㉖ 貧(まず)しい ＊㉔，㉕は「日」「本」でもよい。
11. ㉗ 浅(あさ)い，㉘ 硬(かた)く／赤(あか)く
12. ㉙～㊳ 省(しょう)，㊴～㊸ 庁(ちょう)，㊹ 省(しょう)

第2課

■ 基本練習 ■

I. 1. 不便（ふべん）　　　ＮＡ ⟷ 便利（べんり）　　　ＮＡ
   2. 最高（さいこう）　　　Ｎ ⟷ 最低（さいてい）　　　Ｎ
   3. 出発（しゅっぱつ）　　ＶＮ ⟷ 到着（とうちゃく）　　ＶＮ
   4. 有料（ゆうりょう）　　Ｎ ⟷ 無料（むりょう）　　　Ｎ
   5. 戦前（せんぜん）　　　Ｎ ⟷ 戦後（せんご）　　　　Ｎ
   6. 短所（たんしょ）　　　Ｎ ⟷ 長所（ちょうしょ）　　Ｎ
   7. 増加（ぞうか）　　　　ＶＮ ⟷ 減少（げんしょう）　　ＶＮ
   8. 女性（じょせい）　　　Ｎ ⟷ 男性（だんせい）　　　Ｎ
   9. 国際（こくさい）　　　Ｎ ⟷ 国内（こくない）　　　Ｎ
   10. 退院（たいいん）　　　ＶＮ ⟷ 入院（にゅういん）　　ＶＮ
   11. 親切（しんせつ）　　　ＮＡ ⟷ 不親切（ふしんせつ）ＮＡ
   12. 低温（ていおん）　　　Ｎ ⟷ 高温（こうおん）　　　Ｎ
   13. 出国（しゅっこく）　　ＶＮ ⟷ 入国（にゅうこく）　　ＶＮ
   14. 長期（ちょうき）　　　Ｎ ⟷ 短期（たんき）　　　　Ｎ

II. 1. 可能（かのう）　　　　ＮＡ ⟷ 不可能（ふかのう）　　ＮＡ
   2. 高気圧（こうきあつ）Ｎ ⟷ 低気圧（ていきあつ）Ｎ
   3. 有効（ゆうこう）　　　ＮＡ ⟷ 無効（むこう）　　　　ＮＡ
   4. 多量（たりょう）　　　Ｎ ⟷ 少量（しょうりょう）Ｎ
   5. 収入（しゅうにゅう）Ｎ ⟷ 支出（ししゅつ）　　　Ｎ
   6. 終了（しゅうりょう）ＶＮ ⟷ 開始（かいし）　　　　ＶＮ
   7. 参加（さんか）　　　　ＶＮ ⟷ 不参加（ふさんか）　　ＶＮ
   8. 無能（むのう）　　　　ＮＡ ⟷ 有能（ゆうのう）　　　ＮＡ
   9. 失敗（しっぱい）　　　ＶＮ ⟷ 成功（せいこう）　　　ＶＮ
   10. 簡単（かんたん）　　　ＮＡ ⟷ 複雑（ふくざつ），　難解（なんかい）ＮＡ
   11. 外部（がいぶ）　　　　Ｎ ⟷ 内部（ないぶ）　　　　Ｎ
   12. 縮小（しゅくしょう）ＶＮ ⟷ 拡大（かくだい）　　　ＶＮ
   13. 敗北（はいぼく）　　　ＶＮ ⟷ 勝利（しょうり）　　　ＶＮ
   14. 下層（かそう）　　　　Ｎ ⟷ 上層（じょうそう），上流（じょうりゅう）Ｎ

■ 応用練習 ■

I. 1. 上昇（じょうしょう）　　ＶＮ　going up　　　上
      ⇕　　　　　　　　　　　　　⇕　　　　　⇕　　　名詞
      下降（かこう）　　　　　　ＶＮ　going down　　下

   2. 収入（しゅうにゅう）　　　Ｎ　income　　　入（入る）
      ⇕　　　　　　　　　　　　　⇕　　　　　⇕　　　動詞
      支出（ししゅつ）　　　　　　Ｎ　expenses　　出（出る）

No.	Word	POS	English	Kanji	Category
3.	屋内（おくない）	N	indoor	内	名詞
	屋外（おくがい）	N	outdoor	外	
4.	最良（さいりょう）	N	the best	良（良い）	形容詞
	最悪（さいあく）	N	the worst	悪（悪い）	
5.	単純（たんじゅん）	N A	simple	単	その他
	複雑（ふくざつ）	N A	complex	複	
6.	可能（かのう）	N A	possible	∅	否定の接辞（ひてい・せつじ）
	不可能（ふかのう）	N A	impossible	不	
7.	少数（しょうすう）	N	a minority	少（少ない）	形容詞
	多数（たすう）	N	a majority	多（多い）	
8.	開会（かいかい）	V N	opening	開（開ける）	動詞
	閉会（へいかい）	V N	closing	閉（閉める）	
9.	成功（せいこう）	V N	success		その他
	失敗（しっぱい）	V N	failure		
10.	拡大（かくだい）	V N	enlargement	大（大きい）	形容詞
	縮小（しゅくしょう）	V N	reduction	小（小さい）	

Ⅱ．
1. 有名（ゆうめい）, 無名（むめい）
2. 収入（しゅうにゅう）, 支出（ししゅつ）
3. 戦後（せんご）, 戦前（せんぜん）
4. 複雑（ふくざつ）, 単純（たんじゅん）
5. 輸入（ゆにゅう）, 拡大（かくだい）, 輸出（ゆしゅつ）, 縮小（しゅくしょう）
6. 上昇（じょうしょう）, 下落（げらく）
7. 賛成（さんせい）, 反対（はんたい）
8. 薄弱（はくじゃく）, 強硬（きょうこう）
9. 失敗（しっぱい）, 成功（せいこう）
10. 勝負（しょうぶ）, 勝利者（しょうりしゃ）, 敗北者（はいぼくしゃ）
11. 上層（じょうそう）／上流（じょうりゅう）, 下層（かそう）

Ⅲ．
1． 収　収入（しゅうにゅう）　　　N　　income
　　　　収集（しゅうしゅう）　　　V N　collection
　　　　収支（しゅうし）　　　　　N　　revenue and expenditure

2． 参　参考（さんこう）　　　　　N　　reference
　　　　参加（さんか）　　　　　　V N　participation
　　　　参戦（さんせん）　　　　　V N　to enter a war

3． 層　上層（じょうそう）　　　　N　　upper classes
　　　　地層（ちそう）　　　　　　N　　geological stratum
　　　　下層（かそう）　　　　　　N　　lower classes

4． 能　知能（ちのう）　　　　　　N　　intelligence
　　　　可能（かのう）　　　　　　N A　possible
　　　　有能（ゆうのう）　　　　　N A　able, competent

5． 量　熱量（ねつりょう）　　　　N　　calorific value
　　　　重量（じゅうりょう）　　　N　　weight
　　　　少量（しょうりょう）　　　N　　small quantity

6． 輸　輸入（ゆにゅう）　　　　　V N　import
　　　　輸送（ゆそう）　　　　　　V N　transport
　　　　輸出（ゆしゅつ）　　　　　V N　export

7． 純　純情（じゅんじょう）　　　N A　pure-hearted
　　　　純金（じゅんきん）　　　　N　　pure gold
　　　　純度（じゅんど）　　　　　N　　purity

8． 複　複雑（ふくざつ）　　　　　N A　complicated
　　　　複数（ふくすう）　　　　　N　　plurality
　　　　複写（ふくしゃ）　　　　　V N　reproduction, copy

9． 戦　冷戦（れいせん）　　　　　N　　cold war
　　　　内戦（ないせん）　　　　　N　　civil war
　　　　作戦（さくせん）　　　　　N　　tactics

10． 勝　決勝（けっしょう）　　　　N　　final game
　　　　快勝（かいしょう）　　　　V N　easily gained victory
　　　　優勝（ゆうしょう）　　　　V N　to be a champion

第３課

■　基本練習　■

Ⅰ． A） 1． 領土を　　分割（ぶんかつ）する
　　　　 2． 図書を　　分類（ぶんるい）する
　　　　 3． 仕事を　　分担（ぶんたん）する
　　　　 4． 学用品を　分配（ぶんぱい）する

B) 1. 規則を　　改正(かいせい)する
　　2. 虫歯を　　治療(ちりょう)する
　　3. 間違いを　訂正(ていせい)する
　　4. 三輪車を　修理(しゅうり)する
C) 1. 学校を　　退学(たいがく)する
　　2. 会社を　　退職(たいしょく)する
　　3. 運動会を　中止(ちゅうし)する
　　4. 営業を　　停止(ていし)する
D) 1. 川でおぼれた人を　　　救助(きゅうじょ)する
　　2. 人々を経済的に　　　援助(えんじょ)する
　　3. 災害で困っている人を　救援(きゅうえん)する
　　4. 考えに賛同して活動を　支援(しえん)する

Ⅱ. 1. 国会議員［を］選ぶこと
　2. 気候［が］変わること
　3. 物価［が］変わること／動くこと
　4. 進学率［が］低くなること／下がること
　5. 人材［を］育てること
　6. テレビドラマ［を］作ること
　7. 憲法［を］改(あらた)める／かえる／なおす動き
　8. ガン［を］治(なお)す機械
　9. 難民［を］救(すく)う／たすける活動
　10. テレビ［に］出るという知らせ

Ⅲ. 1. a　変動(へんどう)　→変わる＋動く　　　　　＝変わって動く
　2. d　変色(へんしょく)→変わる＋色　　　　　　＝色が変わる
　3. c　分類(ぶんるい)　→分ける＋類　　　　　　＝類に分ける
　4. a　救助(きゅうじょ)→救(すく)う＋助(たす)ける＝救って助ける
　5. b　退職(たいしょく)→退(しりぞ)く　＋職　　　＝職を退く
　6. a　改正(かいせい)　→改(あらた)める＋正す　　＝改めて正す
　7. d　延期(えんき)　　→延(の)ばす＋時期　　　　＝時期を延ばす
　8. d　訪米(ほうべい)　→訪(おとず)れる＋米国　　＝米国を訪れる

■　応用練習　■

Ⅰ. 1. テレビドラマを　制作(せいさく)する
　2. 書類を　作成(さくせい)する
　3. ユートピアを　創造(そうぞう)する
　4. コンピュータを　製造(せいぞう)する
　5. おぼれた人を　救助(きゅうじょ)する

6. お金を寄付して　援助（えんじょ）する
7. 閉じこめられた人を　救出（きゅうしゅつ）する
8. エイズを　治療（ちりょう）する
9. 法律を　改正（かいせい）する
10. 間違った字を　訂正（ていせい）する
11. 試合が　延長（えんちょう）する
12. 会議を　延期（えんき）する
13. 会社を　辞職（じしょく）する　＊「止職」ということばはありません。
14. 費用を　分担（ぶんたん）する
15. 機械を　分解（ぶんかい）する
16. 敵を　分断（ぶんだん）する

Ⅱ．
1. 救急車	2. 改札口	3. 訂正する
4. 担当	5. 治療代	6. 退職する
7. 応援する	8. 助手	9. 変更する
10. 停滞する	11. 制度，改革する	12. 製造する
13. 養育費	14. 改訂版	15. 延期する
16. 分解する	17. 断定する	18. 退学する
19. 制作中	20. 救助する	21. 停止信号
22. 造語力	23. 分配する	24. 延長，続いた
25. 修正液		

● **コラム3** ●　【問題】p.60

1. 組み立て　2. 割り引き　3. 立ち入り　4. 売り上げ　5. 書き留め
6. 押し売り　7. 編み物　8. 封切り　9. 梅干し　10. 田植え
11. 飛び込み台　12. 差し出し人

第4課

■ 基本練習 ■

Ⅰ．
1. 高価な	5. 冷静に	9. 温厚な	13. 貴重な
2. 安全	6. 重要な	10. 深刻に	14. 危険
3. 困難な	7. 多様な	11. 快適な	15. 平等に
4. 急激な	8. 貧乏	12. 正確な	16. 強硬な

Ⅱ．A：1． 健康な → 体の状態がいいようす
2． 幸福な → しあわせなようす
3． 平等な → みんなが同じであるようす
4． 快適な → 気持ちがいいようす
5． 豊富な → たくさんあって、ゆたかなようす
6． 柔軟な → やわらかくて、しなやかなようす
7． 確実な → たしかで、間違いがないようす
8． 正常な → いつもと同じで、ただしいようす
9． 濃厚な → 色や味などがこいようす

B：1． 過激な → 考えや行動がはげしすぎるようす
2． 貧弱な → みすぼらしくて、見かけが悪いようす
3． 異常な → いつもと違って、おかしいようす
4． 危険な → あぶないようす
5． 深刻な → 重大で、ふかく考えるようす
6． 強硬な → やり方がつよすぎるようす

■ 応用練習 ■

Ⅰ． 1． ⟷ 複雑(ふくざつ)な
2． ⟷ 無力(むりょく)な
3． ⟷ 不運(ふうん)な
4． ⟷ 裕福(ゆうふく)な
5． ⟷ 異常(いじょう)な
6． ⟷ 不自由(ふじゆう)な

7． ⟷ 危険(きけん)な
8． ⟷ 不平等(ふびょうどう)な

9． ⟷ 不必要(ふひつよう)な,
不要(ふよう)な
10． ⟷ 不正確(ふせいかく)な
11． ⟷ 不利(ふり)な
12． ⟷ 不完全(ふかんぜん)な
13． ⟷ 不可能(ふかのう)な
14． ⟷ 健康(けんこう)な,
丈夫(じょうぶ)な
15． ⟷ 不快(ふかい)な
16． ⟷ 強硬(きょうこう)な

Ⅱ． 1． 高価(こうか)なプレゼント
2． 急激(きゅうげき)な変化
3． 危険(きけん)だ
4． 冷静(れいせい)だ
5． 正確(せいかく)だ
6． 温厚(おんこう)な田中さん
7． 貴重(きちょう)な体験
8． 裕福(ゆうふく)だ
9． 健全(けんぜん)な育成

10． 豊富(ほうふ)な水
11． 異常(いじょう)がない
12． 均等(きんとう)に与える
13． 軽快(けいかい)な足どり
14． 貧乏(びんぼう)だ
15． 強硬(きょうこう)に可決する
16． 健康(けんこう)
17． 貴重(きちょう)な動物

Ⅲ. 1. 正確(せいかく)なこと
2. 正常(せいじょう)に作動する,
異常(いじょう)だ／危険(きけん)だ
3. 幸運(こううん)にも
4. 豊富(ほうふ)な水
5. 柔軟(じゅうなん)に／冷静(れいせい)に対応できる
6. 健全(けんぜん)な精神，健康(けんこう)な身体
7. 平等(びょうどう)な権利
8. 急激(きゅうげき)に進む／非常(ひじょう)に進む
9. 深刻(しんこく)に考える
10. 悪質(あくしつ)な／危険(きけん)な／異常(いじょう)な犯罪

Ⅳ. a. 深刻(しんこく)な／大変(たいへん)な社会問題
b. 便利(べんり)でぜいたくな消費生活
c. 異常(いじょう)な／大変(たいへん)な事態
d. 不可能(ふかのう)になる
e. 自分勝手(じぶんかって)な論理
f. 貴重(きちょう)な／大切(たいせつ)な資源
g. 必要(ひつよう)がある
h. 必要(ひつよう)なもの
i. 大切(たいせつ)に／上手(じょうず)に使う
j. 可能(かのう)性

第5課

■ 基本練習 ■

Ⅰ. 1. a 化学(かがく)
2. b 一階(いっかい)
3. a 関心(かんしん)
4. b 家事(かじ)
5. b 国歌(こっか)
6. a 洋式(ようしき)
7. b 個人(こじん)
8. b 開店(かいてん)
9. b 私用(しよう)
10. a 期間(きかん)
11. b 両親(りょうしん)
12. a 東部(とうぶ)
13. a 伝記(でんき)
14. a 高価(こうか)
15. a 向上(こうじょう)
16. b 想像(そうぞう)
17. b 期限(きげん)
18. a 保健(ほけん)
19. a 強力(きょうりょく)
20. a 整形(せいけい)

Ⅱ. 1. a 使用料　　　＊「使用料」は料金、「使用量」は使った量。

2. b 自動販売機　　＊「器」は入れ物、道具なので「販売器」はない。

3. a 英米文学研究科　＊「課」は事務職で使われる。

4. b 消防署　　　＊「消防署」「警察署」「税務署」は「署」を使う。

5. a 自動車保険　　＊「保健」は体の健康を保つこと。

6. a 固体　　　＊「液体」「気体」と同じ、物体の状態を表す。
「個体」はひとつの独立した生物体。

7. b 郊外　　　＊「効外」という語はない。

8. b 農業協同組合　＊いっしょに仕事をする cooperative society の意味では「協
同組合」を使う。いっしょに研究する場合は「共同研究」。

9. b 不通　　　＊「普通電車」は、各駅に停車する電車。

10. b 休場　　　＊「球場」は野球のグラウンド。

11. b 機会　　　＊「機械」は machine。

12. b 周囲　　　＊「週囲」という語はない。

13. a 最低　　　＊「最底」という語はない。

14. b 専門　　　＊「専問」という語はない。
b 動物生理学　　＊「整理」というのは、片づけること。

15. b 水道管　　　＊「水道官」という語はない。

16. a 天然　　　＊「天念」という語はない。

17. b 日記　　　＊「日紀」「日起」という語はない。

18. b 主張　　　＊「主長」という語はない。

19. a 整理　　　＊「製理」「制理」という語はない。

20. c 忘年会　　　＊「防年会」「忙年会」という語はない。

■ 応用練習 ■

Ⅰ.
1.	a	機会(きかい)がない	13. a	様々な器官(きかん)
2.	a	一周(いっしゅう)する	14. b	普通(ふつう)列車
3.	a	改訂(かいてい)する	15. c	海底(かいてい)油田
4.	b	整理(せいり)する	16. a	機器(きき)が使われる
5.	a	不通(ふつう)となる	17. a	個人(こじん)の自由
6.	a	協力(きょうりょく)が必要だ	18. b	保健(ほけん)所
7.	a	保険(ほけん)に加入する	19. b	球場(きゅうじょう)へ行く
8.	a	固体(こたい)になる	20. b	教会(きょうかい)に行く
9.	b	消化(しょうか)がいい	21. b	創造(そうぞう)性
10.	b	気管(きかん)に入る	22. b	協調(きょうちょう)性
11.	b	改定(かいてい)する	23. a	紀元(きげん)前3000年
12.	a	生理(せいり)的に	24. b	公害(こうがい)研究所

Ⅱ．
1. b 開会式（かいかいしき）　　7. a 収集（しゅうしゅう）
2. a 方法（ほうほう）　　　　　8. b 救急（きゅうきゅう）
3. a 午後（ごご）　　　　　　　9. a 町長（ちょうちょう）
4. a 高校（こうこう）　　　　10. a 危機（きき）
5. a 売買（ばいばい）　　　　11. b 機器（きき）
6. a 全然（ぜんぜん）

Ⅲ．
1. 都心ばかりでなく、郊外でも公害問題が起こってきている。
   しかし、この町で起こっていることはまだ口外しないでください。

2. 政府の高官と意見を交換して、彼に好感を持った。

3. 貿易収支は、終始赤字だった。

4. その用紙にほしい本の書名を書いて、署名してください。

5. 強力な味方の協力を得て、仕事がうまくいった。

6. 彼は生前一人暮らしだったが、部屋は整然と片づいていた。

7. 数学の演習で、円周の長さを求めた。

8. 新聞社に「貴社の記者が汽車で帰社した。」という知らせが届いた。

■　課題　■

Ⅰ．この解答は、あくまでもひとつの例です。

生命 保険のパンフレットを見て、驚いた。保険といえば、
(姓名 保健
(声明
　　　　　　　　　　　　(視て
　　　　　　　　　　　　(診て
　　　　　　　　　　　　(観て
　　　　　　　　　　　　(看て

昔は生命 保険や火災 保険など単純なものしかなかったが、現代では、保険
　　　　　　　家裁　　　　　　　　　　　　　　　　　　　　　　　原題

商品がずいぶん多様になった。いろいろな事故や災害に備えた 損害 保険や
(賞品　　　　(多用　　　　　　　　　自己　　　　　供えた
(小品　　　　(他用

傷害 保険、自動車 保険や海外 旅行 保険などのほかに、釣り 保険、スキー保険、
(生涯　　　　　　　　　　　　　　　　　　　　　　　吊り
(障害
(渉外

ゴルフ<u>保険</u>まである。なんとペットの<u>保険</u>もあると<u>聞き</u>、<u>笑って</u>しまった。

　　　　　　　　　　　　　　　　　　　　　　　機器
　　　　　　　　　　　　　　　　　　　　　　　危機

つくづく<u>危険</u>な　<u>時代</u>に<u>生きて</u>いるのだと<u>感じた</u>。
　　　　　　棄権　　　次代　活きて
　　　　　　気圏　　　地代

復習 1

Ⅱ.
1.　農園　遠足　　：[袁]（エン　）
2.　結果　課題　　：[果]（カ　　）
3.　正義　議会　　：[義]（ギ　　）
4.　経済　軽減　　：[圣]（ケイ　）
5.　試験　危険　　：[僉]（ケン　）
6.　変更　強硬　　：[更]（コウ　）
7.　都市　姉妹　　：[市]（シ　　）
8.　先週　周囲　　：[周]（シュウ）
9.　少数　文部省　：[少]（ショウ）
10.　生活　性格　　：[生]（セイ　）
11.　制度　製造　　：[制]（セイ　）
12.　先生　洗面　　：[先]（セン　）
13.　相談　想像　　：[相]（ソウ　）
14.　通学　頭痛　　：[甬]（ツウ　）
15.　海底　低下　　：[氐]（テイ　）
16.　点数　売店　　：[占]（テン　）
17.　農業　濃度　　：[農]（ノウ　）
18.　白鳥　拍手　　：[白]（ハク　）
19.　付近　政府　　：[付]（フ　　）
20.　多忙　忘年会　：[亡]（ボウ　）
21.　文化　生花　　貨物　：[化]（カ　　）
22.　可能　出荷　　歌手　：[可]（カ　　）
23.　旅館　管理　　器官　：[官]（カン　）
24.　野球　要求　　救助　：[求]（キュウ）
25.　個人　固体　　湖水　：[古]（コ　　）
26.　効果　郊外　　学校　：[交]（コウ　）
27.　寺院　時間　　持続　：[寺]（ジ　　）
28.　改正　政治　　整理　：[正]（セイ　）
29.　晴天　冷静　　青年　：[青]（セイ　）
30.　官庁　町長　　2丁目：[丁]（チョウ）
31.　社長　出張　　手帳　：[長]（チョウ）

32.　⊕対　夕⊛　⊛売　：［反］（ハン　）
33.　⊕面　⊛問　⊛送　：［方］（ホウ　）
34.　⊛式　⊛子　⊛成　：［羊］（ヨウ　）

Ⅲ.　1.　中央（ちゅうおう）：英語（　えいご　）　映画（　えいが　）
　　2.　自己（　じこ　）：日記（　にっき　）　紀元（　きげん　）
　　3.　医者（　いしゃ　）：暑中（しょちゅう）　部署（　ぶしょ　）
　　4.　方面（ほうめん）：予防（　よぼう　）　妨害（ぼうがい）
　　5.　時間（　じかん　）：期待（　きたい　）　特別（とくべつ）

■　応用練習　■

Ⅰ.

	反	生	白	青	僉	寺	意味
木	板		柏		検		木　tree
日		星		晴		時	日　sun
シ			泊	清			水　water
イ	*仮		伯		倹	侍	人　man
阝	阪				険		がけ　cliff
言				請		*詩	言う　to say
扌			拍			持	手　hand
忄		性		*情			心　live
食	飯						食べる　to eat
土	坂						土　earth
読み	ハン	セイ	ハク	セイ	ケン	ジ	

*カ　　　　　　　*ジョウ　　　　　*シ

Ⅱ.　1.　紅茶（こうちゃ）　工：コウ　　　6.　意志（いし）　　　　志：シ
　　2.　半径（はんけい）　圣：ケイ　　　7.　精力（せいりょく）　青：セイ
　　3.　犠牲（ぎせい）　　義：ギ／生：セイ　　8.　水滴（すいてき）　商：テキ
　　4.　倹約（けんやく）　僉：ケン　　　9.　舶来（はくらい）　　白：ハク
　　5.　星座（せいざ）　　生：セイ　　　10.　判断（はんだん）　　半：ハン

■　復習練習　■

Ⅰ．1．ゆにゅうを減らしてゆしゅつをかくだいすれば、貿易しゅうしは黒字になる。

2．せかいの国々が仕事をぶんたんし、互いにたすけあい、きょうりょくし合えば、どんなふくざつなこくさい問題もかいけつするだろう。

3．工場できかいやせいひんをせいぞうしたりかんりしたりしゅうりしたりするロボットがいるのだから、そのうち病院で人間の体のきかんを検査してけんこうを管理したり、ちりょうしたりするロボットもできるかもしれない。

4．もんぶしょうの下にはぶんかちょう、こうせいしょうの下にはしゃかいほけんちょう、うんゆしょうの下には気象庁、かいじょうほあんちょうなどがある。では、しょうぼうちょう、しょうぼうしょは何省の下にあるか。

5．都心からかいそく電車で50分、ふつう電車なら１時間10分かかるこうがいに家を買った。しょくばからは少し遠いが、しぜんにめぐまれたかいてきな住まいだ。

6．いじょう気象が続いて、ちきゅうのへいきん気温が毎年１度ずつじょうしょうしたらどうなるか、そうぞうできるだろうか。地球の温暖化はひじょうにしんこくな問題なのである。

7．びんぼうな家に生まれた子どもも、ゆうふくな家に生まれた子どもも、びょうどうに教育を受けることができ、だれにでもせいこうするかのうせいがある社会が私のりそうだ。

8．きけんやしっぱいをおそれずに行動し、エネルギッシュでそうぞうりょくがあり、しかも考え方がじゅうなんな人間をようせいしたい。

9．ていきあつがたりょうのはげしい雨を降らせたため、やきゅうの試合はあすにえんきになった。おうえんしているチームがかつかまけるか、しょうぶはやってみなければわからない。

10．しゅういの国々への経済えんじょにもっと予算を使うべきだ。

11. <u>しゅしょう</u>は、自国民を<u>きゅうしゅつ</u>するために、その<u>せんそう</u>に<u>さんか</u>することを<u>きょうこう</u>に<u>しゅちょう</u>した。

12. 仕事の<u>しゅうりょうきげん</u>が近づいてきたので、予定を<u>へんこう</u>して、たまっている資料の<u>せいり</u>にとりかかった。

13. <u>せいかく</u>にはわからないが、<u>きげんぜん</u>10<u>せいき</u>ごろ、この古代国家は<u>かいてい</u>に沈(しず)んでしまったらしい。この<u>ちそう</u>からその時代の<u>おう</u>に関する<u>きちょう</u>な資料が発見された。

14. オペラの<u>こうえん</u>は、<u>ひじょう</u>ベルの音で一時<u>ちゅうだん</u>されたが、<u>かかりいん</u>が<u>いじょう</u>のないことを<u>たしかめた</u>上で、続けられた。

15. 以前に口頭で<u>ていせい</u>をお願いしたが、今度<u>あらためて</u>文書で通知した。

Ⅱ.
1. 印　　6. 独　　11. 伊　　16. 亜
2. 比　　7. 西　　12. 蘭
3. 中　　8. 米　　13. 露
4. 英　　9. 加　　14. 韓
5. 仏　　10. 欧（州）　15. 豪

Ⅲ.
1. ⟷ 浅(あさ)い
2. ⟷ 厚(あつ)い
3. ⟷ 濃(こ)い
4. ⟷ 豊(ゆた)かな, 豊富(ほうふ)な
5. ⟷ 硬(かた)い, 固(かた)い
6. ⟷ 上昇(じょうしょう)する
7. ⟷ 失敗(しっぱい)する
8. ⟷ 延長(えんちょう)する
9. ⟷ 縮小(しゅくしょう)する
10. ⟷ 停止(ていし)する
11. ⟷ 自然(しぜん)
12. ⟷ 無限(むげん)
13. ⟷ 戦争(せんそう)
14. ⟷ 支出(ししゅつ)
15. ⟷ 異常(いじょう)な
16. ⟷ 危険(きけん)な
17. ⟷ 幸福(こうふく)な
18. ⟷ 快(こころよ)い, 快適(かいてき)な
19. ⟷ 単純(たんじゅん)な, 簡単(かんたん)な
20. ⟷ 強固(きょうこ)な

第6課────────────────────────────────

■　基本練習　■

Ⅰ.　1.　最新＋型＝最新の／最(もっと)も新しい　型
　　2.　住民＋税＝住民がはらう税金
　　3.　調理＋師＝調理する仕事をしている人
　　4.　総＋生産＝総(すべ)ての生産
　　5.　青年＋団＝青年の団体
　　6.　各＋方面＝各々(おのおの)の方面
　　7.　経済＋界＝経済の世界
　　8.　再＋開発＝再(ふたた)び開発すること
　　9.　超＋高速＝ものすごく高速であること
　　10.　未＋公開＝まだ公開していないこと

Ⅱ.　1.　急に発進すること
　　2.　指定された席
　　3.　世界の歴史
　　4.　再び／もう一度　試験すること
　　5.　入場するための券
　　6.　まだ使用していないこと
　　7.　いろいろな問題
　　8.　参加しないこと
　　9.　国際連合の軍隊(ぐんたい)
　　10.　成長した率(りつ)
　　11.　正確でないこと
　　12.　各々の分野
　　13.　平均の値(あたい)
　　14.　性能が高いこと
　　15.　支出した金額
　　16.　農民の層
　　17.　古い体制
　　18.　音楽のための会堂／建物
　　19.　火山のある地帯
　　20.　強硬な派(は)＝ある立場の人々の
　　　　　　　　　　　　　　集まり

Ⅲ.　1.　各(かく)都道府県(とどうふけん)
　　2.　出生(しゅっしょう)率(りつ)
　　3.　国会議事(こっかいぎじ)堂(どう)，過激(かげき)派(は)
　　4.　流線(りゅうせん)型(けい)，急(きゅう)上昇(じょうしょう)
　　5.　応援(おうえん)団(だん)
　　6.　国連(こくれん)軍(ぐん)
　　7.　消費(しょうひ)税(ぜい)
　　8.　時間(じかん)帯(たい)
　　9.　前売(まえうり)券(けん)
　　10.　再(さい)利用(りよう)，主婦(しゅふ)層(そう)
　　11.　総(そう)辞職(じしょく)
　　12.　未(み)完成(かんせい)
　　13.　経済(けいざい)界(かい)
　　14.　超(ちょう)能力(のうりょく)，超(ちょう)自然(しぜん)，
　　　　非(ひ)科学的(かがくてき)

Ⅳ. 1. 科学者(かがくしゃ)
2. 運転手(うんてんしゅ)／運転士(うんてんし)＊正式の職名としては「運転士」。
3. 事務員(じむいん)／事務官(じむかん)＊国家公務員(こっかこうむいん)の場合は「事務官」。
4. 調理士／調理師(ちょうりし)＊一般には「コック」も使われる。
5. 銀行員(ぎんこういん)／銀行家(ぎんこうか)＊銀行で働いている人は「銀行員」、銀行の持ち主は「銀行家」という。
6. 音楽家(おんがくか)
7. 警察官(けいさつかん)
8. 製造業(せいぞうぎょう)／製造者(せいぞうしゃ)＊業種(ぎょうしゅ)としては「製造業」、製造を担当する人や会社は「製造者」という。
9. 写真屋(しゃしんや)／写真家(しゃしんか)＊ふつうの人の記念写真をとったり、人がとった写真を現像したりする仕事の人を「写真屋」、芸術的(げいじゅつてき)な写真をとる人を「写真家」という。
10. 会計士(かいけいし)
11. 管理人(かんりにん)／管理者(かんりしゃ)＊アパートやマンションなどの管理の仕事をしている人を「管理人」、物や場所を管理する責任者(せきにんしゃ)を「管理者」という。
12. 美容師(びようし)
13. 労働者(ろうどうしゃ)
14. 政治家(せいじか)＊お金のために政治をする人を軽蔑(けいべつ)の意味をこめて、「政治屋」と呼ぶこともある。
15. 飛行士(ひこうし)＊「宇宙飛行士(うちゅうひこうし astronaut)」の意味で使われることが多い。飛行機の「パイロット」のことは「操縦士(そうじゅうし)」という。熱気球(ねっききゅう)などで空を飛ぶ趣味(しゅみ)のある人を「飛行家」と呼ぶこともある。

■ **応用練習** ■

Ⅰ. 1. □□所： 洗面所(せんめんじょ)　　印刷所(いんさつじょ/しょ)
裁判所(さいばんしょ)　　保健所(ほけんじょ)
造船所(ぞうせんじょ)　　製鉄所(せいてつじょ/しょ)
発電所(はつでんじょ/しょ)　　案内所(あんないじょ/しょ)
2. □□場： 運動場(うんどうじょう)　　競馬場(けいばじょう)
駐車場(ちゅうしゃじょう)　　特売場(とくばいじょう)
野球場(やきゅうじょう)　　実験場(じっけんじょう)
3. □□地： 中心地(ちゅうしんち)　　住宅地(じゅうたくち)
植民地(しょくみんち)　　遊園地(ゆうえんち)
市街地(しがいち)　　行楽地(こうらくち)
4. □□省： 通産省(つうさんしょう)　　厚生省(こうせいしょう)
運輸省(うんゆしょう)　　郵政省(ゆうせいしょう)
労働省(ろうどうしょう)　　外務省(がいむしょう)

5.　□□館：　図書館（としょかん）　　　　美術館（びじゅつかん）
　　　　　　　博物館（はくぶつかん）　　　　水族館（すいぞくかん）
　　　　　　　大使館（たいしかん）　　　　　体育館（たいいくかん）

6.　□□院：　美容院（びよういん）　　　　　養老院（ようろういん）
　　　　　　　衆議院（しゅうぎいん）　　　　修道院（しゅうどういん）
　　　　　　　参議院（さんぎいん）

7.　□□園：　動物園（どうぶつえん）　　　　幼稚園（ようちえん）
　　　　　　　植物園（しょくぶつえん）

8.　□□署：　警察署（けいさつしょ）　　　　消防署（しょうぼうしょ）
　　　　　　　税務署（ぜいむしょ）

9.　□□庁：　気象庁（きしょうちょう）　　　文化庁（ぶんかちょう）
　　　　　　　消防庁（しょうぼうちょう）

10.　□□室：　美容室（びようしつ）　　　　　保健室（ほけんしつ）
　　　　　　　実験室（じっけんしつ）　　　　＊学校などで「印刷室」「美術室」も可。

Ⅱ.　A：　1.　総（そう）生産（せいさん）
　　　　　2.　各（かく）／全（ぜん）教師（きょうし）
　　　　　3.　諸（しょ）／全（ぜん）／各（かく）／新（しん）問題
　　　　　4.　非（ひ）課税（かぜい）
　　　　　5.　無（む）関係（かんけい）
　　　　　6.　未（み）／新（しん）開発（かいはつ）
　　　　　7.　総（そう）選挙（せんきょ）
　　　　　8.　旧（きゅう）正月（しょうがつ）＝旧暦（きゅうれき）の正月
　　　　　9.　未（み）完成（かんせい）
　　　　　10.　不（ふ）健康（けんこう）
　　　　　11.　不（ふ）景気（けいき）
　　　　　12.　諸（しょ）事情（じじょう）
　　　　　13.　非（ひ）生産的（せいさんてき）
　　　　　14.　新（しん）／全（ぜん）／各（かく）製品（せいひん）
　　　　　15.　全（ぜん）／総（そう）人口（じんこう）

　　　B：　1.　超（ちょう）満員（まんいん）
　　　　　2.　好（こう）都合（つごう）
　　　　　3.　最（さい）重要（じゅうよう）
　　　　　4.　再（さい）出発（しゅっぱつ）
　　　　　5.　超（ちょう）音波（おんぱ）
　　　　　6.　再（さい）軍備（ぐんび）
　　　　　7.　強硬（きょうこう）派（は）
　　　　　8.　連合（れんごう）軍（ぐん）
　　　　　9.　選手（せんしゅ）団（だん）／層（そう）
　　　　　10.　火山（かざん）帯（たい）／群（ぐん）
　　　　　11.　老年（ろうねん）層（そう）

12. 合唱(がっしょう)**団**(だん)

13. 流星(りゅうせい)**群**(ぐん)

14. 芸能(げいのう)**界**(かい)

15. 反対(はんたい)**派**(は)

C：

1. **各**(かく)／**満**(まん)室(しつ)
2. **総**(そう)力(りょく)
3. **諸**(しょ)／**各**(かっ)国(こく)
4. **各**(かく)自(じ)
5. **総**(そう)量(りょう)
6. **諸**(しょ)島(とう)
7. 交通(こうつう)**費**(ひ)
8. 支出(ししゅつ)**額**(がく)
9. 水道(すいどう)**代**(だい)／**料**(りょう)＝水道料金
10. 平均(へいきん)**値**(ち)
11. 航空(こうくう)**券**(けん)
12. 所得(しょとく)**税**(ぜい)／**額**(がく)
13. 成長(せいちょう)**率**(りつ)
14. 住民(じゅうみん)**税**(ぜい)
15. 電話(でんわ)**代**(だい)／**料**(りょう)＝電話料金
16. 建設(けんせつ)**費**(ひ)
17. 輸出(ゆしゅつ)**額**(がく)
18. 死亡(しぼう)**率**(りつ)

Ⅲ.

1. 国民／総／生産　[　□□＋（□＋□□）　]（こくみんそうせいさん）
2. 中央／分離／帯　[　□□＋（□□＋□）　]（ちゅうおうぶんりたい）
3. 最／重要／課題　[（□＋□□）＋□□　]（さいじゅうようかだい）
4. 国会／議事／堂　[　□□＋（□□＋□）　]（こっかいぎじどう）
5. 前売／券／発売／所　[（□□＋□）＋（□□＋□）]
   （まえうりけんはつばいじょ）
6. 超／高層／建造／物　[（□＋□□）＋（□□＋□）]
   （ちょうこうそうけんぞうぶつ）
7. 今／年度／前期／輸出／額　[((□＋□□)＋□□)＋（□□＋□)]
   （こんねんどぜんきゆしゅつがく）
8. 調理／師／専門／学校　[(□□＋□)＋（□□＋□□)]
   （ちょうりしせんもんがっこう）
9. 消費／者／物価／指数　[((□□＋□)＋□□)＋□□　]
   （しょうひしゃぶっかしすう）
10. 自動／車／免許／取得／率　[((□□＋□)＋□□)＋（□□＋□)]
    （じどうしゃめんきょしゅとくりつ）

第7課

■　基本練習　■

Ⅰ．1．大きく負ける　　　→　大敗（たいはい）する
　　2．よく考える　　　　→　熟考（じゅっこう）する
　　3．よく起こる　　　　→　多発（たはつ）する
　　4．好んで読む　　　　→　愛読（あいどく）する
　　5．家を新しくつくる　→　新築（しんちく）する
　　6．はっきり示す　　　→　明示（めいじ）する
　　7．共に生きる　　　　→　共生（きょうせい）する
　　8．細かく分ける　　　→　細分（さいぶん）する
　　9．もう一度建て直す　→　再建（さいけん）する
　　10．専ら売る　　　　　→　専売（せんばい）する
　　11．軽く見る　　　　　→　軽視（けいし）する
　　12．かたく信じる　　　→　確信（かくしん）する

Ⅱ．1．試着（しちゃく）する　　2．試写会（ししゃかい）
　　3．再会（さいかい）する　　4．新設（しんせつ）する
　　5．共感（きょうかん）する　6．愛用（あいよう）の
　　7．熟読（じゅくどく）する　8．常備（じょうび）する
　　9．永続（えいぞく）させる　10．乱売（らんばい）する
　　11．激減（げきげん）する　　12．厳守（げんしゅ）する

■　応用練習　■

Ⅰ．1．再開（さいかい）した
　　2．新築（しんちく）の家
　　3．暴落（ぼうらく）／急落（きゅうらく）した
　　4．試作（しさく）品
　　5．平和共存（きょうぞん）
　　6．専念（せんねん）する
　　7．急増（きゅうぞう）している
　　8．乱発（らんぱつ）した
　　9．併記（へいき）／明記（めいき）する
　　10．概観（がいかん）できる

Ⅱ．1．かくにん　　＝確かに認めること
　　2．きょうよう　＝いっしょに使うこと
　　3．ぼうそう　　＝乱暴に走ること
　　4．がいせつ　　＝おおまかに説明すること
　　5．らんよう　　＝みだりに使うこと
　　6．ちょくし　　＝まっすぐ見ること

7．　じょうよう　＝いつも使っていること
8．　げんせん　　＝きびしく選ぶこと
9．　めいき　　　＝はっきりと書くこと
10．　きゅうへん　＝急に変わること

Ⅲ．　1．　概算（がいさん）する　　　7．　急死（きゅうし）する
　　　2．　永住（えいじゅう）する　　8．　再選（さいせん）する
　　　3．　併用（へいよう）する　　　9．　厳禁（げんきん）する
　　　4．　愛読（あいどく）する　　　10．　熟睡（じゅくすい）する
　　　5．　乱開発（らんかいはつ）する 11．　確約（かくやく）する
　　　6．　倍増（ばいぞう）する

第8課

■　基本練習　■

Ⅰ．1．　a．[リョク]：たいりょく　　のうりょく　　きりょく　　　ぼうりょく
　　　　b．[リキ]：ばりき　　　　りきがく　　りきせつする　　りきとうする
　　2．　a．[ブツ]：せいぶつ　　ぶつり　　さんぶつ　　　めいぶつ
　　　　b．[モツ]：にもつ　　　しょもつ　　さくもつ　　　かもつ
　　3．　a．[カ]：ぶか　　　かりゅう　　かこうする　　ていかする
　　　　b．[ゲ]：じょうげ　　げしゅく　　げしゃする　　げらくする
　　4．　a．[ダイ]：だいがく　　えんだいな　　ぞうだいする　　かくだいする
　　　　b．[タイ]：たいし　　　たいせつな　　たいしょうする　　たいせいする
　　5．　a．[ソツ]：そっちょくな　　けいそつな　　そっせんする　　いんそつする
　　　　b．[リツ]：かくりつ　　ひりつ　　のうりつ　　ひゃくぶんりつ　　えんしゅうりつ
　　6．　a．[キョ]：きょねん　　しきょする　　じきょする　　　きょらいする
　　　　b．[コ]：かこ
　　7．　a．[エ]：えほん　　　あぶらえ　　えま　　　　うきよえ
　　　　b．[カイ]：かいが
　　8．　a．[ショウ]：げんしょう　　いんしょう　　たいしょう　　　しょうけいもじ
　　　　b．[ゾウ]：インドぞう　　ぞうげ

Ⅱ．　1．　<u>素</u>顔(<u>す</u>がお)　　　　b．<u>素</u>直(<u>す</u>なお)な
　　　　　　　　　　　　　　　[色<u>素</u>(しき<u>そ</u>)・簡<u>素</u>(かん<u>そ</u>)な]
　　2．　<u>丁</u>重(<u>てい</u>ちょう)な　　b．<u>丁</u>寧(<u>てい</u>ねい)な
　　　　　　　　　　　　　　　[<u>丁</u>度(<u>ちょう</u>ど)・3<u>丁</u>目(さん<u>ちょう</u>め)]
　　3．　使<u>役</u>(し<u>えき</u>)　　　　c．現<u>役</u>(げん<u>えき</u>)
　　　　　　　　　　　　　　　[<u>役</u>割(<u>やく</u>わり)・<u>役</u>所(<u>やく</u>しょ)]
　　4．　<u>神</u>経(<u>しん</u>けい)　　　a．精<u>神</u>(せい<u>しん</u>)
　　　　　　　　　　　　　　　[<u>神</u>社(<u>じん</u>じゃ)・<u>神</u>主(<u>かん</u>ぬし)]

5．残留(ざんりゅう)　　　c．留学(りゅうがく)する
　　　　　　　　　　　　　[留守(るす)・書留(かきとめ)]

6．首相(しゅしょう)　　　c．外相(がいしょう)
　　　　　　　　　　　　　[相談(そうだん)・相手(あいて)]

7．反省(はんせい)　　　　b．帰省(きせい)
　　　　　　　　　　　　　[文部省(もんぶしょう)・省略(しょうりゃく)]

8．精神(せいしん)　　　　a．精度(せいど)
　　　　　　　　　　　　　[不精(ぶしょう)な・精進(しょうじん)]

9．世紀(せいき)　　　　　b．二世(にせい)
　　　　　　　　　　　　　[世界(せかい)・世話(せわ)]

10．能率(のうりつ)　　　　c．効率(こうりつ)
　　　　　　　　　　　　　[率直(そっちょく)な・引率(いんそつ)する]

Ⅲ．1．苦：a．苦しい　b．苦い　　5．省：a．省みる　b．省く
　　2．細：a．細かい　b．細める　6．汚：a．汚す　　b．汚れ
　　3．治：a．治める　b．治る　　7．優：a．優しい　b．優れた
　　4．著：a．著しい　b．著す　　8．勝：a．勝つ　　b．勝る

■ 応用練習 ■

Ⅰ．1．a．希望を抱(いだ)く　　　11．a．タクシーを捕(つか)まえる
　　2．b．赤ん坊を抱(だ)く　　　12．b．ボールを捕(と)らえる
　　3．b．目を(と)閉じる　　　　13．b．機械を傷(きず)つける
　　4．a．雨戸を閉(し)める　　　14．a．食べ物が傷(いた)む
　　5．a．先生に怒(おこ)られる　15．a．３割を占(し)める
　　6．b．怒(いか)りをおさえる　16．b．うまくいくかどうか占(うらな)う
　　7．b．若人の集(つど)い　　　17．a．ズボンを汚(よご)す
　　8．a．交番前に集(あつ)まる　18．b．名前を汚(けが)す
　　9．b．親類を頼(たよ)る
　　10．a．書いてくれるよう頼(たの)む

Ⅱ．1．a．がか　　　→　映画(えいが)，洋画(ようが)，漫画(まんが)，など
　　　b．けいかく　→　企画(きかく)，画数(かくすう)，など
　　2．a．しっそな　→　要素(ようそ)，元素(げんそ)，素質(そしつ)，など
　　　b．すなおな　→　素足(すあし)，素顔(すがお)，素敵(すてき)な
　　3．a．じみ　　　→　地面(じめん)，生地(きじ)，下地(したじ)
　　　b．さんち　　→　地球(ちきゅう)，地上(ちじょう)，土地(とち)，など
　　4．a．たいしょう→　現象(げんしょう)，気象(きしょう)，など
　　　b．ぞう　　　→　象牙(ぞうげ)
　　5．a．しんだいしゃ→　台所(だいどころ)，台地(だいち)，など
　　　b．たいふう　→　台頭(たいとう)する，舞台(ぶたい)

6. a. しんそう → 相談(そうだん)する, 相当(そうとう)する, など
   b. がいしょう → 首相(しゅしょう), 文相(ぶんしょう)

7. a. しゃくしょ → 役人(やくにん), 役目(やくめ), など
   b. ふくえき → 使役(しえき), 現役(げんえき)

8. a. じんじゃ → 天神(てんじん), 神宮(じんぐう)
   b. しんわ → 神経(しんけい), 精神(せいしん), など

9. a. だいり → 時代(じだい), 代表(だいひょう), 代金(だいきん), 電話代(でんわだい), など
   b. こうたい → 代謝(たいしゃ)

10. a. きぼう → 願望(がんぼう), 有望(ゆうぼう)な, など
    b. ほんもう → 所望(しょもう)する, 大望(たいもう)

Ⅲ. 1. b.［ a．さいしゅつ b．せいぼ   c．17さい   d．さいげつ ］
     ・20年の（d．歳月）が流れた。
     ・年末におくるプレゼントをお（b．歳暮）という。

   2. a.［ a．しょうじん b．せいどく   c．せいしん d．せいせん ］
     ・肉体的にも（c．精神）的にも健康な人間だ。
     ・仕事により一層（a．精進）していきたいと思う。

   3. b.［ a．へいわ   b．びょうどう c．こうへい d．へいせい ］
     ・男女は（b．平等）だというが、まだ差別が残っている。
     ・世界の（a．平和）なしに、私たちの幸福はあり得ない。

   4. d.［ a．きょねん   b．たいきょ   c．じきょ   d．かこ ］
     ・国外（b．退去）を命じられた。
     ・（d．過去）ばかりを振り返らずに、未来を見て生きよう。

   5. c.［ a．しっそ   b．そよう   c．すなお   d．ようそ ］
     ・彼は（a．質素）な身なりをしているが、金持ちの息子だ。
     ・彼女は（c．素直）な性格で、みんなに好かれている。

   6. a.［ a．はんじょう b．せいか   c．せいだい d．さいせいき ］
     ・みなさんに（c．盛大）な拍手をお願いします。
     ・商売が（a．繁盛）するように、神社でお守りをもらってきた。

■ **課題** ■

Ⅱ. 1. 怒   2. 想   3. 望
   4. 歳   5. 超   6. 認
   7. 総   8. 築   9. 福
   10. 縮   11. 協   12. 絵

● **コラム6** ● p.152

1. h. 石油輸出国機構
2. j. 北大西洋条約機構
3. b. 国際通貨基金
4. a. 経済協力開発機構
5. c. 国際労働機関
6. d. 世界保健機関
7. i. 東南アジア諸国連合
8. f. 非政府機関
9. e. 新興工業地域
10. g. 国連児童基金
11. n. 日本鉄道会社
12. o. 日本航空
13. l. 日本自動車連盟
14. m. 日本電信電話会社
15. k. 日本放送協会

第9課

■ 基本練習 ■

Ⅰ.
1. b 会った(あった)
2. a 住んで(すんで)
3. a 分かれて(わかれて)
4. a 効く(きく)
5. b 飲み物(のみもの)
6. b 建てられた(たてられた)
7. a 大家(おおや)
8. a 返し(かえし)
9. a 表して(あらわして)
10. b 暖かく(あたたかく)
11. b 済んだ(すんだ)
12. b 治った(なおった)
13. b 別れた(わかれた)
14. b 現れた(あらわれた)
15. b 速い(はやい)

Ⅱ.
1. a 打って(うって)
2. a 送った(おくった)
3. a 折って(おって)
4. b 着いた(ついた)
5. b 鳴いて(ないて)
6. a 起こって(おこって)
7. b 弾いた(ひいた)
8. b 振って(ふって)
9. b 似て(にて)
10. b 混じって(まじって)
11. b 歯(は)
12. b 鼻(はな)
13. b 撃つ(うつ)
14. a 煮て(にて)
15. b 織った(おった)
16. b 怒る(おこる)
17. a 葉(は)
18. a 付いて(ついて)
19. b 贈り物(おくりもの)
20. a 混ぜて(まぜて)
21. a 泣いて(ないて)
22. a 花(はな)
23. a 降って(ふって)
24. a 引いて(ひいて)

Ⅲ. 1. a. 分かれる　　b. 別れる
　　2. a. 柔らかい　　b. 軟らかい
　　3. a. 初めて　　　b. 始めて
　　4. a. 早く　　　　b. 速く

■ 応用練習 ■

Ⅰ. 1. b 勤めて(つとめて)　　　9. a 上って(のぼって)
　　2. b 映って(うつって)　　　10. c 留まった(とまった)
　　3. c 革(かわ)　　　　　　　11. c 務めた(つとめた)
　　4. b 空いた(あいた)　　　　12. c 映した(うつした)
　　5. b 熱い(あつい)　　　　　13. c 厚い(あつい)
　　6. b 泊まった(とまった)　　14. b 皮(かわ)
　　7. b 移した(うつした)　　　15. c 登る(のぼる)
　　8. b 離して(はなして)

Ⅱ. 1. b 代わり(かわり)
　　2. d 量ったら(はかったら)　＊c「測ったら」も使うことがある。
　　3. c 治めて(おさめて)
　　4. d 換えて(かえて)
　　5. c 下(もと)
　　6. a 図った(はかった)
　　7. b 納めて(おさめて)
　　8. c 測ったら(はかったら)　＊b「計ったら」も使うことがある。
　　9. a 変わった(かわった)
　　10. b 元(もと)
　　11. b 計る(はかる)
　　12. a 収まった(おさまった)

Ⅲ. 1. 図書館に本を返して、家に帰ってきた。
　　2. この機械が直らないと、歯が治せない。
　　3. 今晩泊まるホテルの前に観光バスが止まった。
　　4. 部長の代わりに銀行へドルを円に換え／替えに行った。
　　5. 暑い日には涼しい部屋で熱いコーヒーが飲みたい。
　　6. 家を離れて東京へ出てきたころのことを話した。
　　7. 通産省に勤めていた友人は、今、食品会社の会長を務めている。
　　8. 映画を映す場所が、ほかのところへ移った。
　　9. この木に登ると、太陽が昇るようすがよく見える。
　　10. 年が明けたら、空いていた土地にビルが建った。

第10課

■ 基本練習 ■

I. 1. b 短所(たんしょ)
2. b 準備(じゅんび)
3. a 順番(じゅんばん)
4. a 価格(かかく)
5. a 弁解(べんかい)
6. a 基礎(きそ)
7. b 慣例(かんれい)
8. b 議論(ぎろん)
9. b 知識(ちしき)
10. c 決心(けっしん)
11. c 救出(きゅうしゅつ)
12. c 訂正(ていせい)

II. 1. b 講義(こうぎ)
2. a 意志(いし)
3. a 企画(きかく)
4. c 発展(はってん)
5. b 原因(げんいん)
6. c 根本(こんぽん)
7. c 退職(たいしょく)
8. b 終了(しゅうりょう)
9. b 対照(たいしょう)
10. a 分解(ぶんかい)
11. c 養成(ようせい)
12. a 延期(えんき)

■ 応用練習 ■

I. 1. 研究グループは難しい実験に（成功：せいこう）した。
2. 彼女の英語はどんどん（進歩：しんぽ）し、英字新聞まで読めるようになった。
3. 話に（夢中：むちゅう）になって、ご飯を食べるのを忘れてしまった。
4. この地域は住宅地、商業地、農業地などに細かく（区分：くぶん）されている。
5. 日本の米は、長年の品種（改良：かいりょう）の結果、おいしくなった。
6. 私のうちの家族（構成：こうせい）は、両親と私と妹二人だ。
7. 私は毎朝、公園の周りをジョギングする（習慣：しゅうかん）がある。
8. 税制の改革をテーマに（討論：とうろん）会が開かれた。

II. 1. 短所(たんしょ) → 欠点(けってん)
2. 到達(とうたつ) → 達成(たっせい)
3. 討議(とうぎ) → 討論(とうろん)
　 企画(きかく) → 計画(けいかく)
4. 組織(そしき) → 構成(こうせい)
5. 教養(きょうよう) → 知識(ちしき)、素養(そよう)
　 講習(こうしゅう) → 講演(こうえん)
6. 弁解(べんかい) → 弁明(べんめい)、言い訳(いいわけ)
7. 値段(ねだん) → 価格(かかく)
8. 基礎(きそ) → 基本(きほん)
9. 対照(たいしょう) → 比較(ひかく)、対比(たいひ)
10. 発展(はってん) → 発達(はったつ)、進歩(しんぽ)
　　習慣(しゅうかん) → 慣習(かんしゅう)、風習(ふうしゅう)

Ⅲ． 1． 基： a 基本(きほん)的 b 基礎(きそ)的
2． 論： a 議論(ぎろん) b 討論(とうろん)
3． 因： a 原因(げんいん) b 起因(きいん)
4． 革： a 改革(かいかく) b 変革(へんかく)
5． 決： a 決意(けつい) b 決心(けっしん)
6． 順： a 順序(じゅんじょ) b 順番(じゅんばん)
7． 構： a 構造(こうぞう) b 構成(こうせい)
8． 救： a 救援(きゅうえん) b 救助(きゅうじょ)
9． 慣： a 慣習(かんしゅう) b 慣例(かんれい)
10． 画： a 企画(きかく) b 計画(けいかく)
11． 講： a 講演(こうえん) b 講義(こうぎ)
12． 識： a 常識(じょうしき) b 知識(ちしき)
13． 望： a 志望(しぼう) b 希望(きぼう)
14． 略： a 計略(けいりゃく) b 策略(さくりゃく)

● コラム7 ● p.186

1． あお<u>じ</u>ろい　連濁　⑤
2． もちはこぶ　　　　①
3． ひと<u>だ</u>すけ　連濁　③
4． な<u>だ</u>かい　連濁　⑤
5． ものかき　　　　②
6． わか<u>づ</u>くり　連濁　⑥
7． やま<u>び</u>らき　連濁　③
8． ま<u>ぢ</u>かい　連濁　⑤
9． おりかえす　　　①
10． たち<u>ど</u>まる　連濁　①例外

復習2

Ⅱ． 1． 落選　　7． 包囲　　13． 職業
2． 形式　　8． 行列　　14． 弾力
3． 努力　　9． 予測　　15． 副業
4． 約束　　10． 署名　　16． 大群
5． 慣習　　11． 講堂　　17． 検討
6． 気象　　12． 安静　　18． 往復

Ⅲ． 1． どく<u>せん</u>： はんばい<u>てん</u> ： <u>してん</u>
2． い<u>しゃ</u> ： <u>しょ</u>ちょう ： <u>しょ</u>とう
 ： ざん<u>しょ</u> ： <u>ちょ</u>しゃ
 ： <u>と</u>ちょう ： <u>つ</u>ごう
3． <u>かく</u>じん： しょう<u>かく</u>する ： りょ<u>かく</u>き
 ： <u>きゃく</u>せき ： きん<u>がく</u>
 ： <u>らく</u>せいする ： れん<u>らく</u>する
 ： しょう<u>りゃく</u>する： どう<u>ろ</u>
4． なっ<u>とう</u>： しゅっ<u>とう</u>する ： <u>ず</u>つう
 ： <u>とう</u>じょうする ： <u>と</u>ざん
 ： <u>たん</u>きな

■ 応用練習 ■

Ⅰ．A：1．硬化　　　B：1．成果　　　C：1．放火
　　　　2．効果　　　　　2．製紙　　　　　2．防火
　　　　3．更生　　　　　3．制止　　　　　3．豊年
　　　　4．構成　　　　　4．整理　　　　　4．暴動
　　　　5．厚生　　　　　5．静止　　　　　5．報道
　　　　　　　　　　　　　　　　　　　　　6．包囲

Ⅱ．1．視点(してん)　　　　　＊「示点」という語はない。
　　2．介抱(かいほう)　　　　＊「介包」という語はない。
　　3．法則(ほうそく)　　　　＊「法測」という語はない。
　　4．海運業(かいうんぎょう)　＊「海軍業」という語はない。
　　5．歯形(はがた)　　　　　＊人間が入れ歯を作る時に、セメントなどで歯の型
　　　　　　　　　　　　　　　　を作るが、それを「歯型」という。
　　6．志向(しこう)　　　　　＊「仕向」という語はない。

Ⅲ．1．しょうしゅうする：しょうたいする：しょうかいする
　　　　　　　　　　　　：さんしょうする：ちょうかする
　　2．ちょくせん　　　：しょうじきな　：すうち
　　　　　　　　　　　　：ほうちする
　　3．かいせつする　　：ゆうぜいする　：ぜいきん
　　　　　　　　　　　　：だつぜいする
　　4．けいむしょ　　　：せいほうけい　：ぎょうそう
　　　　　　　　　　　　：たいけい　　　：かいぎょうい
　　　　　　　　　　　　：けんしゅうする
　　5．ぎんか　　　　　：こんじょう　　：げんかい
　　6．よかん　　　　　：やせい　　　　：じょげん
　　7．むじゅん　　　　：そうむか　　　：じゅうなんな
　　　　　　　　　　　　：にゅうわな
　　8．たんい　　　　　：せんりゃく　　：じつだん
　　9．ぎょうれつ　　　：れいがい

Ⅳ．1．じんじいんのかんこくをうける。
　　2．さいぼうのそしきをばいようする。
　　3．ふかい　かんがいをおぼえる。
　　4．2ほんのせんがすいちょくにまじわっている。
　　5．どんなことにもせいいをもってしんけんにとりくむ。
　　6．そのしんしにふくのしはらいをせいきゅうした。
　　7．にんしんしているじょせいがふくつうをうったえた。

■ 復習練習 ■

I. 1. 父が<u>しぬ</u>まで<u>あいよう</u>していた古い<u>がいこくせい</u>の時計は、つい最近までチクタクと実に<u>せいかく</u>に<u>とき</u>を<u>きざん</u>でいたが、ある日気がつくと止まっていた。近くの<u>せんもんてん</u>に<u>ぶんかい しゅうり</u>に出したら、<u>よさん</u>の<u>にばい</u>もかかってしまったが、<u>しんぴん どうよう</u>になおった。

2. <u>かみ</u>や<u>ほとけ</u>じゃあるまいし、<u>ふだん</u>の<u>どりょく</u>で何でも<u>たっせい</u>できると思うなんて、考えが甘すぎる。

3. この4月で5年の<u>かいがい きんむ きげん</u>が<u>しゅうりょう</u>して、いよいよ本社に<u>かんりしょく</u>として<u>てんきん</u>する。帰国を前に<u>けんしゅう</u>で留学したなつかしい<u>とうおう しょこく</u>を<u>さいほう</u>したい。

4. どんなに頭のいい人でも、どんなに美しい人でも、<u>けんこう</u>と<u>とみ</u>と<u>せいこう</u>と<u>こうふく</u>な<u>けっこん</u>をすべて手に入れるなんて<u>ふかのう</u>だ。

5. 今度の<u>はってん</u>途上国への<u>のうぎょう きかい</u>の売り込み<u>きかく</u>は、<u>しょうしん</u>に<u>かんけい</u>するので「ぜひ<u>さんか</u>したい」という<u>きぼう</u>を出した。

6. <u>よそく</u>のつかない現代社会の<u>きけん</u>から身を<u>まもる</u>ために、<u>ふだん</u>からの<u>しゅうれん</u>が大切だと<u>じゅうどう</u>と合気道を習っていた<u>ともだち</u>が<u>げんいん ふめい</u>の病気で<u>きゅうし</u>した。

7. 相手チームの<u>はんげき</u>で、<u>かんきゃく</u>のだれも<u>よそう</u>しなかった<u>てんかい</u>になり、試合は13回まで<u>えんちょう</u>された。

8. 19<u>せいき</u>後半に始まった産業<u>かくめい</u>によって、<u>せいおう</u>社会の<u>こうぞう</u>が<u>こんてい</u>から<u>くつがえ</u>され、人々の<u>かちかん</u>も前とはかなり<u>ことなった</u>ものとなった。

9. あの若い野心的な<u>けんちくか</u>は、<u>ほしゅてき</u>な<u>かんれい</u>を<u>むし</u>して、<u>かくしんてき</u>なアイデアで、この<u>もくぞう</u>の<u>きょうかいどう</u>を<u>せっけい</u>した。

10. 仕事に<u>しっぱい</u>し、人生に<u>しつぼう</u>し、酒に走った男は、<u>ふけんこう</u>な生活から体調をくずし、いつか<u>せいしん</u>にも<u>いじょう</u>をきたしたらしく家族に<u>らんぼう</u>を働くようになった。

11. あの<u>ちょめい</u>な<u>じょゆう</u>は、25年前にアンネ・フランク<u>やく</u>を<u>えんじて よ</u>に<u>みとめ</u>られた。しかし<u>ふこう</u>なことに、それ以来今に至るまで<u>はっこう</u>な少女という<u>しょえん</u>の<u>いんしょう</u>から<u>だっぴ</u>できていない。今年は母親役に<u>ちょうせん</u>するとテレビで<u>ほうふ</u>を語っていた。もう47<u>さい</u>だ。

字形索引 （じけいさくいん） □ Pattern Index

　この索引では、漢字の形の共通した部分を取り出し、日本語学習者が字形のみからでも漢字が引けるように見出しを立ててあります。

　したがって見出しの中には、字源的に意味を表すいわゆる「部首」とは異なる形も含まれています。

　部首として意味を表すものには（　）内にその名称と英語の意味をつけましたが、形のみの見出しには名称も意味もつけてありません。また形声文字の音符として機能している形には【　】内にかたかなで音（オン）を示しました。

　なお、学習漢字が見出しと同じ形を含んでいても、本来意味を表す別の部首に属すると考えられる場合は、矢印で漢字の行き先を示してありますから、そこを見てください。学習漢字以外の場合は、「ＢＫ〜」（『Basic Kanji Book』の課）、「p .〜」（本書にふりがな付きで使われている最初のページ数）、「索」（字形索引にのみあることを示す）と書いてあるだけで、漢字の行き先は示しません。詳しく調べたいときは、漢字辞典を使ってください。

字形索引用　部首リスト

Ⅰ．へん　p.244〜

1. 亻	2. 忄	3. 口	4. 土	5. 女	6. 弓	7. 工	8. 彳	9. 忄	10. 扌
p.244	p.248	p.248	p.249	p.249	p.249	p.250	p.250	p.251	p.252
11. 氵	12. 犭	13. 阝	14. 丬	15. 方	16. 日	17. 月	18. 月	19. 犬	20. 木
p.254	p.256	p.257	p.258	p.258	p.258	p.258	p.259	p.259	p.259
21. 歹	22. 牛	23. 王	24. 礻	25. 开	26. 田	27. 日	28. 矢	29. 石	30. 衤
p.261	p.261	p.261	p.262	p.263	p.263	p.263	p.264	p.264	p.265
31. 禾	32. 米	33. 糸	34. 耳	35. 舟	36. 夂	37. 舌	38. 言	39. 貝	40. 呂
p.266	p.266	p.267	p.269	p.269	p.269	p.269	p.270	p.272	p.272
41. 車	42. 角	43. 酉	44. 君	45. 卓	46. 金	47. 幸	48. 食	49. 馬	
p.273	p.273	p.274	p.274	p.274	p.274	p.275	p.275	p.275	

Ⅱ．つくり　p.275〜

1. 刀	2. 刂	3. 力	4. 匕	5. ム	6. 又	7. 丁	8. 日	9. 寸	10. 己
p.275	p.276	p.277	p.278	p.278	p.279	p.279	p.279	p.280	p.280
11. 彡	12. 阝	13. 也	14. 勹	15. 斤	16. 方	17. 月	18. 攵	19. 欠	20. 殳
p.280	p.280	p.281	p.281	p.281	p.282	p.282	p.283	p.284	p.284
21. 反	22. 皮	23. 至	24. 白	25. 召	26. 令	27. 寺	28. 見	29. 青	30. 長
p.284	p.285	p.285	p.285	p.285	p.286	p.286	p.286	p.287	p.287
31. 隹	32. 僉	33. 頁	34. 复	35. 冓					
p.287	p.287	p.288	p.289	p.289					

242

書き順→ ノ イ

1. イ（にんべん：person）

人	化	仏	仕	他	代	付	仮	休	件
BK1	BK22	L1	BK27	p.38	BK37	復1	p.16	BK5	p.86
仲	伝	任	位	何	作	似	住	伸	体
p.19	BK37	L7	BK40	BK4	BK11	L9	BK19	復2	BK5
低	依	価	供	使	併	例	係	信	便
BK8	p.79	BK35	p.38	BK24	L7	L10	L1	BK32	BK16
保	倹	個	候	借	修	値	倒	倍	俵
L5	p.98	BK35	p.47	BK24	L3	L6	p.86	L7	p.185
健	側	停	備	傾	傷	働	像	億	償
L4	復2	L3	BK31	p.71	L8	BK17	L5	p.44	p.178
優									
L8									

仏　イ　イ厶　仏　　　　　　　　　　　L1　4画

ブツ　＊フツ　ほとけ
Buddha, ＊France

仏教はインドで生まれた。
古い仏像を見るのが好きだ。

仏教（ぶっきょう）　Buddhism　　　　　仏像（ぶつぞう）　Buddha statue
仏（ほとけ）　the Buddha, a benevolent soul　　＊南仏（なんふつ）　Southern France

---

付　イ　イ　仁　付　付　　　　　　　　復1　5画

フ　つ-く　つ-ける
attach, stick

この旅館は一泊二食付で７５００円だ。
この大学には付属病院がある。

寄付（きふ）スル　to contribute, to donate　　　　付着（ふちゃく）スル　to adhere
付属（ふぞく）スル　to be attached, to be a branch of　日付（ひづけ）　date
受付（うけつけ）　reception, information desk　　　　～付（つき）　including ～

任　イ　イ　仁　仟　任　　　　　　　　L7　6画

ニン　まか-す　まか-せる
entrust, appoint

最高裁判所の長官は総理大臣が任命する。
あたえられた任務を責任を持ってはたす。

任命(にんめい)スル　to appoint
委任(いにん)スル　to entrust
放任(ほうにん)スル　not to intervene
任務(にんむ)　duty, commission
専任(せんにん)　full‐time

就任(しゅうにん)スル to assume office
辞任(じにん)スル　to resign
責任(せきにん)　responsibility
担任(たんにん)　being in charge of
任(まか)す／せる　to entrust

| 似 | イ | 亻 | 亻 | 亻 | 亻ノ | 似 | | | L 9
7画 |

ジ　に-る　に-せる
resemble

この商品は他社の商品に**類似**している。
あの子は父親によく**似**ている。

類似(るいじ)スル　to resemble
似顔絵(にがおえ)　portrait

近似値(きんじち)　approximate value
似(に)る　to resemble

| 伸 | イ | 伯 | 伸 | | | | | | 復2
7画 |

シン　の-びる　の-ばす
stretch

このテーブルは**伸縮**が自在(じざい)だ。
彼の投げるボールは**伸び**がいい。

伸縮(しんしゅく)スル　to expand and contract
追伸(ついしん)　postscript（＝ P.S.）

伸長(しんちょう)スル　to extend, to expand
伸(の)びる　to stretch

| 併 | イ | 亻ソ | 亻ソ | 併 | 併 | | | | L 7
8画 |

ヘイ　あわ-せる
unite

三つの村が**合併**して市になった。
カナダでは英語と仏語を**併用**している。

合併(がっぺい)スル　to merge
併発(へいはつ)スル　to happen concurrently
併(あわ)せる　to put together, to unite

併用(へいよう)スル　to use together
併合(へいごう)スル　to amalgamate

| 例 | イ | 亻 | 亻 | 伢 | 伢 | 例 | | | L 10
8画 |

レイ　たと-える
example

例年4月に新人歓迎会(かんげいかい)を開く。
用例をたくさん集めて辞典(じてん)を作る。

例外(れいがい)　exception
用例(ようれい)　example
前例(ぜんれい)　precedent＝ 先例(せんれい)

慣例(かんれい)　custom, precedent
例年(れいねん)　normal/average year
例(たと)えば　for example

| 係 | イ | 亻 | 亻 | 伝 | 伝 | 係 | | | L 1
9画 |

ケイ　かかり　かか-る
connect, in charge

日米の経済関係について研究する。
レシートを**会計係**に出してください。

関係(かんけい)スル to be connected with　　係数(けいすう) coefficient [math]
係長(かかりちょう) chief clerk　　　　　　　会計係(かいけいがかり) accountant

| 保 | イ | 仔 | 仔 | 伴 | 保 | | | | L 5 |
| | | | | | | | | | 9画 |

ホ　たも-つ
keep, maintain

保健所でエイズの検査(けんさ)を受けた。
貴重品をロッカーに保管する。

保護(ほご)スル to protect　　　　　　　　保管(ほかん)スル to store, to safekeep
保存(ほぞん)スル to preserve　　　　　　　確保(かくほ)スル to maintain, to ensure
保障(ほしょう)スル to secure　　　　　　　保証(ほしょう)スル to guarantee
保温(ほおん)スル to maintain at a warm temperature 保守的(ほしゅてき)ナ conservative
保険(ほけん) insurance　　　　　　　　　　保健所(ほけんじょ) public health center
保(たも)つ to maintain　　　　　　　　　　保育園(ほいくえん) nursery school

| 修 | イ | 什 | 伩 | 忰 | 忰 | 攸 | 修 | | L 3 |
| | | | | | | | | | 10画 |

シュウ　シュ　おさ-まる　　おさ-める
master, amend

壊(こわ)れたラジカセを修理に出す。
大学院の修士課程(かてい)を修了した。

修理(しゅうり)スル to repair　　　　　　　修了(しゅうりょう)スル to complete（a course）
研修(けんしゅう)スル to study and train　　修正(しゅうせい)スル to amend
修行(しゅぎょう)スル to practice, to train　修士(しゅうし) Master level degree
修道院(しゅうどういん) monastery, convent　修(おさ)める to complete

| 値 | イ | 亻 | 乍 | 値 | 値 | | | | L 6 |
| | | | | | | | | | 10画 |

チ　ね　あたい
value, price

ものの価値は値段では決められない。
健康診断(しんだん)で血糖値が高いと言われた。

価値(かち) value　　　　　　　　　　　　数値(すうち) numerical figure
絶対値(ぜったいち) absolute value　　　　　平均値(へいきんち) mean value, average
血糖値(けっとうち) blood-sugar level　　　　値上(ねあ)げスル to raise（price）
値(あたい)スル to be worthy of　　　　　　値(あたい) value, price
値段(ねだん) price　　　　　　　　　　　　売り値(うりね) retail price

| 倍 | イ | 广 | 位 | 位 | 倍 | | | | L 7 |
| | | | | | | | | | 10画 |

バイ
double, ～times

倍率を変えて拡大コピーをする。
１０年間に所得が倍増した。

倍増(ばいぞう)スル to double　　　　　　　倍加(ばいか)スル to double
倍率(ばいりつ) rate of magnification　　　　～倍(ばい) ～ times（as big）

健	イ	イ⁻	イ⁻	イ⁼	伊	律	健	健		L4 11画

ケン　すこ-やか
healthy, sound, strong

彼はいつも**健康**に気をつけている。
保健センターで薬をもらってきた。

健康(けんこう)ナ　healthy ←→不健康ナ　　　穏健(おんけん)ナ　moderate
健全(けんぜん)ナ　sound, good ←→不健全ナ　　健(すこ)やかナ　sound
保健(ほけん)　health, sanitation　　　　　　　健康診断(けんこう・しんだん)　health check
健康保険(けんこう・ほけん)　health insurance

側	イ	但	俱	俱	側				復2 11画

ソク　かわ
side

この道路は工事で**片側**通行になっている。
私たちは彼らを**側面**から援助した。

片側(かたがわ)　one side　　　　　　両側(りょうがわ)　both sides
側面(そくめん)　side　　　　　　　　右側(みぎがわ)　right side ←→左側

停	イ	仁	佇	佇	倍	停			L3 11画

テイ
stop, suspend

彼は6ヶ月の免許**停止**になった。
両国はクリスマス**停戦**に合意した。

停止(ていし)スル　to stop, to suspend　　　バス停(てい)＝停留所(ていりゅうじょ)　bus stop
停滞(ていたい)スル　to stagnate　　　　　停戦(ていせん)スル　to cease fire
停職(ていしょく)　suspension from work　　停学(ていがく)　suspension from school

傷	イ	仁	佰	伯	傴	傷	傷		L8 13画

ショウ　きず　いた-む　いた-める
injury, wound

不用意なことばが人の心を**傷つける**。
車にひかれて**重傷**を負った。

負傷(ふしょう)スル　to be injured　　　　感傷的(かんしょうてき)ナ　sentimental
傷心(しょうしん)　heart-broken　　　　　切り傷(き)り(きず)　a cut
傷害(しょうがい)　physical injury　　　　重傷(じゅうしょう)　serious injury
傷(きず)つく　to be hurt　　　　　　　　*火傷(やけど)　burn

像	イ	仕	侈	俘	倬	傻	傷	像	L5 14画

ゾウ
image

この寺には大きな**仏像**がある。
旅行でとった写真を**現像**する。

現像(げんぞう)スル　to develop(film)　　　想像(そうぞう)スル　to imagine
仏像(ぶつぞう)　Buddha statue　　　　　　映像(えいぞう)　picture on a TV/movie screen

優	イ	イ	イ	伯	俉	偄	優	優		L 8
										17画

ユウ　すぐ-れる　やさ-しい
superior, gentle, actor

オリンピックで**優勝**するのは難しい。
お年寄りたちのために**優先**席を設ける。

優勝(ゆうしょう)スル　to win
優秀(ゆうしゅう)ナ　superior
優越感(ゆうえつかん)　superiority complex

優先(ゆうせん)スル　to take priority
女優(じょゆう)　actress ←→男優(だんゆう)
優(すぐ)れる　to be superior

書き順→　一　十

2. 十(じゅうへん : all)

十	協	博
BK3	L5	p.130

協	十	十	护	協	協					L 5
										8画

キョウ
co-operate

平和のためには国際的な**協力**が必要だ。
農業**協**同組合を「農**協**」という。

協力(きょうりょく)スル　to work together
協調(きょうちょう)スル　to cooperate
協同組合(きょうどう・くみあい)　co-op

協議(きょうぎ)スル　to confer with
協会(きょうかい)　society, association

書き順→　丨　冂　口

3. 口(くちへん : mouth)

口	吸	呼	味	品	咲	唱	器	喫	鳴
BK1	p.80	BK37	BK28	BK35	p.157	p.115	BK34	p.106	L9

鳴	口	口'	叮	叩	咱	唣	鳴	鳴		L 9
										14画

メイ　な-く　な-る　な-らす
make a sound

遠くで女の人の**悲鳴**がした。
事務室の電話が**鳴**っている。

共鳴(きょうめい)スル　to resonate, to sympathize
悲鳴(ひめい)　scream
鳴(な)く　to cry (animals)

雷鳴(らいめい)　thunder
鳴(な)る　to ring

4．土（つちへん：ground）

土	地	均	坂	坊	城	域	場	塩	境
BK2	BK19	L4	p.100	p.30	p.33	p.179	BK19	p.70	p.27

増	壊
BK43	p.72

均	土	圵	圴	均	均				L4 7画

キン

equal，even，average

三人の子どもに土地を均等に分けた。
この夏の平均気温は昨年より２度高かった。

均衡（きんこう）スル　to balance ⟷ 不均衡　均一（きんいつ）ナ　uniform
均等（きんとう）ナ　equal, of the same proportion
平均（へいきん）スル　average

5．女（おんなへん：woman）

女	好	妨	始	姉	妹	娘	婚	婦
BK2	BK5	p.105	BK24	BK15	BK15	p.70	BK25	p.59

6．弓（ゆみへん：bow）

弓	引	弱	強	張	弾
索	BK33	BK38	BK21	L5	L9

張	弓	弔	引	弨	張	張	張		L5 11画

チョウ　は-る

stretch，stick

父は出張で名古屋へ行った。
試験のとき、緊張した。

主張（しゅちょう）スル　to assert　　緊張（きんちょう）スル　to tense
出張（しゅっちょう）スル　to go on a business trip/errand
張（は）り切（き）る　to be tense/eager

| 弾 | 弓 | 弓ツ | 弓�台 | 弓単 | 弾 | | | | | L 9 |
| --- | --- | --- | --- | --- | --- | --- | --- | --- | --- | 12画 |

ダン　ひ-く　はず-む　たま
bullet, bound

政府はその宗教（しゅうきょう）団体を**弾圧**した。
この球は**弾力**があって、よく**弾む**。

弾圧（だんあつ）スル　to suppress
爆弾（ばくだん）　bomb
弾（ひ）く　to play（musical instruments）

弾丸（だんがん）＝弾（たま）　bullet
弾力（だんりょく）　elasticity
弾（はず）む　to bound, to bounce

書き順→ 一 丁 工

| 功 | 工 | 功 | 功 | | | | | | | L 2 |
| --- | --- | --- | --- | --- | --- | --- | --- | --- | --- | 5画 |

コウ
merit, success

彼は大きな事業に**成功**した。
日本の企業は**年功序列**制度だ。

成功（せいこう）スル　to succeed
功罪（こうざい）　merits and demerits
年功序列制度（ねんこう・じょれつ・せいど）　the seniority system

不成功（ふせいこう）　failure

書き順→ ノ ク イ

| 役 | 彳 | 彳 | 彳几 | 彳殳 | 役 | | | | | L 8 |
| --- | --- | --- | --- | --- | --- | --- | --- | --- | --- | 7画 |

ヤク　エキ
role, duty, service

先進国の果たす**役割**を考える。
市役所で外国人登録（とうろく）をする。

服役（ふくえき）スル　to serve（sentence）
役所（やくしょ）　public office
役職（やくしょく）　post, position
上役（うわやく）　one's superior(s)
現役（げんえき）　currently（on service）

役割（やくわり）　assigned role, duty
役人（やくにん）　government officials
重役（じゅうやく）　company executive
役者（やくしゃ）　actor, actress
役立（やくだ）つ　to be useful

復	彳	彳	徣	復	復	復			復2
									12画

フク
retrieve, again

父は仕事で週一回東京と大阪を**往復**する。
病気が**回復**して、職場に**復帰**した。

回復（かいふく）スル　to recover
往復（おうふく）スル　to go and return

復帰（ふっき）スル　to return
復習（ふくしゅう）スル　to review

書き順→ ノ ハ 忄

9. 忄（りっしんべん: heart）

心	忙	快	性	悩	情	慣
BK36	BK16	L4	BK45	p.63	BK36	L10

快	忄	忄	忄ユ	忰	快				L4
									7画

カイ　こころよ-い
pleasant, comfortable

クーラーのおかげで夏でも**快適**に過ごせる。
快速電車は次の駅に止まりません。

快勝（かいしょう）スル　to gain victory easily
快適（かいてき）ナ　comfortable, pleasant
明快（めいかい）ナ　clear
快速（かいそく）　high - speed, express
快（こころよ）い　comfortable, pleasant

全快（ぜんかい）スル　to recover completely
不快（ふかい）ナ　unpleasant
軽快（けいかい）ナ　light, nimble
快晴（かいせい）　fine weather

慣	忄	忙	忲	忲	忡	慣	慣		L10
									14画

カン　な-れる　な-らす
custom

毎朝、公園を散歩する**習慣**がある。
新しい土地での暮らしにも**慣**れた。

習慣（しゅうかん）　custom, habit
慣習（かんしゅう）　custom, practice
慣（な）れる　to get used to

慣例（かんれい）　custom, precedent
慣用句（かんようく）　idiom

10. 扌(てへん: hand)

手	打	払	技	折	投	批	押	拡	招
BK6	BK30	BK30	p.27	BK30	BK30	p.42	BK33	L2	復2
担	拍	抱	指	持	振	捕	採	捨	授
L3	復1	L8	BK30	BK14	L9	L8	p.70	p.72	p.86
推	接	排	援	換	提	損	摘		
p.134	BK29	p.81	L3	L9	p.134	p.178	p.134		

| 拡 | 扌 | 扩 | 扩 | 拡 | 拡 | | | | L2 8画 |

カク
expand

このコピー機は**拡大**も縮小もできる。
来年度は事業を**拡張**する予定だ。

拡大(かくだい)スル　to enlarge
拡散(かくさん)スル　to scatter

拡張(かくちょう)スル　to lengthen
軍拡(ぐんかく)　military buildup

| 招 | 扌 | 扪 | 招 | 招 | | | | | 復2 8画 |

ショウ　まね-く
invite

客を家に**招**いて、家庭(かてい)料理でもてなす。
友人の結婚式に**招待**された。

招待(しょうたい)スル　to invite

招(まね)く　to invite, to beckon

| 担 | 扌 | 担 | 担 | | | | | | L3 8画 |

タン　にな-う　かつ-ぐ
undertake, carry(on one's shoulders)

残りの仕事は皆(みな)で**分担**しよう。
担当の医師と相談して入院日を決めた。

分担(ぶんたん)スル　to bear one's share
担当(たんとう)スル　to be responsible for
担(かつ)ぐ　to carry (on one's shoulder)

負担(ふたん)スル　to be liable
担任(たんにん)　being in charge of
担(にな)う　to undertake

| 拍 | 扌 | 扌 | 扩 | 扣 | 拍 | 拍 | | | 復1 8画 |

ハク　（ヒョウ）
beat

見事な演技に**拍手**が止まらなかった。
手足で**拍子**をとりながら歌った。

拍手（はくしゅ）スル　to clap one's hands
拍子（ひょうし）　time, beat

脈拍（みゃくはく）　pulse

| 抱 | 扌 | 扌 | 扚 | 抱 | 抱 | 抱 | | | L8 8画 |

ホウ　だ-く　いだ-く　かか-える
embrace

大きな夢を**抱**いて将来の**抱負**を語る。
5人の子どもを**抱**えた生活は楽ではない。

介抱（かいほう）スル　to nurse, to care for
抱（だ）く　to hold
抱（かか）える　to support

抱負（ほうふ）　aspiration, ambition
抱（いだ）く　to embrace

| 振 | 扌 | 扌 | 扩 | 护 | 振 | 振 | | | L9 10画 |

シン　ふ-る　ふ-るう
swing, wield

この**船**は**振動**が激しい。
最近、この会社は**業績**が**不振**である。

振動（しんどう）スル　to vibrate
不振（ふしん）ナ　dull（condition）
身振（みぶ）り　gesture

振興（しんこう）スル　to promote
振幅（しんぷく）　amplitude
振（ふ）る　to shake, to wave, to swing

| 捕 | 扌 | 扌 | 折 | 拍 | 捕 | 捕 | | | L8 10画 |

ホ　つか-まる　つか-まえる　と-る
とら-える　catch

殺人事件の犯人が**捕**まった。
元首相に**逮捕状**が出された。

逮捕（たいほ）スル　to arrest
捕虜（ほりょ）　prisoner

捕手（ほしゅ）　catcher
捕（つか）まえる　to catch, to sieze

| 援 | 扌 | 扌 | 扩 | 押 | 押 | 拨 | 援 | | L3 12画 |

エン
aid, support

開発途上国を経済的に**援助**する。
今回の海外公演は文化庁が**後援**している。

援助（えんじょ）スル　to aid
支援（しえん）スル　to support, to aid
後援（こうえん）スル　to support (financially)

応援（おうえん）スル　to support, to cheer
救援（きゅうえん）スル　to send relief
援護（えんご）スル　to protect

換	扌	扩	护	掐	掐	換	換		L9
									12画

カン　か-わる　か-える
exchange, convert

日本円に**換**算すると約1億円になる。
会社の方針を転**換**することが決まった。

交換（こうかん）スル　to exchange	換気（かんき）スル　to ventilate
転換（てんかん）スル　to change	換算（かんさん）スル　to convert
変換（へんかん）スル　to convert, to change	換（か）える　to change, to substitute

書き順→　ヽ　ヽ　シ

11. シ（さんずい: water）

水	汚	池	汽	決	沈	泳	泣	況	治
BK2	L8	p.164	p.87	BK30	p.59	BK11	BK36	p.58	BK22
注	波	泊	法	油	海	活	浅	洗	派
BK32	p.115	BK31	BK45	BK11	BK11	BK25	L1	BK30	L6
洋	酒	消	浮	流	液	混	済	深	清
BK25	BK11	BK30	p.60	BK30	p.57	L9	BK22	BK30	p.99
涼	温	減	湖	港	測	渡	満	漢	源
BK26	BK26	BK43	復1	BK39	L9	BK17	L6	p.1	p.72
滞	演	滴	漁	潔	激	濃			
p.56	L3	p.98	p.57	p.99	L4	L1			

汚	シ	氵	汚						L8
									6画

オ　きたな-い　けが-れる　けが-す
よご-れる　よご-す　dirty

政治家の**汚職**事件が後をたたない。
汚い工場排水で川はすっかり**汚染**された。

汚染（おせん）スル　to be contaminated	汚職（おしょく）　corruption
汚点（おてん）　stain	汚（きたな）い　dirty

浅	シ	氵	浅	浅	浅				L1
									9画

セン　あさ-い
shallow

浅薄な知識しか持っていない。
この川は**浅**くて、流れが速い。

浅薄（せんぱく）ナ　superficial, shallow	浅（あさ）い　shallow
浅草（あさくさ）　(place name in Tokyo)	

| 派 | シ | シ | 汀 | 沪 | 沂 | 泝 | 派 | | | L6 9画 |

ハ
sect, party, branch off

左派の中にも保守派と急進派がいる。
ヨーロッパの印象派の絵画が好きだ。

派遣（はけん）スル　to dispatch
派手（はで）ナ　showy, flashy
派閥（はばつ）clique, faction
保守派（ほしゅは）conservative faction
印象派（いんしょうは）impressionists

派生（はせい）スル　to derive from
立派（りっぱ）ナ　fine, excellent
左派（さは）leftists, left faction
急進派（きゅうしんは）radical faction
特派員（とくはいん）special correspondent

| 混 | シ | 沪 | 泥 | 混 | 混 | | | | | L9 11画 |

コン　ま-じる　ま-ざる　ま-ぜる
mix

日曜日なので、店は混雑していた。
頭が混乱していて、整理できない。

混雑（こんざつ）スル　to be crowded
混同（こんどう）スル　to confuse
混（ま）じる／混（ま）ざる　to be mixed

混乱（こんらん）スル　to be confused
混合（こんごう）スル　to mix
混（ま）ぜる　to mix, to include

| 湖 | シ | シ | 汁 | 沽 | 湖 | | | | | 復1 12画 |

コ　みずうみ
lake

昨夜の大雨で湖の水が増加した。
人造湖の水は付近の田んぼに利用する。

湖畔（こはん）lake shore
人造湖（じんぞうこ）artificial lake

湖水（こすい）lake
琵琶湖（びわこ）Lake Biwa

| 測 | シ | 泪 | 湏 | 測 | | | | | | L9 12画 |

ソク　はか-る
measure

大地震がいつ起こるかは予測できない。
天体の動きを観測する。

測量（そくりょう）スル　to survey
推測（すいそく）スル　to suppose
測定（そくてい）スル　to measure

観測（かんそく）スル　to observe
予測（よそく）スル　to forecast, to estimate
測（はか）る　to measure

| 満 | シ | 沪 | 洪 | 泄 | 満 | 満 | 満 | | | L6 12画 |

マン　み-たす　み-ちる
full, satisfied

数学の試験で満点を取った。
会場は満開の桜を楽しむ人で超満員だった。

満足（まんぞく）スル　to be satisfied
満員（まんいん）full (of people)

不満（ふまん）dissatisfaction
満点（まんてん）full（marks）

255

満開（まんかい）in full bloom　　満二歳（まんにさい）fully 2 years old
満（み）たす to fill

| 演 | ⺡ | 沪 | 沪 | 宿 | 渲 | 演 | | | | L3 14画 |

エン
perform

彼女は卒業公演で主役を**演**じた。
運動会の予行**演習**を行う。

出演（しゅつえん）スル　to appear on stage
講演（こうえん）スル　to give a lecture
公演（こうえん）スル　to perform in public
演（えん）じる　to play a part

演技（えんぎ）スル　to act, to perform
演説（えんぜつ）スル　to make a speech
演習（えんしゅう）practice, drill

| 激 | ⺡ | 泊 | 涫 | 渻 | 湯 | 激 | 激 | 激 | | L4 16画 |

ゲキ　はげ-しい
violent, severe

時代の**急激**な変化についていけない。
すばらしい話を聞いて、**感激**した。

感激（かんげき）スル　to be deeply moved
刺激（しげき）スル　to stimulate
激増（げきぞう）スル　to increase suddenly ←→ 激減（げきげん）スル
過激（かげき）ナ extreme
急激（きゅうげき）ナ sudden, abrupt

激化（げきか）スル　to intensify
激変（げきへん）スル　to change radically
激怒（げきど）スル　to be enraged
激（はげ）しい severe

| 濃 | ⺡ | 沪 | 沘 | 沸 | 浐 | 濃 | 濃 | 濃 | | L1 16画 |

ノウ　こ-い
concentrated

その男がやったという 疑（うたが）いが**濃厚**だ。
濃いグレーの服を着ている。

濃縮（のうしゅく）スル to concentrate（liquid）
濃度（のうど）density

濃厚（のうこう）ナ concentrated, deep
濃（こ）い strong（liquid）, dark（color）

書き順→ ノ ⺨ ⺨

12. ⺨（けものへん: animal）

犯　狭　独　猫
p.71　BK38　L1　p.85

| 独 | ⺨ | 犭 | 狆 | 独 | 独 | | | | | L1 9画 |

ドク　ひと-り
alone, *Germany

米国は1776年に**独立**した。
彼はまだ**独身**だ。

独立(どくりつ)スル to become independent　独占(どくせん)スル to monopolize
独特(どくとく)ナ unique, special　　　　孤独(こどく)ナ lonely
独身(どくしん) single, unmarried　　　　＊独文(どくぶん) German literature

書き順→ ７ ３ 阝

１３. 阝(こざとへん: cliff)

阪	防	限	院	降	険	陸	階	隊	陽
p.57	L5	L5	BK18	BK17	L4	p.52	BK39	p.49	p.166

際	障	隣
L2	p.159	p.70

防　阝　阝ˋ　阝ー　防　防　　　　　　L5　7画

ボウ　ふせ-ぐ　　　　　　病気にならないように**予防**する。
defend, prevent　　　　国の**防衛費**がだんだん増えている。

予防(よぼう)スル to prevent, to take precautions　防止(ぼうし)スル to prevent
消防署(しょうぼうしょ) fire station　　　防水加工(ぼうすい・かこう) waterproof
防衛費(ぼうえいひ)＝ 国防費(こくぼうひ) defense expenditure
防(ふせ)ぐ to defend, to prevent

限　阝　阝フ　阝ヨ　阺　限　　　　　　L5　9画

ゲン　かぎ-る　　　　　　**期限**が来たので、本を返しに行った。
limit　　　　　　　　　月二万円を**限度**として交通費を支給する。

制限(せいげん)スル to limit　　　　限度(げんど) limit (numerical)
限界(げんかい) limit (to one's abilities)　期限(きげん) (time) limit
最低限(さいていげん) the lowest　　限(かぎ)る to limit

険　阝　阝ㇸ　阝△　阥　除　険　　　　L4　11画

ケン　けわ-しい　　　　生命**保険**や火災**保険**に加入する。
danger, severe　　　　高さ3000メートル以上の**険**しい山に登る。

冒険(ぼうけん)スル to adventure　　　危険(きけん)ナ dangerous ⟷ 安全ナ
険悪(けんあく)ナ dangerous, threatening　保険(ほけん) insurance
険(けわ)しい steep, severe

257

際	ß	ß⁷	ß⁷	ß⁷⁷	陀	陘	際		L2 14画

サイ　（きわ）

occasion, side

東京は**国際的**な都市になった。

結婚を前提に**交際**している。

交際(こうさい)スル　to associate with

実際(じっさい)　actually

V-(r)u 際(さい)に　when doing 〜

国際的(こくさいてき)ナ　international

この際(さい)　on this occasion, now

Nに際(さい)して when 〜 happens, in case of 〜

書き順→ 丨 丬 丬

14. 丬(しょうへん: wooden piece)

状　　将
p.35　　p.86

書き順→ 丶 亠 亍 方

15. 方(かたへん: direction)

方　　放　　施　　旅　　族
BK10　BK39　p.27　BK31　BK41

書き順→ 丨 冂 日 日

16. 日(ひへん: sun, day)

日　　明　　映　　昨　　昭　　時　　晴　　晩　　暗　　暖
BK1　BK5　BK23　p.41　p.165　BK11　BK14　BK10　BK8　BK26

曜
BK10

書き順→ 丿 冂 月 月

17. 月(つきへん: moon)

月　　服　　勝
BK1　BK34　L2

勝→つくり3. 力(ちから)

18. 月 (にくづき: muscles)

肉	肝	肺	能	胸	脈	脱	脳	腕	腸
BK7	p74	p.74	L2	p.74	p.65	BK37	p.74	p.74	p.74

腹	腰	臓
p.74	p.74	p.74

能	ム	ム	肖	肖	能	能				L2
										10画

ノウ
ability，*Noh drama

知能ロボットの開発が進んでいる。
この会社は有能なスタッフが多い。

機能(きのう)スル　to function
有能(ゆうのう)ナ　able, competent ←→ 無能(むのう)ナ
知能(ちのう)　intelligence
性能(せいのう)　efficiency
才能(さいのう)　talent
放射能(ほうしゃのう)　radiation

可能(かのう)ナ　possible ←→不可能(ふかのう)ナ
能力(のうりょく)　ability
能率(のうりつ)　efficiency
芸能(げいのう)　entertainment

19. 火 (ひへん: fire)

火	畑	焼
BK2	BK5	BK37

20. 木 (きへん: tree)

木	札	机	材	村	松	板	枚	林	相
BK1	p.56	p.20	p.48	BK20	p.111	p.134	p.109	BK5	BK31
桜	格	校	根	株	梅	械	森	検	植
p.142	BK29	BK11	L10	p.38	p.56	L5	BK5	復2	p.49
概	構	様	横	権	標	機	橋	欄	
L7	復2	BK20	BK40	p.59	p.180	BK32	BK40	p.129	

根	才	村	杩	柑	根				L10
									10画

コン　ね
root，foundation

この木は根が広く張っている。
彼の主張の根拠がわからない。

根本(こんぽん) foundation, root
根底(こんてい) bottom, basis

根拠(こんきょ) ground, basis
根(ね) root

| 械 | 木 | 朾 | 村 | 杭 | 栻 | 械 | 械 | | | L 5
11画 |

カイ
machine

大きな建設機械を使ってビルを建てる。
工場の機械化が進んだ。

機械化(きかいか)スル to mechanize

機械(きかい) machine

| 検 | 木 | 杦 | 杦 | 栓 | 栓 | 検 | | | | 復2
12画 |

ケン
examine

コンピュータで読みたい本を検索する。
この件は社内で再検討して返事をする。

検査(けんさ)スル to inspect, to examine
検索(けんさく)スル to search for, to look up
検定試験(けんてい・しけん) examination for a certificate
検察庁(けんさつちょう) the Public Prosecutor's Office

検討(けんとう)スル to examine
探検(たんけん)スル to explore

| 概 | 木 | 杆 | 根 | 根 | 梢 | 概 | 概 | 概 | | L 7
14画 |

ガイ
approximate

概説書は便利だが、あまり面白くない。
古代から現代までの日本の歴史を概観する。

概説(がいせつ)スル to give an outline
概算(がいさん)スル to estimate (generally)
概要(がいよう) summary
気概(きがい) spirit, drive

概観(がいかん)スル to make an overview
概論(がいろん) outline
概念(がいねん) notion, concept
概(がい)して generally

| 構 | 木 | 杧 | 梼 | 構 | 構 | 構 | 構 | | | 復2
14画 |

コウ　（かま-う）　かま-える
structure

日本の経済構造は複雑だ。
その会は年配の男性で構成されている。

構成(こうせい)スル to compose
構造(こうぞう) structure

構想(こうそう)スル to plan, to conceive
機構(きこう) organization

21. 歹 (がつへん: bone)

死	列	残
L7	復2	BK29

列→つくり2. 刂 (りっとう)

死	一	ア	ア	歹	歹	死				L7 6画

シ し-ぬ
death

飛行機事故で多数の**死者**が出た。
疲れたのか、**死んだ**ように眠っている。

死去(しきょ)スル to pass away
病死(びょうし)スル to die of sickness
死体(したい) corpse
死(し)ぬ to die

急死(きゅうし)スル to die suddenly
死者(ししゃ) the deceased
死因(しいん) the cause of death

22. 牛 (うしへん: cow)

牛	物	特	犠
BK7	BK7	BK31	p.98

23. 王 (おうへん: king)

王	球	現	理	環
L1	L5	BK44	BK22	p.23

王	一	丁	干	王						L1 4画

オウ
king

「はだかの**王様**」という童話を読んだ。
ピラミッドは古代エジプトの**王**の墓だ。

国王(こくおう) king (of a country)
王室(おうしつ) royal family

王様(おうさま) king (colloquial)
王子(おうじ) prince

球	王	玝	打	玝	球	球				L 5
										11画

キュウ　たま
ball, bulb

地球は太陽の周りを回っている。
この**球場**で**野球**の試合がある。

野球(やきゅう)　baseball
地球(ちきゅう)　the earth
電球(でんきゅう)　electric light bulb

球場(きゅうじょう)　baseball ground
球根(きゅうこん)　bulb, tuber
球(たま)　ball

書き順→ 丶 ラ ネ ネ

２４．ネ(しめすへん: alter)

示	礼	社	祝	神	祖	視	福
L7	BK42	BK18	p.34	L8	p.140	L7	L4

視→つくり２８．見(みる)

示	一	二	示	示	示					L 7
										5画

シ　ジ　しめ-す
indicate

コーチの**指示**にしたがって練習する。
入選作品の**展示**会が開かれた。

指示(しじ)スル　to instruct
掲示(けいじ)スル　to put up a notice
示唆(しさ)スル　to suggest
展示会(てんじかい)　exhibition

提示(ていじ)スル　to present
明示(めいじ)スル　to state clearly
暗示(あんじ)スル　to hint
示(しめ)す　to show

神	ネ	祁	神							L 8
										9画

シン　ジン　かみ　(かん)　(こう)
god, spirit

神社で結婚式をあげる。
彼女はよく気がつく**神経**の細かい人だ。

神経質(しんけいしつ)ナ　nervous
精神(せいしん)　spirit
神話(しんわ)　myth, mythology
神戸市(こうべし)　place name

神経(しんけい)　nerve
神社(じんじゃ)　Shinto shrine
神主(かんぬし)　Shinto priest

福	ネ	礻	袹	福						L 4
										13画

フク
good fortune, good luck

彼は**裕福**な家庭で育った。
節分には、「**福**は内、鬼は外」と言って豆をまく。

祝福(しゅくふく)スル　to bless
裕福(ゆうふく)ナ　wealthy
福祉(ふくし)　welfare

幸福(こうふく)ナ　happy
福(ふく)　good fortune
福音(ふくいん)　the Gospel

書き順→ 一 二 チ 开

２５．开【ケイ】

刑　形　型
p.52　BK28　L6

型→あし９．土（つち）

書き順→ 丨 冂 冂 冊 田

２６．田（たへん: rice field）

田　町　略
BK1　BK20　L10

略	田	田ノ	田ク	畋	略					L 10 11画

リャク
abbreviate, omit, plot

時間がないので、省略する。
侵略を防ぐために、国民は立ち上がった。

計略（けいりゃく）スル　to plan, to plot
侵略（しんりゃく）スル　to invade
略式（りゃくしき）　informal
前略（ぜんりゃく）　(opening phrase used in letters)

省略（しょうりゃく）スル　to omit
戦略（せんりゃく）　strategy
略称（りゃくしょう）　abbreviation
略（りゃく）す　to abbreviate

書き順→ 丨 冂 月 月 目

２７．目（めへん: eye）

目　眠　眼　睡
BK6　BK38　p.148　L7

睡	目	目ノ	肝	肝	睡	睡				L 7 13画

スイ
sleep

睡眠不足で頭が痛い。
寝台車では熟睡できない。

熟睡（じゅくすい）スル　to sleep deeply
睡眠（すいみん）　sleep

263

２８. 矢 (やへん: arrow)

知　　短
BK33　BK8

２９. 石 (いしへん: stone)

石　　研　　砂　　破　　硬　　確　　礎
BK6　BK21　p.159　p.72　L1　L4　L10

硬	石	石⁻	硒	硬	硬			L1 12画

コウ　かた-い
hard, stiff

相手の**強硬**な態度は変わらない。
この文章は子ども向けにしては**硬**すぎる。

硬直(こうちょく)スル　to become stiff
強硬(きょうこう)ナ　stiff
硬貨(こうか)　coin

硬化(こうか)スル　to stiffen
硬度(こうど)　hardness
硬(かた)い　stiff

確	石	石⁻	矿	矿	矿	矿	碎	確	L4 15画

カク　たし-か　たし-かめる
certain, definite, sure

日本の鉄道は時間に**正確**だ。
確実な情報によれば、次の首相は彼らしい。

確信(かくしん)スル　to believe firmly
確立(かくりつ)スル　to establish
確定(かくてい)スル　to decide
正確(せいかく)ナ　accurate ←→不正確ナ
確実(かくじつ)ナ　certain, sure ←→不確実ナ
確率(かくりつ)　probability

確認(かくにん)スル　to confirm＝確かめる
確保(かくほ)スル　to maintain
確約(かくやく)スル　to promise firmly
的確(てきかく)ナ　precise, accurate
明確(めいかく)ナ　clear, distinct
確(たし)かめる　to make sure, to check

礎	石	石木	石林	石梺	石梺	碏	碏	礎	L10 18画

ソ　(いしずえ)
foundation

先代の会長はわが社の**礎**を築いた。
数学を**基礎**から勉強する。

基礎(きそ)　base

礎(いしずえ)　the foundation

30. ネ (ころもへん: clothing)

衣	初	被	補	裕	複
p.51	BK44	復2	p.55	L4	L2

被	ネ	ネー	ネー	祊	袝	被			復2 10画

ヒ　こうむ-る
receive, wear

台風が通過したため大きい**被害**を受けた。
今年入社したばかりで**被服費**がかさむ。

被服(ひふく)　clothes
被告(ひこく)　accused, defendant

被害(ひがい)　damage
被(こうむ)る　to incur, to receive

裕	ネ	ネ	祊	裕				L4 12画

ユウ
surplus

彼は少年時代、**裕福**な家庭で育った。
不景気で生活に**余裕**がない。

裕福(ゆうふく)ナ　wealthy, rich

余裕(よゆう)　surplus, room

複	ネ	ネ	祊	袹	祊	祣	複		L2 14画

フク
multiple, compound, complex

複雑な家庭の事情がある。
日本語には単数、**複数**の区別がない。

重複(じゅうふく/ちょうふく)スル　to overlap
複雑(ふくざつ)ナ　complicated
複合(ふくごう)　compound

複写(ふくしゃ)スル　to copy
複数(ふくすう)　plurality

31. 禾 (のぎへん: rice stalk)

私	利	和	科	秋	秘	移	税	程	稚
BK2	BK16	BK25	BK22	BK26	p.34	BK43	L6	p.66	p.106

種	積
p.58	p.165

税	禾	秒	秒	税					L 6
									12画

ゼイ
tax, duty

米の**関税化**をめぐって論争が起きている。
飛行機に乗る前に**免税品**店で買物した。

税金（ぜいきん）　tax, duty
関税（かんぜい）　customs
税理士（ぜいりし）　tax accountant
消費税（しょうひぜい）　consumption tax
所得税（しょとくぜい）　income tax

税関（ぜいかん）　customs office
免税品（めんぜいひん）　duty-free goods
税務署（ぜいむしょ）　tax office
相続税（そうぞくぜい）　inheritance tax
住民税（じゅうみんぜい）　inhabitants' tax

32. 米 (こめへん: rice)

米	料	精
BK6	BK23	L8

精	米	籵	粍	精					L 8
									14画

セイ　ショウ
spirit, vigor, fine

健康な体には健全な**精神**が宿る。
朝から晩まで**精力的**に仕事をこなす。

精算（せいさん）スル　to adjust（an account）
精読（せいどく）スル　to read carefully
精密（せいみつ）ナ　detailed
不精・無精（ぶしょう）ナ　indolent, lazy

精通（せいつう）スル　to know thoroughly
精進（しょうじん）スル　to devote oneself
精力的（せいりょくてき）ナ　energetic
精神（せいしん）　spirit

33. 糸 (いとへん: thread)

糸	紀	級	紅	約	紙	純	納	経	細
BK6	L5	p.30	p.98	BK31	BK34	L2	L9	BK22	BK38
終	紹	組	絵	給	結	絶	統	絡	続
BK24	復2	BK23	L8	p.55	BK25	p.34	p.25	BK31	BK43
総	緑	練	線	編	縮	織			
L6	p.131	BK21	BK32	p.60	L2	L9			

紀	糸	紀	紀	紀						L5 9画

キ

period, record

紀元前3世紀ごろ米を作り始めた。
あの作家は紀行文が有名だ。

紀元前(きげんぜん)　Before Christ ＝B.C.　21世紀(せいき)　the 21st century
紀行文(きこうぶん)　travel notes

純	糸	紅	紅	純						L2 10画

ジュン

pure, innocent

単純な計算を間違えてしまった。
若いうちは、考えが純粋だ。

単純(たんじゅん)ナ　simple
不純(ふじゅん)ナ　impure, dishonest
純金(じゅんきん)　pure gold

純粋(じゅんすい)ナ　naive, pure
純情(じゅんじょう)ナ　pure-hearted

納	糸	糸	納	納	納					L9 10画

ノウ　ナッ　おさま-る
おさめ-る　store, put in

国民には納税の義務がある。
その案には納得できない点がある。

収納(しゅうのう)スル　to receive and store　納税(のうぜい)スル　to pay tax
出納(すいとう)スル　to deal revenue and expenditure
納得(なっとく)スル　to be convinced and satisfied, to be persuaded
納豆(なっとう)　fermented soybeans　　納(おさ)める　to pay
納(おさ)まる　to be settled

紹	糸	糿	紹	紹						復2
										11画

ショウ
introduce

田中さんを鈴木(すずき)さんに**紹介**する。
先生からの**紹介状**を持って会社を訪ねた。

紹介(しょうかい)スル　to introduce　　　　自己紹介(じこ・しょうかい)　self‐introduction
紹介状(しょうかいじょう)　letter of introduction

絵	糸	糸ヘ	絵	絵	絵					L8
										12画

エ　カイ
picture

絵の具で絵をかく。
美術館に**絵画**展を見に行った。

絵(え)はがき　a picture postcard　　　　絵の具(えのぐ)　colors, paints
絵本(えほん)　a picture book　　　　　似顔絵(にがおえ)　portrait
油絵(あぶらえ)　oil painting　　　　　絵画(かいが)　drawing and paintings

総	糸	糸ヽ	絵	総	総	総				L6
										14画

ソウ
total, whole, general, gross

国民**総生産**が世界第3位になった。
来年の3月に**総選挙**が行われる。

総合(そうごう)スル　to synthesize, to integrate
総選挙(そうせんきょ)　general election　　　　総額(そうがく)　total amount
国民総生産(こくみん・そうせいさん)　Gross National Product ＝ GNP
総理大臣(そうり・だいじん)　prime minister　　総(そう)じて　on the whole

縮	糸	絎	絎	絎	絎	縮				L2
										17画

シュク　ちぢ-まる　ちぢ-める
ちぢ-む　ちぢ-れる　shrink

この書類を**縮小**コピーしてください。
これは**濃縮**ジュースです。

縮小(しゅくしょう)スル　to reduce　　　　圧縮(あっしゅく)スル　to compress
短縮(たんしゅく)スル　to shorten　　　　濃縮(のうしゅく)スル　to concentrate (liquid)
軍縮(ぐんしゅく)　arms reduction　　　　縮尺(しゅくしゃく)　reduced scale
縮図(しゅくず)　miniature　　　　　　　縮(ちぢ)める　to shorten
縮(ちぢ)れる　to become curly

織	糸	絎	絎	織	織	織				L9
										18画

ショク　シキ　お-る
weave

自然の材料で**染織**する。
政治問題研究会を**組織**する。

組織(そしき)スル　to organize　　　　染織(せんしょく)スル　to dye and to weave
手織(ており)　hand woven　　　　　*織田信長(おだのぶなが)　(historical person)

268

書き順→ 一 丁 下 丆 耳

34. 耳（みみへん: ear）

耳	取	職
BK6	BK33	L3

職	耳	耵	暗	職	職	職				L3
										18画

ショク
employment, occupation

大学生は今、**就職**活動で忙しい。
職業安定所に出かけて、**職**を探す。

就職（しゅうしょく）スル　to find a job
休職（きゅうしょく）スル　to suspend from work
辞職（じしょく）スル　to resign
職権（しょっけん）one's authority
職場（しょくば）work place
汚職（おしょく）corruption

退職（たいしょく）スル　to retire
職業（しょくぎょう）occupation
職歴（しょくれき）one's professional career
職人（しょくにん）craftsman

書き順→ ' ' 丁 月 舟

35. 舟（ふねへん: ship）

舟	航	般	船	舶
索	p.116	p.60	p.45	p.98

書き順→ ' 亠 六 宍 交

36. 夊（こうへん: crossing）

交	効	郊
BK32	BK41	L5

郊→つくり12. 阝（おおざと）

書き順→ ' ' 二 千 舌

37. 舌

乱	辞
L7	BK34

乱	ノ	ニ	千	舌	乱				L 7 7画

ラン　みだ-れる　みだ-す
disorder, confusion

職権を乱用してはならない。
乱暴なことばづかいを改める。

乱用(らんよう)スル　to abuse
乱立(らんりつ)スル　to be profuse
混乱(こんらん)スル　to be confused
乱雑(らんざつ)ナ　disorderly, confused

乱暴(らんぼう)スル　violent
乱発(らんぱつ)スル　to overissue
戦乱(せんらん)　war
乱(みだ)す　to throw into disorder

書き順→　丶　二　言　言

38. 言(ごんべん: say)

言	計	訂	記	訓	討	許	設	訪	訳
BK11	BK11	L3	BK27	p.111	L10	p.27	BK39	BK41	L10
詞	証	診	評	詩	試	話	語	誌	説
p.24	p.34	p.70	p.75	p.123	BK29	BK9	BK11	BK34	BK29
読	認	誘	課	諸	請	誕	談	調	論
BK9	L7	P.141	BK45	L6	p.99	p.157	BK31	BK42	BK42
講	識	議	護						
L10	L10	BK27	p.47						

訂	言	言	訂						L 3 9画

テイ
revise, correct

プリントの間違いを訂正する。
来年、この本の改訂版が出る予定だ。

訂正(ていせい)スル　to correct
改訂版(かいていばん)　revised edition

改訂(かいてい)スル　to revise

討	言	言	計	討					L 10 10画

トウ　う-つ
attack, discuss

その問題について深夜まで討論した。
検討した結果、断念することにした。

討論(とうろん)スル　to discuss, to debate
討議(とうぎ)スル　to discuss, to debate

検討(けんとう)スル　to examine

訳	言	訁	訂	訳	訳				L 10 11画

ヤク　わけ
translate, reason

フランス文学を**翻訳**で読んだ。
同時**通訳**をするのはとても大変だ。

通訳(つうやく)スル　to interpret
訳(やく)す　to translate
申(もう)し訳(わけ)　excuse, apology

翻訳(ほんやく)スル　to translate
和訳(わやく)　translation into Japanese
言(い)い訳(わけ)スル　to give an excuse

認	言	訁	訒	訒	認	認			L 7 14画

ニン　みと-める
approve, admit, acknowledge

うわさが本当かどうか**確認**する。
社会人としての**認識**が欠けている。

確認(かくにん)スル　to confirm
公認(こうにん)スル　to certify
容認(ようにん)スル　to admit, to allow
否認(ひにん)スル　to deny

認識(にんしき)スル　to recognize
承認(しょうにん)スル　to approve
認定(にんてい)スル　to approve
認(みと)める　to acknowledge

諸	言	言	計	計	諸	諸			L 6 15画

ショ
various, several, all kinds of

首相は東南アジア**諸国**を訪問した。
これらの**諸報告**を読めばわかる。

諸国(しょこく)　all/various countries
諸問題(しょもんだい)　various problems
諸報告(しょほうこく)　various reports

諸島(しょとう)　chain of islands
諸費用(しょひよう)　various expenses

講	言	言	計	諱	講	講	講	講	L 10 17画

コウ
lecture

毎日、ラジオの中国語**講座**を聞いている。
大学の**講堂**で**講演会**が開かれた。

講義(こうぎ)スル　to lecture
聴講(ちょうこう)スル　to audit
講師(こうし)　lecturer, instructor

講演(こうえん)スル　to lecture, to address
講座(こうざ)　course (of lectures)
講堂(こうどう)　lecture hall

識	言	訐	諳	識	識	識			L 10 19画

シキ
knowledge, recognition

常識がない人とは付き合いたくない。
その問題の重要性を**認識**する。

意識(いしき)スル　to be conscious of
識別(しきべつ)スル　to distinguish
常識(じょうしき)　common sense

認識(にんしき)スル　to recognize
知識(ちしき)　knowledge
標識(ひょうしき)　road sign

３９．貝（かいへん: shell fish）

貝	則	財	敗	販	購	贈
BK6	復2	p.58	L2	復1	復2	L9

則→つくり２．刂（りっとう）　　敗→つくり１８．攵（のぶん）

販	貝	貝⁻	貝厂	貯	販				復1 11画

ハン
merchandize

この店では酒も**販売**している。
自動販売機でたばこを買った。

販売（はんばい）スル　to sell
自動販売機（じどう・はんばいき）　vending machine

市販（しはん）スル　to be on the market

購	貝	貝サ	貝共	購	購	購	購		復2 17画

コウ
purchase

景気は悪いが、**購買力**は低下していない。
この月刊誌の**購読者**は多い。

購入（こうにゅう）スル　to purchase
購読（こうどく）スル　to subscribe

購買（こうばい）スル　to purchase

贈	貝	貝ソ	貝曲	贈					L9 18画

ゾウ　おく-る
present

卒業の記念品を**贈呈**された。
父から土地を**贈与**された。

贈呈（ぞうてい）スル　to present（officially）
贈答（ぞうとう）スル　to exchange gifts
贈（おく）る　to present

贈与（ぞうよ）スル　to donate
贈物（おくりもの）　a present

４０．足（あしへん: leg）

足	距	路
BK6	p.160	BK32

272

４１. 車（くるまへん: wheel）

車	転	軟	軽	較	輪	輸
BK1	BK27	L1	BK38	BK44	p.47	L2

軟	車	車ノ	軟ノ	軟	軟				L1 11画

ナン　やわ-らかい

soft

彼は考え方が**柔軟**だ。

彼女の体は骨_{ほね}がないような**軟**らかさだ。

柔軟（じゅうなん）ナ　flexible

軟（やわ）らかい／軟（やわ）らかな　　soft

軟弱（なんじゃく）ナ　weak, feeble

軟化（なんか）スル　to soften, to be mollified

輸	車	車へ	車へ	輪	輸				L2 16画

ユ

transport

アラブ諸国は石油を**輸出**している。

父は**運輸省**に勤めている。

輸出（ゆしゅつ）スル　to export

輸送（ゆそう）スル　to transport

輸血（ゆけつ）スル　to transfuse blood

輸入（ゆにゅう）スル　to import

空輸（くうゆ）スル　to transport by air

運輸（うんゆ）　transportation

４２. 角（つのへん: horn）

角	解	触
p.22	L3	p.71

解	角	角ケ	解	解	解	解			L3 13画

カイ　ゲ　と-ける　と-かす　と-く

dissolve, untie

長い間の争いが**解決**に向かう。

問題の**解答**を見ても**理解**できない。

理解（りかい）スル　to understand

解説（かいせつ）スル　to explain

解放（かいほう）スル　to release

解禁（かいきん）スル　to lift a ban, to open for the hunting/season

分解（ぶんかい）スル　to disassemble

解答（かいとう）　answer

解（と）く　to untie, to solve

解決（かいけつ）スル　to solve, to settle

解散（かいさん）スル　to break up

解消（かいしょう）スル　to dissolve

弁解（べんかい）スル　to make an excuse

解熱剤（げねつざい）　medicine for fever

書き順→ 一 丆 丙 两 酉

４３．酉 (とりへん: pot)

配　　酸
BK41　　p.57

書き順→ フ コ ヨ 尹 君

４４．君

君　　郡　　群
復2　　復2　　L6

君→あし7.　口　（くち）　　郡→つくり12.　阝（おおざと）

群	フ	コ	ヨ	尹	君	君ˇ	君ˇ	群	L6 13画

グン　む-れ　む-れる　むら　　大群衆が議事堂の前に集まった。
group, crowd　　　　　　　　　この季節になると魚の大群が現れる。

群衆（ぐんしゅう）　crowd（of people）　　大群（たいぐん）　large crowd/herd
抜群（ばつぐん）　outstanding　　　　　　群馬県（ぐんまけん）　Gunma prefecture
流星群（りゅうせいぐん）　meteoric belt　　群（む）れ　group
群（むら）がる　to crowd

書き順→ ナ 占 卓

４５．卓

朝　　幹
BK10　　p.129

書き順→ 人 𠆢 𠂎 金 金

４６．金 (かねへん: metal)

金　　針　　鉄　　銀　　録　　鏡
BK2　　p.40　　BK19　　BK35　　p.78　　p.134

274

47. 幸

幸　報
L4　BK35

幸　土 土 幸 幸 | | | | | L4
8画

コウ　しあわ-せ　さいわ-い　さち　　　ご**多幸**をお祈りいたします。
good fortune, happiness　　　彼女は**幸せ**な結婚生活を送っている。

幸運（こううん）ナ　lucky ←→ 不運ナ　　幸福（こうふく）ナ　happy ←→不幸ナ
多幸（たこう）　good fortune　　　　　　薄幸（はっこう）　ill-fate
幸（しあわ）せ ナ　happy ←→ 不幸せナ

48. 食（しょくへん: eat）

食　　飲　　飯　　飼　　館
BK9　BK9　BK11　p.51　BK19

49. 馬（うまへん: horse）

馬　　駅　　駐　　験
BK7　BK18　p.106　BK29

Ⅱ. つくり

1. 刀（かたな: sword）

刀　　切　　初　　辺
索　　BK16　BK44　p.105

2. 刂（りっとう: sword）

刊	刑	列	判	別	利	刻	刷	制	到
p.118	p.52	復2	p.75	BK37	BK16	L4	p.80	BK45	BK32
例	型	則	前	倒	剣	副	側	割	創
L10	L6	復2	BK10	p.86	p.134	復2	復2	BK33	L3
劇									
p.45									

例→へん1. イ（にんべん）　　型→あし9. 土（つち）

側→へん1. イ（にんべん）

列	一	丁	歹	歹	列			復2 6画

レツ
line

入学式には多数の**列席者**があった。
野球の試合の切符を**行列**して買った。

列挙（れっきょ）スル　to list, to enumerate	参列（さんれつ）スル　to attend
列席（れっせき）スル　to attend	列車（れっしゃ）　train
列島（れっとう）　chain of islands	行列（ぎょうれつ）　procession, queue
列（れっ）する　to attend	

刻	亠	士	亥	亥	亥	刻		L4 8画

コク　きざ-む
engrave

この国は**深刻**な問題をかかえている。
時刻表を見て、列車を決める。

遅刻（ちこく）スル　to be late	彫刻（ちょうこく）スル　to sculpt, to carve
深刻（しんこく）ナ　serious	時刻表（じこくひょう）　timetable
時刻（じこく）　time	刻（きざ）む　to engrave, to carve

則	貝	則						復2 9画

ソク
rule

学校には細かい**規則**が多い。
反則した選手が退場を命じられた。

原則（げんそく）　principle, general rule	規則（きそく）　rule, regulations
法則（ほうそく）　law, rule	反則（はんそく）　violation

副	一	口	畐	副						復2 11画

フク
vice-, sub-

この薬は**副作用**が少ないから安心だ。
若者の主食はパンで、**副食**は肉が多い。

副(ふく)〜　vice-, sub-	副作用(ふくさよう)　side effect
副業(ふくぎょう)　side job	副食(ふくしょく)　side dish ⟷主食

創	𠆢	人	今	戶	倉	創				L3 12画

ソウ
create

新しい文化を**創造**する。
独創的な論文を発表する。

創造(そうぞう)スル　to create	創作(そうさく)スル　to create
創立(そうりつ)スル　to establish	創業(そうぎょう)スル　to found
独創的(どくそうてき)ナ　original, individual	創始者(そうししゃ)　founder
創刊号(そうかんごう)　first issue	

書き順→ フ カ

３．力（ちから: power)

力	功	幼	助	効	勉	動	務	勤	勝
BK4	L2	p.50	L3	BK41	BK21	BK17	L9	L9	L2

働
BK17

功→へん７．エ【コウ】

助	丨	冂	日	且	助					L3 7画

ジョ　たす-かる　たす-ける
help, assist

海でおぼれている人を**救助**した。
助手は補助的な仕事をする人だ。

救助(きゅうじょ)スル　to rescue, to aid	補助(ほじょ)スル　to assist
援助(えんじょ)スル　to aid	助言(じょげん)スル　to advise
助教授(じょきょうじゅ)　assistant professor	助手(じょしゅ)　assistant
助成金(じょせいきん)　subsidy	助(たす)ける　to help, to save

務	マ	予	矛	矜	務					L9 11画

ム　つと-める
duty, serve

責任を持って**任務**を行う**義務**がある。
事務室は午後５時まで開いている。

勤務(きんむ)スル to work   事務(じむ) office work
義務(ぎむ) duty   任務(にんむ) duty, work
業務(ぎょうむ) business   債務(さいむ) debt
税務署(ぜいむしょ) tax office   務(つと)める to work, to perform

勤	サ	艹	芇	茸	菫	勤				L 9
										12画

キン つと-まる つと-める   この学校には**勤**勉な学生が多い。
work for, serve   東京本社から四国に**転勤**になった。

勤務(きんむ)スル to work   通勤(つうきん)スル to commute
転勤(てんきん)スル to be transfered   出勤(しゅっきん)スル to go to work
勤勉(きんべん)ナ industrious   勤(つと)める to work for

勝	月	月ノ	月亠	朕	朕	勝				L 2
										12画

ショウ か-つ まさ-る   **勝**者は**決勝**に進むことができる。
win, victory, excel   去年はこのチームが**優勝**した。

勝負(しょうぶ)スル to play a match   優勝(ゆうしょう)スル to be a champion
勝利(しょうり) victory   勝者(しょうしゃ) winner
勝敗(しょうはい) victory & defeat   決勝(けっしょう) final game
快勝(かいしょう)スル to gain victory easily   勝(か)つ to win
自分勝手(じぶん・かって)ナ selfish   勝(まさ)る to be superior

書き順→ ノ ヒ

4. ヒ

化	北	比	批	能
BK22	BK18	BK44	p.42	L2

能→へん18. 月 (にくづき)

書き順→ ㇖ ム

5. ム

仏	払	私
L1	BK30	BK2

仏→へん1. イ (にんべん)

書き順→ フ 又

6. 又（また: hand）

収　取
L2　BK33

収	丨	丩	収	収						L2
										4画

シュウ　おさ-まる　おさ-める
collect, receive

収入が多いほど、税金が高くなる。
彼の趣味は切手の**収集**だ。

収集（しゅうしゅう）スル　to collect
収容（しゅうよう）スル　to accommodate
収穫（しゅうかく）スル　to harvest
収支（しゅうし）revenue and expenditure
収（おさ）める　to obtain, to collect

吸収（きゅうしゅう）スル　to absorb
収納（しゅうのう）スル　to store
収入（しゅうにゅう）income
領収書（りょうしゅうしょ）receipt

書き順→ 一 丁

7. 丁【テイ／チョウ】

丁　　庁　　町　　訂　　停
復1　 L1　 BK20　 L3　 L3

庁→たれ2. 广（まだれ）　訂→へん38. 言（ごんべん）

停→へん1. イ（にんべん）

丁	一	丁								復1
										2画

チョウ　テイ
block, polite

新住所は中央区中央**1丁目**1番地です。
丁寧なお礼の手紙を受け取った。

丁寧（ていねい）ナ　polite
1丁目（いっちょうめ）1st block(in addresses)

丁重（ていちょう）ナ　respectful
包丁（ほうちょう）kitchen knife

書き順→ 丨 冂 口

8. 口（くち: mouth）

加　　知　　和　　聖
BK43　BK33　BK25　p.150

279

書き順→ 一 寸 寸

9.寸

付	村	対	耐	封	射	将
復1	BK20	BK44	p134	p.60	p.85	p.86

付→へん1. イ（にんべん）

書き順→ フ コ 己

10.己【キ】

己	紀	記	配	起
復1	L5	BK27	BK41	BK24

紀→へん33. 糸（いとへん）

己	フ	コ	己							復1
										3画

コ　キ　（おのれ）
self

自己紹介をしてください。
忙しい都会では利己的になりがちだ。

利己的（りこてき）ナ　selfish, self‑centered　　自己（じこ）　self
知己（ちき）　an acquaintance

書き順→ ノ ク 彡

11. 彡（さんづくり: patterns）

形	修	彫	影
BK28	L3	p.50	p.161

修→へん1. イ（にんべん）

書き順→ フ ３ β

12. β（おおざと：hill）

郊	郡	都	部	郵
L5	復2	BK20	BK18	L1

郊	亠	六	亠	交	郊			L 5 9画

コウ
suburb

東京の**郊外**に家を建てた。
大都市の**近郊**では土地の値段が上がった。

郊外（こうがい）　the outer suburbs　　近郊（きんこう）　the inner suburbs

郡	フ	ヲ	ヨ	尹	君	郡		復2 10画

グン
county, district

郡部と市部の子どもの体力を比較する。
郡は県と町村の間の行政区分の単位だ。

～郡（ぐん）　～county, ～district　　郡部（ぐんぶ）　rural area

郵	亠	三	乒	乒	乗	垂	郵	L 1 11画

ユウ
mail

この書類を**郵送**してください。
郵便局から海外へ送金することができる。

郵送（ゆうそう）スル　　to mail　　郵便局（ゆうびんきょく）　post office
郵政省（ゆうせいしょう）　Ministry of Posts and Telecommunications

書き順→　フ 也 也

13. 也

他　　地　　池　　施
p.38　BK19　p.164　p.27

書き順→　ノ ク 勺

14. 勺

的　　約
BK45　BK31

書き順→　ノ イ 斤 斤

15. 斤（おの: ax）

近　　折　　所　　断　　新
BK14　BK30　BK19　L3　BK8

断	゙	゙゙	半	米	迷	断			L3 11画

ダン　た-つ　ことわ-る　　　　　外見で人を**判断**してはいけない。
cut off, decisive, reject, excuse　　**無断**欠席はしないこと。

断定(だんてい)スル　to conclude　　　　判断(はんだん)スル　to judge
決断(けつだん)スル　to determine　　　断念(だんねん)スル　to give up
診断(しんだん)スル　to diagnose　　　独断的(どくだんてき)ナ　dogmatic
無断(むだん)　without notice　　　　　*断食(だんじき)　fasting
横断歩道(おうだん・ほどう)　pedestrian crossing　断(だん)じて　absolutely
断(た)つ　to cut off　　　　　　　　断(ことわ)る　to decline

書き順→　丶　亠　方　方

16. 方【ホウ／ボウ】

方　坊　妨　防　訪
BK10　p.30　p.105　L5　BK41

防→へん13. 阝(こざとへん)

書き順→　丿　几　月　月

17. 月(つき: moon)

明　　期　　朝　　望
BK5　BK35　BK10　L8

望	亠	亡	亡月	亡月	亡月	望			L8 11画

ボウ　(モウ)　のぞ-む　　　　　外国語は2カ国語できることが**望**ましい。
wish　　　　　　　　　　　　彼は**有望**な若手音楽家だ。

希望(きぼう)スル　to hope　　　　　志望(しぼう)スル　to wish, to choose
失望(しつぼう)スル　to be disappointed　待望(たいぼう)スル　to await
有望(ゆうぼう)ナ　promising　　　　願望(がんぼう)　long-held desire
本望(ほんもう)　satisfaction　　　　望(のぞ)ましい　desirable

18. 攵(のぶん: whip)

改	放	枚	故	政	救	教	敗	敬	散
L3	BK39	p.109	BK32	BK22	L3	BK9	L2	p.42	p.110

数	敵
BK22	p.49

改 | フ | コ | 己 | 改 | | | | | **L 3** / **7画**

カイ　あらた-まる　あらた-める
reform, renew, correct

古い規則は**改正**しなければならない。
各党が政治**改革**を目指して努力している。

改正(かいせい)スル　to revise
改良(かいりょう)スル　to improve
改定(かいてい)スル　to reform, to renew
改善(かいぜん)スル　to improve

改革(かいかく)スル　to reform
改訂(かいてい)スル　to revise
改札口(かいさつぐち)　ticket gate
改(あらた)める　to change, to correct

救 | 寸 | 寸 | 求 | 求 | 救 | | | | **L 3** / **11画**

キュウ　すく-う
rescue, save

飛行機事故でけがをした人を**救助**する。
地震による災害地に**救援**物資を送る。

救助(きゅうじょ)スル　to rescue, to aid
救出(きゅうしゅつ)スル　to save
救命具(きゅうめいぐ)　life preserver

救援(きゅうえん)スル　to send relief
救急車(きゅうきゅうしゃ)　ambulance
救(すく)う　to help out

敗 | 貝 | 貝 | 貝 | 貯 | 敗 | | | | **L 2** / **11画**

ハイ　やぶ-れる
be defeated

失敗しても、やり直せばよい。
ゲームの**勝敗**は時の運だ。

失敗(しっぱい)スル　to fail
大敗(たいはい)スル　to be annihilated
勝敗(しょうはい)　victory and defeat
敗(やぶ)れる　to be defeated

敗北(はいぼく)スル　to be defeated
腐敗(ふはい)スル　to be decomposed, to decay
敗戦(はいせん)　lost battle

１９. 欠（あくび: open mouth）

欠	次	欧	軟	飲	歌
BK25	BK28	L1	L1	BK9	BK14

軟→へん４１. 車（くるまへん）

欧	一	又	区	欧						L1 8画

オウ
Europe

1990 年、**東欧**の社会体制が大きく変化した。
日本人の食生活が**欧米化**してきている。

欧州（おうしゅう） Europe	東欧（とうおう） Eastern Europe
西欧（せいおう） Western Europe	北欧（ほくおう） Northern Europe
欧米（おうべい） Europe and America	欧文（おうぶん） European languages

２０. 殳（るまた: hit）

役	投	段	般	殺
L8	BK30	L10	p.60	p.34

役→へん８. 彳（ぎょうにんべん）

段	'	亻	𠂉	𠂉	段					L 10 9画

ダン
step

外国語は外国を理解する**手段**である。
健康のために毎日**階段**を利用している。

階段（かいだん） stairway, steps	値段（ねだん） price
手段（しゅだん） means, measure	段階（だんかい） grade, stage, step
段落（だんらく） section, paragraph	

２１. 反【ハン】

反	坂	阪	板	版	販	飯
BK44	p.100	p.57	p.134	p.57	復1	BK11

販→へん３９. 貝（かいへん）

22. 皮【ヒ】

皮	波	彼	破	被	疲
L9	P.115	BK15	p.72	復2	BK13

被→へん30. ネ (ころもへん)

皮	丿	厂	广	皮	皮						L9
											5画

ヒ　かわ
skin

太陽光線が強すぎて、皮膚が赤くなった。
社長に仕事のことで皮肉を言われた。

皮膚(ひふ)　skin
皮革製品(ひかく・せいひん)　leather goods
毛皮(けがわ)　fur

皮肉(ひにく)　sarcasm, irony
皮(かわ)　skin

23. 圣【ケイ】

径	経	軽
p.98	BK22	BK38

24. 白【ハク】

白	拍	泊	迫	舶
BK23	復1	BK31	p.97	p.98

拍→へん10. 扌 (てへん)

25. 召【ショウ】

召	招	昭	紹
復2	復2	p.165	復2

召→あし7. 口 (くち)　　招→へん10. 扌 (てへん)

紹→へん33. 糸 (いとへん)

２６. 令【レイ】

令　冷　齢
索　BK26　P.104

２７. 寺【ジ】

寺　待　持　時　特　詩
BK14　BK11　BK14　BK11　BK31　p.123

２８. 見(みる: see)

見　規　視　親　観
BK9　p.47　L7　BK16　L7

視 ネ 祖 衵 視

L7
11画

シ
sight, observe

各国の教育事情を**視**察する。
信号を無**視**して事故を起こす。

視察(しさつ)スル　to inspect
軽視(けいし)スル　to neglect
視点(してん)　viewpoint
視野(しや)　field of vision

無視(むし)スル　to ignore
視力(しりょく)　eyesight
視線(しせん)　line of vision
近視(きんし)　near-sighted

観 ㇗ ケ ㇏ 午 弁 雀 観

L7
18画

カン
observe

動植物(どうしょくぶつ)の生態(せいたい)を**観**察する。
観点を変えれば、短所も長所になる。

観察(かんさつ)スル　to observe
観賞(かんしょう)スル　to appreciate
観光(かんこう)スル　to see sights
悲観的(ひかんてき)ナ　pessimistic ⟷ 楽観的(らっかんてき)ナ
主観的(しゅかんてき)ナ　subjective ⟷ 客観的(きゃっかんてき)ナ
観点(かんてん)　viewpoint
人生観(じんせいかん)　view of life

観測(かんそく)スル　to survey
参観(さんかん)スル　to inspect, to visit
概観(がいかん)スル　to survey

観念(かんねん)　idea

２９．青（あお: blue）【セイ】

青	清	晴	精	請
BK14	p.98	BK14	L8	p.99

精→へん３２．米（こめへん）

３０．長【チョウ】

長	帳	張
BK8	復1	L5

張→へん６．弓（ゆみへん）

帳	口	巾	帳							復1
										11画

チョウ
notebook

来月の予定は**手帳**に書いてある。
働いて借りを**帳消し**にしてもらった。

手帳（てちょう）pocket notebook　　電話帳（でんわちょう）phone directory
日記帳（にっきちょう）diary　　　　帳消（ちょうけ）し cancellation

３１．隹（ふるとり: bird）

進	推	準	雑	難	離
BK43	p.134	BK31	BK34	BK28	BK25

３２．僉【ケン】

俭	険	検	験
p.98	L4	復2	BK29

険→へん１３．阝（こざとへん）　　　検→へん２０．木（きへん）

３３．頁（おおがい: head)

頂	順	傾	領	頭	頼	額	類	顔	題
p.202	L10	p.71	p.25	BK36	L8	L6	BK42	BK41	BK21

願
BK33

順	）	川	川	順					L 10 12画

ジュン
order

料理の**手順**を間違えて、失敗した。
計画は**順調**に進んでいる。

順応（じゅんのう）スル　to adapt
順調（じゅんちょう）ナ　favorable, going well
順番（じゅんばん）　turn, order
順位（じゅんい）　order, ranking

従順（じゅうじゅん）ナ　submissive
順序（じゅんじょ）　order, sequence
手順（てじゅん）　procedure, routine
順（じゅん）に　in order

頼	一	口	申	東	頼				L 8 16画

ライ　たの-む　たよ-る　たの-もしい
rely

頼りになる妹に病気の母の世話を**頼む**。
何でも**頼み**を聞いてくれる**頼もしい**友人だ。

信頼（しんらい）スル　to trust
頼（たの）む　to request
頼（たの）もしい　reliable

依頼（いらい）スル　to request
頼（たよ）る　to rely

額	宀	夕	文	客	額				L 6 18画

ガク　ひたい
amount(money), frame, forehead

小切手に**金額**を書いて署名してください。
今月の**支出額**は**収入額**を上回りそうだ。

金額（きんがく）　amount of money
全額（ぜんがく）　full amount
差額（さがく）　the difference
支出額（ししゅつがく）　expenditure
超過額（ちょうかがく）　surplus
額（ひたい）　the forehead

総額（そうがく）　total
半額（はんがく）　half amount
割当額（わりあてがく）　allotment
納税額（のうぜいがく）　amount of tax paid
額縁（がくぶち）　a (picture) frame

書き順→　丿　亻　勹　勹　勹　复

34．复【フク】
復　腹　複 複2　　p.74　　L2

復→へん8．彳（ぎょうにんべん）　　複→へん30．衤（ころもへん）

書き順→　一　艹　井　莆　莆　冓

35．冓【コウ】
構　講　購 復2　　L10　　復2

構→へん20．木（きへん）　　講→へん38．言（ごんべん）

購→へん39．貝（かいへん）

Ⅲ．その他（左右）

外	旧	以	印	乱	冷	非	師	能	帰
BK18	L6	BK43	L1	L7	BK26	BK45	L6	L2	BK9
孫	野	務	戦	幹	辞	静	疑	端	競
p.140	BK40	L9	L2	p.129	BK34	BK14	p.55	p.185	p.114

乱・辞→へん37．舌　　　　　務→つくり3．力（ちから）

戦→かまえ1．戈（ほこがまえ）　　能→へん18．月（にくづき）

旧	丨	川	旧	旧	旧				L6 5画

キュウ
old, former

地震で壊れた旧市街は復旧に時間がかかる。
政治家の新旧交代を図る。

復旧（ふっきゅう）スル　to restore, to recover 旧式（きゅうしき）　old-type
旧市街（きゅうしがい）　old center（of a town）
旧体制（きゅうたいせい）　old regime　　　　新旧（しんきゅう）　old and new
旧姓（きゅうせい）　one's former name　　　　旧跡（きゅうせき）　historic ruins

印	´	⺈	⺊	⺕	臼	印			L1 6画

イン　しるし　しる-す
mark, seal, *India

その国にいい**印象**を持っている。
これは私たちの感謝の**印**です。

印刷(いんさつ)スル　to print　　　　印象(いんしょう)　impression
印鑑(いんかん)　(stamp used instead of a signature)
印税(いんぜい)　royalties (on a book)　　*印度(いんど)　India
目印(めじるし)　landmark, mark　　　　印(しる)す　to write down

師	´	⺅	⼻	⼾	𠂤	𠂤	師	師	L6 10画

シ
master

被災地(ひさいち)に**医師**と**看護婦**(かんごふ)を**派遣**(はけん)する。
タバコはポルトガルの**宣教師**が伝えた。

師事(しじ)スル　to be a pupil　　　美容師(びようし)　beautician
調理師(ちょうりし)　chef　　　　　宣教師(せんきょうし)　missionary
教師(きょうし)　teacher　　　　　　医師(いし)　(medical) doctor
技師(ぎし)　engineer　　　　　　　　講師(こうし)　lecturer, instructor

IV. かんむり

書き順→ 、 ⼇

1. ⼇

亡	六	文	方	市	立	交	衣	忘	言
復2	BK3	BK7	BK10	BK20	BK24	BK32	p.51	BK36	BK11
京	卒	夜	育	変	高	商	率		
BK20	BK42	BK10	BK22	BK43	BK8	BK27	L6		

率→あし5. ⼗

亡	、	⼇	亡				復2 3画

ボウ　な-くなる
die

内乱の中、政治家が外国に**亡命**した。
交通事故による**死亡者数**が急増している。

死亡(しぼう)スル　to die　　　　　　　逃亡(とうぼう)スル　to escape
亡命(ぼうめい)スル　to flee one's country　滅亡(めつぼう)スル　to be ruined
未亡人(みぼうじん)　widow　　　　　亡(な)くなる　to die

書き順→ ノ 𠆢

2. 𠆢

人	今	介	令	合	会	全	企	余	金
BK1	BK12	p.198	索	BK29	BK12	BK45	L10	p.175	BK2

命	食	倉
p.26	BK9	p.160

企　𠆢　𠆢　介　介　企　　　　　　L 10　6画

キ　くわだ-てる
plan, enterprise

銀行強盗の**企て**は失敗した。
たくさんの外国**企業**が進出している。

企画（きかく）スル　to plan
企（くわだ）て　plan, plot

企業（きぎょう）　enterprise, corporation

書き順→ ノ 八

3. 八

八	公	分
BK3	BK19	BK4

書き順→ ⼍

4. ⼍（わかんむり: cover）

写	軍
BK23	L6

軍　冖　冖　冒　宣　軍　　　　　　L 6　9画

グン
military, troops, team

軍隊には、**陸軍**、**海軍**、**空軍**がある。
あの国は強大な**軍事力**を持っている。

軍隊（ぐんたい）　troops
陸海軍（りくかいぐん）　army and navy
軍国主義（ぐんこく・しゅぎ）　militarism
軍備（ぐんび）　military preparations
軍縮（ぐんしゅく）　armament reduction

軍事力（ぐんじりょく）　military force
連合軍（れんごうぐん）　allied forces
国連軍（こくれんぐん）　U.N. troops
軍人（ぐんじん）　military personnel
女性軍（じょせいぐん）　women's team

5. 十

十	支	古	直	南	真
BK3	L2	BK8	BK44	BK18	BK23

支→あし6. 又（また）

6. ム

台	弁	参
BK34	L10	L2

弁	ム	厶	�	弁						L 10

5画

ベン
eloquence, valve, accent

ほうてい
法廷で**弁護士**は被告を**弁護**した。
ガラス窓を割ってしまい、**弁償**した。

弁解（べんかい）スル　to make an excuse
弁論（べんろん）スル　to debate
安全弁（あんぜんべん）　safety valve
大阪弁（おおさかべん）　Osaka dialect

弁護（べんご）スル　to defend
弁護士（べんごし）　lawyer
弁償（べんしょう）スル　to compensate
弁当（べんとう）（box）meal

参	ム	厶	夻	矢	参					L 2

8画

サン　まい-る
participate, go/come, *three

パリで国際会議に**参加**する。
明日、9時に**参ります**。

参加（さんか）スル　to participate ←→不参加
降参（こうさん）スル　to surrender
持参（じさん）スル　to bring
参議院（さんぎいん）　Upper House of Parliament
参（まい）る　(humble form of 行く/来る)

参戦（さんせん）スル　to enter a war
参照（さんしょう）スル　to refer to
参考（さんこう）　reference
*参（さん）＝ 三 three

7. マ

予	承	柔
BK25	p.86	L4

柔→あし19. 木（したき）

書き順→ ノ ク

8. ク

久	争	危	色	角	免	急	負	勉	魚
p.155	L2	L4	BK23	p.22	p.117	BK31	L2	BK21	BK7

象
L8

負→あし28. 貝（かい）

| 争 | ⺈ | ⺈ | 乊 | 刍 | 争 | | | | L2
6画 |

ソウ　あらそ-う
dispute, argue

南北**戦争**は 1861 年に始まった。
この地域ではまだ**紛争**が続いている。

競争（きょうそう）スル　to compete　　　論争（ろんそう）スル　to argue
南北戦争（なんぼくせんそう）　the（U.S.）Civil War
紛争（ふんそう）　dispute　　　　　　　争（あらそ）う　to dispute, to argue

| 危 | ⺈ | ⺈ | 产 | 户 | 危 | | | | L4
6画 |

キ　あぶ-ない（あや-うい）（あや-ぶむ）
dangerous

あの川は流れが速くて、泳ぐのは**危険**だ。
戦争の**危機**に直面している。

危険（きけん）ナ　dangerous ⟷ 安全ナ　　危機（きき）　crisis
危害（きがい）　harm, risk　　　　　　　危（あぶ）ない　dangerous, risky

| 象 | ⺈ | ⺈ | 冎 | 甶 | 争 | 象 | 象 | | L8
12画 |

ショウ　ゾウ
image, symbol, elephant

天皇は日本国の**象徴**である。
映画の最後の場面が**印象**に残っている。

象徴（しょうちょう）スル　to symbolize　　印象（いんしょう）　impression
現象（げんしょう）　phenomenon　　　　気象庁（きしょうちょう）　Meteorological Agency
象（ぞう）　elephant　　　　　　　　　象牙（ぞうげ）　ivory

書き順→ 丶 ソ

9. ⺍

並	半	米	羊	弟	券	前	首	善
BK37	BK4	BK6	p.95	BK15	L6	BK10	L1	p.59

券→あし4. 刀（かたな）

首	ソ	丷	丷	方	首					L 1
										9画

シュ　くび
head, neck

サミットとは先進国**首**脳会議のことだ。
準備運動で**手首**や**足首**をよく回しておく。

首相（しゅしょう）　Prime Minister
首脳（しゅのう）　the leaders
首都（しゅと）　capital city

元首（げんしゅ）　the leader of a nation
首長（しゅちょう）　chief, head
手首（てくび）　wrist

書き順→　丨　冂　口

１０．口（くち: mouth）

口	足	号	兄	品	員	器
BK1	BK6	BK19	BK15	BK35	BK27	BK34

書き順→　ノ　ク　夂

１１．夂

各	冬	条
L6	BK26	p.49

各→あし７．夂（くち）

書き順→　一　十　土

１２．土（つち: earth）

土	去	寺	赤	走	幸
BK2	L8	BK14	BK23	BK17	L4

幸→へん４７．幸（さちへん）

去	一	十	土	去	去					L 8
										5画

キョ　コ　さ-る
leave, pass away

去る７日、無事帰国いたしました。
過去をふり返り、未来を考える。

死去（しきょ）スル　to pass away
去年（きょねん）　last year
去（さ）る〜　the past/last 〜（date）

退去（たいきょ）スル　to leave
過去（かこ）　past

13. 声

士	声	売	志	喜
L6	p.156	BK12	L10	BK37

志→あし16．心（こころ）

士

士	一	十	士							L6 3画

シ

man, military man

士農工商とは武士・農民・職人・商人である。
彼は今、博士課程の一年生だ。

武士（ぶし）　samurai, warrior
代議士（だいぎし）　member of parliament
消防士（しょうぼうし）　fireman
博士（はくし/はかせ）　Ph.D, Doctor of 〜

会計士（かいけいし）　accountant
弁護士（べんごし）　lawyer
宇宙飛行士（うちゅう・ひこうし）　astronaut

---

14. 宀（うかんむり: roof）

字	守	安	宅	守	完	官	定	実	宙
BK7	L7	BK8	BK12	p.146	BK39	L5	BK25	BK42	p.146
宝	客	室	書	家	案	容	宮	宿	寄
p.86	BK12	BK12	L5	BK12	BK31	復2	p.27	BK21	p.54
密	富	寒	寝	察	憲				
p.82	L4	BK26	BK24	p.80	p.48				

守

守	宀	宀	守	守						L7 6画

シュ　まも-る

maintain, protect

9回裏、選手たちは最後の守備についた。
彼は進歩的に見えて実は保守的だ。

守備（しゅび）スル　to defend, to guard
保守的（ほしゅてき）ナ　conservative ←→ 進歩的（しんぽてき）ナ/革新的（かくしんてき）ナ
お守（まも）り（good luck）charm
*留守（るす）being away, absence

厳守（げんしゅ）スル　to adhere strictly
守（まも）る　to protect, to keep

| 官 | 宀 | 宀 | 官 | 官 | 官 | 官 | | | | L5
8画 |

カン
government. authorities

警官に道を教えてもらった。
日本の政治は官僚的だと言われる。

官庁（かんちょう）　government office
器官（きかん）　organ（of the body）
高官（こうかん）　high official

警官（けいかん）　policeman
官僚（かんりょう）　bureaucrat

| 害 | 宀 | 宀 | 守 | 宝 | 害 | | | | | L5
10画 |

ガイ
harm, damage

工場の近くの川は公害がひどい。
この事件の加害者は、まだ16歳だ。

妨害（ぼうがい）スル　to interfere
公害（こうがい）　pollution
利害（りがい）　advantages and disadvantages
加害者（かがいしゃ）assailant ←→被害者（ひがいしゃ）　障害（しょうがい）obstacle

水害（すいがい）　flood damage
損害（そんがい）　loss
災害（さいがい）　disaster

| 容 | 宀 | 穴 | 突 | 容 | | | | | | 復2
10画 |

ヨウ
form, appearance, content

この駐車場は、２００台の車を収容する。
彼の講義は、内容が具体的で良かった。

容認（ようにん）スル to allow
収容（しゅうよう）スル　to hold, to accommodate
容易（ようい）ナ easy
容積（ようせき）　cubic capacity
容疑者（ようぎしゃ）suspect

許容（きょよう）スル to allow, to permit
内容（ないよう）content
容量（ようりょう）capacity, volume
美容院（びよういん）beauty parlor

| 富 | 宀 | 宀 | 官 | 富 | | | | | | L4
12画 |

フ　と-む　とみ
rich, wealth

まだ一度も富士山に登ったことがない。
富を公平に分配することが必要だ。

豊富（ほうふ）ナ plentiful
貧富（ひんぷ）rich and poor
〜に富（と）む　to abound in 〜
*富山県（とやまけん）　Toyama Prefecture

富士山（ふじさん）　Mt. Fuji
富豪（ふごう）rich man
富（とみ）wealth

１５．小（しょう：small）

小	少	省
BK4	BK8	L1

省→あし２３．目（め）

１６．⺍

単	厳	挙
BK38	L7	p.87

厳	⺍	厂	产	崖	肖	嚴	嚴	厳	L7 17画

ゲン （ゴン） おごそ-か きび-しい　　祖父は**厳格**で近よりがたい。
solemn, stern　　　　　　　　　　　提出期限は**厳守**すること。

厳守（げんしゅ）スル　to adhere strictly　　厳選（げんせん）スル　to select carefully
厳禁（げんきん）スル　to prohibit strictly　　厳格（げんかく）ナ　strict, stern
厳重（げんじゅう）ナ　strict, rigid　　　　　厳密（げんみつ）ナ　strict, precise
荘厳（そうごん）ナ　solemn　　　　　　　　厳（おごそ）かナ solemn, grave
厳（きび）しい　severe, strict

１７．艹（くさかんむり：grass, plant）

花	芸	苦	英	若	草	茶	荷	菜	著
BK7	p.50	BK38	BK12	BK16	索	BK7	BK14	p.148	L8
落	葉	薬	薄	暮	夢	蔵			
BK29	L9	BK12	L1	p.87	p.187	p.27			

著	艹	艼	芏	芧	著				L8 11画

チョ あらわ-す いちじる-しい　　　　この本の**著者**は**著名**な作曲家です。
distinguished, authorship　　　　　音楽や写真にも**著作権**がある。

顕著（けんちょ）ナ　remarkable　　　著名（ちょめい）ナ　well-known
著者（ちょしゃ）　writer　　　　　　著書（ちょしょ）　writing a book
共著（きょうちょ）　co-authorship　　著（いちじる）しい　remarkable

葉	艹	艹	苎	苧	苺	葉			L 9
									12画

ヨウ　は
leaf

葉には葉緑素が含まれている。
山が紅葉する季節になった。

紅葉(こうよう)スル　to turn red (leaves)
葉緑素(ようりょくそ)　chlorophyl
青葉(あおば)　new leaves

落葉樹(らくようじゅ)　deciduous tree
葉(は)　leaf
落(お)ち葉(ば)　fallen leaves

薄	艹	艿	萡	蒲	蒲	蓮	薄		L 1
									16画

ハク　うす-い　うす-れる
うす-まる　うす-める　thin

彼は意志薄弱で頼りにならない。
薄い青のシャツを着ている。

薄弱(はくじゃく)ナ　weak
薄情(はくじょう)ナ　inconsiderate
浅薄(せんぱく)ナ　superficial
薄着(うすぎ)　light dress

軽薄(けいはく)ナ　frivolous
薄幸(はっこう)ナ　unlucky
薄(うす)い　thin, light (color)
薄(うす)める　to weaken

書き順→　丨　山　山

18．山(やま: mountain)

山	岩	岸
BK1	BK5	p.54

書き順→　丨　冂　日

19．日(ひ: sun, day)

日	早	易	昇	星	景	暑	暴	量	最
BK1	BK16	p.42	L2	p.98	p.115	BK26	L7	L2	BK45

昇	日	尸	戸	昇	昇				L 2
		ノ							8画

ショウ　のぼ-る
rise, go up

年々、物価が上昇している。
太陽は東から昇り、西に沈む。

上昇(じょうしょう)スル　to rise
昇給(しょうきゅう)スル　to raise a salary
昇(のぼ)る　to rise, to go up

昇進(しょうしん)スル　to be promoted
昇降口(しょうこうぐち)　hatch

暴	日	旦	昇	昱	昇	暴	暴	暴	L7 15画

ボウ　（バク）　あば-れる　あば-く
violent, divulge

兄は気に入らないとすぐに**暴力**をふるう。
戦争が起きて株価が**暴落**した。

暴落（ぼうらく）スル　to fall suddenly
暴走（ぼうそう）スル　to run out of control
横暴（おうぼう）ナ　tyrannical
暴動（ぼうどう）　riot
暴（あば）く　to expose

暴露（ばくろ）スル　to expose
乱暴（らんぼう）ナ　violent
暴力（ぼうりょく）　violence
暴（あば）れる　to act violently

量	日	旦	昌	昌	量	量			L2 12画

リョウ　はか-る
quantity, measure, weigh

機械による**大量生産**が可能になった。
食事の**量**を減らさなければならない。

測量（そくりょう）スル　to measure　（cf.p.160）「測る」
計量（けいりょう）スル　to measure　（cf.p.160）「計る」
推量（すいりょう）スル　to guess
多量（たりょう）　large amount ←→ 少量（しょうりょう）
重量（じゅうりょう）　weight　　　　　量（りょう）　quantity
分量（ぶんりょう）　quantity, amount　　音量（おんりょう）　（sound）volume
熱量（ねつりょう）　calories　　　　　大量生産（たいりょう・せいさん）　mass production
量（はか）る　to measure, to weigh　（cf.p.160）「量る」

書き順→　｜　ト　ト　止

20. 止（とめる: stop）

止　　歩　　歯　　歳
BK17　BK17　BK41　L8

歳	止	广	歨	芦	岸	歳	歳	歳	L8 13画

サイ　セイ
year, age

異国で過ごした**歳月**を思い出す。
お世話になった方に**お歳暮**を贈る。

歳月（さいげつ）　years
歳出（さいしゅつ）　expenditure
歳暮（せいぼ）　year-end gift

歳末（さいまつ）　end of the year
万歳（ばんざい）　cheers, hurray
〜歳（さい）　〜years old ＝〜才

21. 耂(おいかんむり: old)　書き順→ 一 十 土 耂

老　考　者
BK41　BK36　BK27

22. 龸　書き順→ 丶 ヽ ⺍ ⺍ 龸

党　堂　常
p.70　L6　L4

堂→あし9. 土（つち）　　　常→あし14. 巾（はば）

23. 龸　書き順→ 丶 ヽ ⺍ ⺍ 龸

栄　営　労　学　覚
p.86　BK33　p.190　BK2　BK36

24. 爫(つめかんむり: claw, nail)　書き順→ 一 く 𠂉 爫

受　愛
BK29　L7

愛→あし10. 夂

25. 田　書き順→ 丨 冂 冊 田 田

田　由　申　男　界　異　思　胃
BK1　BK33　L10　BK5　L1　L4　BK23　p.74

| 申 | 丶 | 冂 | 日 | 申 | | | | | | L 10
5画 |

シン　もう-す
say, call

北海道一周ツアーに申し込んだ。
米国大使館に行き、ビザを申請した。

申請（しんせい）スル　to apply　　　　　申告（しんこく）スル　to report
答申（とうしん）スル　to report, to respond　申（もう）し込（こ）む　to propose, to apply
申（もう）し訳（わけ）　excuse, apology　　申（もう）す　(humble form of　言う)

界	田	甲	界	界	界					L 1
										9画

カイ
world, border

政界、経済界のトップが集まる。
もう、がまんの限界だ。

世界（せかい）　the world　　　　　　政界（せいかい）　political world
経済界（けいざいかい）　economic world　境界（きょうかい）　boundary
限界（げんかい）　limit　　　　　　　　視界（しかい）　range of vision

異	田	田	甲	毘	異					L 4
										11画

イ　こと-なる　こと-にする
different, strange

隣の部屋から異様な物音がする。
異文化理解というテーマで講演する。

異常（いじょう）ナ　unusual, abnormal　　異様（いよう）ナ　strange, queer
異質（いしつ）ナ　different in quality　　　異文化（いぶんか）　different culture
異議（いぎ）　objection, dissent　　　　　異性（いせい）　the opposite sex
差異（さい）　difference　　　　　　　　　驚異（きょうい）　wonder, miracle
異（こと）なる　to differ

２６．癶（はつがしら: outspread legs）　　　　　書き順→フ ﾌ ﾀ ﾀﾞ ﾉⳐ ﾉⳐ

発　登
BK32　L9

登	癶	癶	癶	癶	登					L 9
										12画

トウ　ト　のぼ-る
climb, register

図書館で本を借りたい人は登録が必要だ。
最後に大物の歌手が登場した。

登場（とうじょう）スル　to appear　　　　登録（とうろく）スル　to register
登用（とうよう）スル　to appoint　　　　　登記（とうき）スル　to register
登山（とざん）スル　to climb mountains　　登（のぼ）る　to climb
山登（やまのぼ）り　mountain climbing

27. 目（め: eye）

目	貝	見	具	県
BK6	BK6	BK9	BK34	BK20

28. 穴（あなかんむり: hole）

穴	究	空	窓
索	BK21	BK39	BK34

29. 立（たつ: stand）

立	音	章	意
BK24	BK23	p.30	BK32

30. 罒（あみがしら: net）

買	罪	置	署
BK9	p.71	BK40	L5

署	罒	罒	罒	罜	罘	署				L5
										13画

ショ
government office, signature

消防署に電話して救急車を呼ぶ。
税務署の書類に署名した。

署名（しょめい）スル　to sign
消防署（しょうぼうしょ）　fire station
税務署（ぜいむしょ）　taxation office

部署（ぶしょ）　one's post
警察署（けいさつしょ）　police station

31. 竹（たけかんむり： bamboo）

竹	笑	第	筆	等	答	節	算	管	箱
BK6	BK36	BK45	p.124	L4	BK21	p.147	L7	L5	p.79

範	築	簡
p.161	L7	BK38

等　竹　笙　笙　等　　　　　　　L4　12画

トウ　ひと-しい
equal, grade, and-so-forth

戦後、男女**平等**の思想が広まった。
私たちは**彼等**と**対等**に戦った。

平等（びょうどう）ナ　equal ⟷ 不平等ナ　　　同等（どうとう）　equal level
均等（きんとう）ナ　equal, of the same proportion　等級（とうきゅう）　class, grade
上等（じょうとう）ナ　high-grade ⟷ 下等（かとう）ナ　一等（いっとう）　1st class, 1st place
対等（たいとう）　equality, equal level　　　劣等感（れっとうかん）　inferiority complex
高等学校（こうとう・がっこう）　high school
高等教育（こうとう・きょういく）　higher education　c.f. 中等, 初等
等（ひと）しい　equal　　　　　　　　　　　* 彼等（かれら）　they

算　竹　笛　笛　算　算　　　　　　L7　14画

サン
count, calculate

乗り越し料金を**精算**する。
来年度の**予算**をたてる。

計算（けいさん）スル　to calculate　　　精算（せいさん）スル　to adjust an account
概算（がいさん）スル　to estimate generally　暗算（あんざん）　mental arithmetic
打算的（ださんてき）ナ　calculating, selfish　予算（よさん）　budget, estimate
誤算（ごさん）　miscalculation　　　　　勝算（しょうさん）　chance of success
算数（さんすう）　arithmetic

管　竹　竻　竻　竻　管　管　管　L5　14画

カン　くだ
pipe, control

お茶が**気管**に入って、苦しかった。
管理人が**水道管**の故障を調べている。

保管（ほかん）スル　to store, to safeguard　　管理（かんり）スル　to manage
気管（きかん）　the trachea, the windpipe　　水道管（すいどうかん）　water pipe
管楽器（かんがっき）　orchestral wind instrument　管（くだ）　pipe, tube

築	⺮	竻	筑	築				L 7
								16画

チク　きず-く
construct

法隆寺は世界最古の木造建築だ。
大阪城は豊臣秀吉が築いた。

建築（けんちく）スル　to build, to construct
増築（ぞうちく）スル　to build on
築（きず）く　to build, to construct

改築（かいちく）スル　to rebuild
新築（しんちく）スル　to build newly
＊築地（つきじ）（place name in Tokyo）

書き順→　丶ソ兰羊

３２．羊（ひつじ: sheep）

羊	美	差	着	義	善	養
p.95	BK43	p.60	BK17	復1	p.59	L3

義	羊	羊	羊	羊	義	義	義	復1
								13画

ギ
righteous, meaning

日本の義務教育は九年である。
前に助けてくれたので、彼には義理がある。

定義（ていぎ）スル　to define
義務（ぎむ）　duty
正義（せいぎ）　justice
主義（しゅぎ）　-ism, principle

講義（こうぎ）スル　to lecture
義理（ぎり）　sense of duty
意義（いぎ）　meaning
＊源義経（みなもとのよしつね）（historical person）

養	羊	美	美	养	养	養	養	L 3
								15画

ヨウ　やしな-う
bring up

離婚しても、養育費を払う義務がある。
教師養成のための通信教育を受ける。

養生（ようじょう）スル to take care of one's health
静養（せいよう）スル　to rest, to recuperate
教養（きょうよう）　culture, education
養子（ようし）　adopted child, son-in-law

養育（よういく）スル　to bring up
養成（ようせい）スル　to train
栄養（えいよう）　nutrition
養（やしな）う　to bring up, to support

書き順→　一�市雨雨

３３．雨（あめかんむり: rain）

雨	雪	雲	電	需	震
BK6	BK12	BK12	BK12	p138	p.54

V. あし

書き順→ ノ 儿

1. 儿 (ひとあし: man)

元	兄	先	光	完	見	児	売	免	党
BK16	BK15	BK2	p.55	BK39	BK9	p.26	BK12	p.117	p.70

覚
BK36

書き順→ ノ ハ

2. ハ

六	共	貝	具	典	興	真	黄
BK3	BK44	BK6	BK34	p.21	p.120	BK23	p.28

書き順→ フ 力

3. 力 (ちから: power)

力	男	努	労	勢
BK4	BK5	L9	p.27	p.58

努	く	夕	女	女フ	奴	努			L9 7画

ド つと-める
endeavor

彼は**努力**して、自分の会社を作った。
倒産した会社の再建に**努**める。

努力(どりょく)スル to make efforts   努(つと)める to make efforts

書き順→ フ 刀

4. 刀 (かたな: sword)

刀	分	券
索	BK4	L6

券	`	⸌	⸜	关	券					L 6 8画

ケン
ticket, coupon, certificate

大阪まで**乗車券**と**特急券**を一枚ください。
品物でなく**商品券**を贈る人が増えている。

入場券(にゅうじょうけん) entrance ticket
乗車券(じょうしゃけん) passenger ticket
商品券(しょうひんけん) gift voucher

航空券(こうくうけん) airplane ticket
証券(しょうけん) securities, bonds
旅券(りょけん) passport

書き順→ 一 十

5. 十

十	千	午	半	卒	早	単	率	準
BK3	BK3	BK10	BK4	BK42	BK16	BK38	L6	BK31

率	亠	玄	玄	玄	浹	宏	率			L 6 11画

リツ ソツ ひき-いる
rate, proportion

この**方法**はあまり**効率**が良くない。
今回の**総選挙**の**投票率**は58.4％だった。

引率(いんそつ)スル to lead
軽率(けいそつ)ナ careless
効率(こうりつ) efficiency
確率(かくりつ) probability
投票率(とうひょうりつ) voting rate
視聴率(しちょうりつ) ratings (T.V.)
円周率(えんしゅうりつ) ratio of circumference to diameter pi, π

率直(そっちょく)ナ frank
能率(のうりつ) efficiency
比率(ひりつ) ratio
成長率(せいちょうりつ) growth rate
百分率(ひゃくぶんりつ) percentage
率(ひき)いる to lead

書き順→ フ 又

6. 又(また: hand)

友	反	受	支	皮
BK15	BK44	BK29	L2	L9

皮→つくり22. 皮【ヒ】

支	一	十	𠂇	支						L 2 4画

シ ささ-える
support, branch

収入より**支出**が多ければ、赤字だ。
多くの人々に**支えられ**ている。

支配(しはい)スル to manage, to control
収支(しゅうし) revenue and expenditure

支出(ししゅつ) expenditure
支店(してん) branch office

気管支（きかんし） bronchial tubes　　　　　支（ささ）える　to support
支払（しはら）う　to pay

書き順→　丿　冂　口

7.　口

口	右	可	句	古	司	召	台	石	占
BK1	BK18	L2	p.49	BK8	p.190	復2	BK34	BK6	L8

各	向	合	同	名	君	言	告	周	否
L6	BK40	BK29	BK28	BK16	復2	BK11	BK35	L5	p.110

命	商	問	営	害	喜	善
p.26	BK27	BK21	BK33	L5	BK37	P.59

害→かんむり１４．宀（うかんむり）

可	一	口	可							L2
										5画

カ
possible

この戦争をさけることは**不可能**だ。
立ち入りには警察の**許可**が必要だ。

許可（きょか）スル　to permit　　　　　可能性（かのうせい）　possibility
可能（かのう）ナ　possible ←→ 不可能（ふかのう）ナ

召	フ	刀	召							復2
										5画

ショウ　め-す
convene, eat

議員が国会に**召集**された。
お酒はどのくらい**召**し上がりますか。

召集（しょうしゅう）スル　to convene　　　召喚（しょうかん）スル　to summon
召使（めしつか）い　servant　　　　　　　召（め）し上（あ）がる　(honorific form of 食べる/飲む)

占	一	ト	占							L8
										5画

セン　うらな-う　し-める
occupy, fortune-telling

社員の７０％を女性が**占**めている。
一人の女優が若者の人気を**独占**している。

独占（どくせん）スル　to monopolize　　　占領（せんりょう）スル　to occupy territory
占有（せんゆう）スル　to occupy　　　　　占（し）める　to occupy, to account for
占（うらな）う　to see the future, to tell fortune　星占（ほしうらな）い　astrology

各	ノ	ク	夂	各					L 6 6画

カク　おのおの
each, every, various

全国**各地**で正月の行事が行われている。
あの店では世界**各国**の料理が食べられる。

各地（かくち）　various places
各界（かくかい）　every field
各方面（かくほうめん）　every direction
各駅停車（かくえき・ていしゃ）　train which stops at every station

各国（かっこく）　every/each nation
各種（かくしゅ）　every kind
各々（おのおの）　each, all, every

君	コ	ユ	ヨ	尹	君				復2 7画

クン　きみ
lord

鈴木**君**、今度食事でもどう。
１５０年前に**君主制**から民主制になった。

～君（くん）　(suffix used for male names)
諸君（しょくん）　(ladies and) gentlemen

君主（くんしゅ）　lord, monarch
君主制（くんしゅせい）　monarchism

周	冂	冊	円	周					L 5 8画

シュウ　まわ-り
round, circumference

大使館の**周囲**に警官を配備した。
毎朝、グラウンドを**一周**する。

一周（いっしゅう）スル　to go around once
周辺（しゅうへん）　surroundings
周波数（しゅうはすう）　frequency

周囲（しゅうい）　surroundings
円周（えんしゅう）　circumference
周（まわ）り　circumference, surroundings

書き順→　一　丁　工

8．工

左　　空　　差
BK18　BK39　p.60

書き順→　一　十　土

9．土（つち: earth）

土　　圧　　在　　至　　型　　室　　座　　基　　堂　　堅
BK2　L2　p.26　p.201　L6　BK12　BK24　L9　L6　p.160

圧 厂 厂 斤 圧 | | | | L2 5画

アツ
press, overwhelming

父は**血圧**が高い。
政府は企業からの**圧力**に弱い。

圧倒(あっとう)スル　to overwhelm
血圧(けつあつ)　blood pressure
電圧(でんあつ)　voltage
外圧(がいあつ)　external pressure

圧力(あつりょく)　pressure
気圧(きあつ)　atmospheric pressure
変圧器(へんあつき)　transformer
圧(あっ)する　to press, to overpower

型 二 开 开 刑 型 | | | | L6 9画

ケイ　かた
type, model, form

最新型の小型カメラを買った。
私の**血液型**はO型で、彼女はＡＢ型だ。

典型的(てんけいてき)ナ typical
流線型(りゅうせんけい) streamlined shape
最新型(さいしんがた) newest model

体型(たいけい)　body type, body size
血液型(けつえきがた)　blood type
大型(おおがた)　large size ←→小型(こがた)

基 一 廿 甘 其 其 基 | | L9 11画

キ　もと　もと-づく
foundation, basis

この計画には財政的**基盤**がない。
経験に**基**づいて、判断する。

基礎(きそ)　base
基盤(きばん)　base
基(もと)　foundation, base

基本(きほん)　basics
基地(きち)　(military) base
基(もと)づく　to be based on

堂 ⺌ 芝 尚 堂 堂 | | L6 11画

ドウ
hall

この列車の**食堂車**は8号車です。
市の**公会堂**でコンサートが開かれた。

食堂(しょくどう)　dining hall
講堂(こうどう)　lecture hall
議事堂(ぎじどう)　Diet Building
堂々(どうどう)と　dignified

本堂(ほんどう)　main temple building
礼拝堂(れいはいどう)　chapel
公会堂(こうかいどう)　public hall

書き順→ノ ク 夂

10. 夂

変　夏　麦　愛
BK43　BK26　p.135　L7

愛	丶	⺌	⺌	恶	恶	愛			L7
									13画

アイ
affection, love

親のない子どもたちに**愛情**を注ぐ。
父は古ぼけたカバンを**愛用**している。

愛用(あいよう)スル to use often because it is one's favorite
愛護(あいご)スル to protect　　　　　　　　恋愛(れんあい)スル to love
愛情(あいじょう) love, affection　　　　　　愛着(あいちゃく) attachment
愛(あい)する to love　　　　　　　　　　　*可愛(かわい)い lovely, sweet

書き順→ 一 ナ 大

| 11. 大 |

大	天	太	犬	夫	央	失	奥
BK4	BK26	BK38	p.149	BK15	復1	BK42	BK15

央	丶	口	凸	央	央			復1
								5画

オウ
center

町の**中央**に教会と広場がある。
中央線で東京駅から新宿駅まで行く。

中央(ちゅうおう) center　　　　　　　中央線(ちゅうおうせん) Chuo Line

書き順→ く 女 女

| 12. 女(おんな: woman) |

女	安	妻	委	姿	要
BK2	BK8	BK15	p.44	P.159	BK42

書き順→ フ 了 子

| 13. 子(こ: child) |

子	字	学	存	季
BK2	BK7	BK2	L7	p.147

存	一	ナ	オ	冇	存	存			L7
									6画

ソン　ゾン
exist

神の**存在**を信じる。
飛行機事故の**生存者**は少ない。

存在(そんざい)スル　to exist
保存(ほぞん)スル　to preserve
共存(きょうぞん)スル　to coexist

生存(せいぞん)スル　to exist, to survive
存続(そんぞく)スル　to continue
存(ぞん)ずる　(humble form of 知る / 考える / 思う)

書き順→　｜　冂　巾

１４．巾(はば: width)

市　布　希　席　帯　常
BK20　p.157　L8　BK25　L6　L4

希　ノ　メ　ブ　チ　希　　　　　L8
　　　　　　　　　　　　　　　　　　7画

キ
hope, scarcity

彼の成功は人々に**希望**を与えた。
高山は空気が**希薄**なため息苦(いきぐる)しい。

希望(きぼう)スル　to hope
希少価値(きしょう・かち)　value (due to rarity)

希薄(きはく)ナ　thin, diluted
古希(こき)　one's 70th birthday

帯　一　卅　卅　卅　帯　　　　　L6
　　　　　　　　　　　　　　　　　　10画

タイ　お-びる　おび
belt, zone, wear

夜6時から8時のテレビは子どもの**時間帯**だ。
日本には**火山帯**がいくつもある。

携帯(けいたい)スル　to bring with oneself, to carry
連帯(れんたい)スル　to have solidarity
緑地帯(りょくちたい)　green belt
安全地帯(あんぜん・ちたい)　safety zone
包帯(ほうたい)　bandage

時間帯(じかんたい)　time belt
火山帯(かざんたい)　volcanic zone
熱帯(ねったい)　tropical zone
帯(お)びる　to wear, to be entrusted with

常　丷　尚　常　常　常　　　　　L4
　　　　　　　　　　　　　　　　　　11画

ジョウ　つね
normal, usual, ordinary

機械が**正常**に作動している。
あの人は**常**に冷静だ。

常用(じょうよう)スル　to use ordinarily
常備(じょうび)スル　to be ready for use anytime
正常(せいじょう)ナ　normal ←→異常(いじょう)ナ
非常(ひじょう)　emergency
無常(むじょう)　transience, mutability
常時(じょうじ)　usually
常(つね)に　always　　常用漢字(じょうよう・かんじ) (the 1,945 Kanji for general use)

日常(にちじょう)　everyday, routine

非常(ひじょう)に　extremely
常識(じょうしき)　common sense ←→非常識
常設(じょうせつ)　standing, permanent

15. 寸

守	寺	寿	専	尊	導
L7	BK14	p87	L7	p.41	P.147

守→かんむり１４．宀（うかんむり）

| 専 | 一 | 百 | 専 | 専 | | | | | | L 7
9画 |

セン　（もっぱ-ら）
exclusive

大統領は専用機で世界各国を回っている。
アルバイトはせず、学業に専念する。

専念（せんねん）スル　to devote oneself to
専攻（せんこう）スル　to major in
専有（せんゆう）スル　to possess exclusively
専任（せんにん）　full‐time
専（もっぱ）ら　exclusively

専売（せんばい）スル　to monopolize
専門（せんもん）　specialty
専用（せんよう）　exclusive use
専制（せんせい）　autocracy

16. 心（こころ: heart）

心	必	志	応	忘	念	思	急	怒	息
BK36	BK42	L10	L3	BK36	BK29	BK23	BK31	L8	p.139
恋	患	恐	悪	悲	想	意	愛	感	態
p.157	p.59	p.33	BK28	BK36	L5	BK32	L7	BK36	p.59
憲	窓								
P.48	BK34								

愛→あし１０．夂

| 志 | 一 | 十 | 士 | 志 | | | | | | L 10
7画 |

シ　こころざ-す　こころざし
intention

志願して、軍隊に入った。
彼は外交官を志している。

志望（しぼう）スル　to wish, to choose
意志（いし）　will
志（こころざ）す　to resolve

志願（しがん）スル　to apply, to volunteer
遺志（いし）　one's last wishes

応	广	广	応	応	応				L 3
									7画

オウ

respond, react

私はAチームを**応援**している。
予想しなかった事態に臨機応変に**対応**する。

対応（たいおう）スル　to correspond to
反応（はんのう）スル　to react
応答（おうとう）スル　to respond
臨機応変（りんき・おうへん）　adaptation to circumstances

応用（おうよう）スル　to apply to
応援（おうえん）スル　to support, to cheer for
応（おう）じる　to respond, to answer

怒	く	夕	女	奵	奴	怒			L 8
									9画

ド　いか-る　おこ-る

anger

不当な**解雇**に**怒り**がこみあげる。
いたずらをして母親に**怒られる**。

激怒（げきど）スル　to be enraged
怒（おこ）る　to be mad, to be angry

怒（いか）り　anger

想	一	十	木	相	想				L 5
									13画

ソウ

imagination

工場を見学した**感想**を言う。
理想の**恋人**に出会えた。

想像（そうぞう）スル　to imagine
回想（かいそう）スル　to recollect
思想（しそう）　thought, idea

予想（よそう）スル　to estimate, to predict
理想（りそう）　an ideal
感想（かんそう）　impressions

書き順→ 丨 冂 月 日

17. 日									
日	白	者	旬	昔	音	春	書	昼	普
BK1	BK23	BK27	p.44	p.141	BK23	BK26	BK9	BK10	L5
替	暮								
L9	p.87								

普	⺍	⺌	业	市	並	普			L 5
									12画

フ

widespread, common

急行電車は**普通**電車より速い。
最近はファックスがかなり**普及**してきた。

普及（ふきゅう）スル　to spread
普通（ふつう）　ordinary, usual

普遍的（ふへんてき）ナ　general
普段（ふだん）　usual, constant

替	ニ	ヂ	夫	扶	替					L9
										12画

タイ　か-わる　か-える
replace

工場では4時間交替で働いている。
石油に代わる代替エネルギーを開発する。

交替(こうたい)スル　to take turns
両替(りょうがえ)スル　to exchange, to change
替(か)える　to replace

代替(だいたい)スル　to substitute
替(か)わる　to be replaced
*為替(かわせ)　exchange, money order

書き順→　ノ 刀 月 月

18. 月(にくづき: muscles)							
肉	有	育	肩	青	胃	背	骨
BK7	BK16	BK22	p.74	BK14	p.74	p.74	P.74

書き順→　一 十 才 木

19. 木									
木	未	末	本	条	来	束	東	果	栄
BK1	L6	p.26	BK4	p.123	BK9	復2	BK18	BK29	p.86
柔	案	楽	業	集	薬	築	森		
L4	BK31	BK23	BK27	BK37	BK12	L7	BK5		

築→かんむり30. 𥫗(たけかんむり)

未	一	二	丰	才	未					L6
										5画

ミ
not yet, un-

過去から現在、そして未来へと続く。
未公開の映画をテレビで放映する。

未公開(みこうかい)　not open to the public
未解決(みかいけつ)　unsolved
未来(みらい)　future
〜未満(みまん)　less than 〜

未完成(みかんせい)　incomplete
未成年(みせいねん)　minority, minors
未知(みち)　unknown

束	一	口	甫	束	束					復2
										7画

ソク　たば
bundle

庭の花を束ねて花束にし、見舞いに行った。
急用ができて、友人との約束を取り消す。

約束(やくそく)スル　to promise
一束(ひとたば)　one bundle
束(たば)ねる　to bundle

拘束(こうそく)スル　to restrict
花束(はなたば)　bouquet

| 柔 | マ | ユ | 予 | 矛 | 柔 | | | | L 4
9画 |

ジュウ　ニュウ　やわ-らかい
soft, tender, gentle

彼は**柔軟**な考え方ができる人だ。
子どもの時から**柔道**を習っている。

柔軟（じゅうなん）ナ　flexible
優柔不断（ゆうじゅう・ふだん）ナ　indecisive
柔（やわ）らかい　soft, tender　*c.f.* 軟らかい（L1）

柔和（にゅうわ）ナ　gentle, mild
柔道（じゅうどう）　judo

書き順→　丶　丶　ゾ　火

２０．火／灬（ひ: fire）

| 火 | 災 | 点 | 魚 | 無 | 然 | 煮 | 照 | 熱 | 熟 |
| BK2 | p.47 | BK28 | BK7 | BK45 | L5 | L9 | L10 | BK26 | L7 |

| 黒 |
| BK23 |

| 然 | 丶 | ク | 夕 | 夕 | 外 | 然 | 然 | | L 5
12画 |

ゼン　ネン
（suffix）～state

都会には**自然**が少なくなった。
この国には**天然**資源が豊富にある。

自然（しぜん）　nature
整然（せいぜん）と　orderly
全然（ぜんぜん）…ない（neg.）　not at all

天然（てんねん）　nature ←→人工，人造
突然（とつぜん）　suddenly
必然性（ひつぜんせい）　necessity

| 煮 | 十 | 土 | 耂 | 者 | 煮 | | | | L 9
12画 |

シャ　に-る　に-える
boil, cook

ナイフを**煮沸**して、消毒した。
野菜が**煮えた**ので、火を止めた。

煮沸（しゃふつ）スル　to sterilize by boiling
煮（に）る　to boil, to cook

煮物（にもの）　cooking

| 照 | 日 | 日つ | 日フ | 昭 | 照 | | | | L 10
13画 |

ショウ　て-る　て-らす　て-れる
shine

詳しくは39ページを**参照**のこと。
先生にほめられて、**照れて**しまった。

対照（たいしょう）スル　to contrast
照明（しょうめい）　artificial light
照（て）れる　to feel embarrassed

参照（さんしょう）スル　to refer
照（て）る　shine
日照（ひで）り　drought

熟	亠	古	享	孰	孰	孰	熟		L7 15画

ジュク　う-れる
mature

秋になるといろいろな木の実が**熟する**。
腕はまだ**未熟**だが、独創性がある。

熟(じゅく)す(る) to mature
熟考(じゅっこう)スル　to think overcarefully
熟睡(じゅくすい)スル　to sleep soundly
未熟(みじゅく)ナ　immature, inexperienced

熟読(じゅくどく)スル　to read thoroughly
熟練(じゅくれん)スル　to be skilled
成熟(せいじゅく)スル　to mature

書き順→　一　丁　千　王

21.　王

王	主	全	望	聖
L1	BK15	BK45	L8	p.150

王→へん23.　壬(おうへん)　　望→つくり17.　月(つき)

書き順→　丨　冂　冂　田　田

22.　田(た: rice field)

田	番	留
BK1	BK19	BK21

書き順→　丨　冂　月　目

23.　目

目	首	直	真	着	省	看
BK6	L1	BK44	BK23	BK17	L1	p.59

首→かんむり9.　⸍⸍

省	丿	小	小	少	省			L1 9画

ショウ　セイ　はぶ-く　かえり-みる
omit, ministry

文部省の奨学金をもらう。
この文の主語は**省略**されている。

省略(しょうりゃく)スル　to omit
帰省(きせい)スル　to go home
省(はぶ)く　to exclude, to omit

反省(はんせい)スル　to reflect
〜省(しょう)　Ministry of 〜
省(かえり)みる　to reflect upon

24. 皿（さら: bowl, dish）

益　　盛
p.49　　L8

盛	丿	厂	厄	成	成	成	盛	L8
								11画

セイ　ジョウ　さか-ん　も-る
thrive

優勝の祝賀会が盛大に行われた。
小さな店だが味がいいので繁盛している。

繁盛（はんじょう）スル　to prosper
盛大（せいだい）ナ　splendid, on a large scale
盛（さか）んナ　thriving

盛況（せいきょう）　prosperity, booming
全盛（ぜんせい）　height of prosperity
大盛（おおも）り　large serving（food）

25. 示（しめす: show）

示　　祭　　禁
L7　　p.66　　L7

示→へん24. 礻　（しめすへん）

禁	礻	林	禁					L7
								13画

キン
prohibit

観光ビザで働くことは禁じられている。
機内は禁煙席と喫煙席に分かれている。

禁（きん）じる　to prohibit
厳禁（げんきん）スル　to prohibit strictly
禁酒（きんしゅ）　abstinence from drinking, prohibition

禁止（きんし）スル　to prohibit
禁煙（きんえん）　no smoking

26. 糸（いと: thread）

糸　　系　　素　　繁
BK6　　p.58　　L8　　p.149

素	一	十	圭	素				L8
								10画

ス　ソ
original, raw, natural, element

彼はいくつになっても素直な心を失わない。
彼は芸術的な素質にめぐまれている。

素直(すなお)ナ　gentle, innocent
素養(そよう)　ground knowledge
要素(ようそ)　element
*素人(しろうと)　amateur

質素(しっそ)ナ　simple, plain
素質(そしつ)　quality
素足(すあし)　barefoot

書き順→ 　亠 亣 古 衣 衣

２７．衣(ころも: clothing)

衣	表	袋	装	裁	製
p.51	BK44	p.60	p.59	p.80	L3

製	ノ	二	告	告	制	製				L 3
										14画

セイ
manufacture, make, produce

この工場では自動車を製造している。
ベネチアはガラス製品で有名だ。

製造(せいぞう)スル　to manufacture
製品(せいひん)　manufactured products
金属製(きんぞくせい)　made of metal

製作(せいさく)スル　to manufacture
日本製(にほんせい)　made in Japan
製鉄所(せいてつじょ)　steel works

書き順→ 丨 冂 月 目 貝

２８．貝(かい: money)

貝	負	員	貧	貨	責	貴	買	貸	費
BK6	L2	BK27	L1	復1	p.185	L4	BK9	BK24	BK39
貿	賀	賃	資	質	賢	賛			
p.42	p.26	p.42	BK35	BK21	p.186	BK44			

負	ク	夕	育	負					L 2
									9画

フ　ま-ける　ま-かす　お-う
be defeated, bear, negative no.

相撲のような勝負の世界は厳しい。
負数には「－」の記号をつける。

負担(ふたん)スル　to be liable
自負(じふ)スル　to have high self-esteem
抱負(ほうふ)　aspiration, ambition
負(ま)かす　to beat someone in a game

負傷(ふしょう)スル　to be injured
勝負(しょうぶ)スル　to play a game
負数(ふすう)　negative number
負(お)う　to carry, to bear

貧	ノ	八	分	分	貧				L1 11画

ヒン　ビン　まず-しい
poor

この国は**貧**富の差が大きい。
国は**貧**しいが、人々の心は豊かだ。

貧乏（びんぼう）ナ　poor
貧弱（ひんじゃく）ナ　poor, weak
貧（まず）しい　poor

貧困（ひんこん）　poverty
貧富（ひんぷ）　rich and poor

貨	イ	イ	化	貨					復1 11画

カ
goods, coinage

トラックで**貨**物を輸送する。
日本では通**貨**として円が使われている。

貨物（かもつ）　freight, cargo
金貨（きんか）　gold coin
通貨（つうか）　currency（money）

貨幣（かへい）　money
硬貨（こうか）　coin

貴	口	中	虫	貴					L4 12画

キ（たっと-い）とうと-い（たっと-ぶ）
とうと-ぶ　precious, noble

貴重品は、フロントにお預けください。
平安時代は**貴**族の文学が盛んだった。

高貴（こうき）ナ　noble
貴重品（きちょうひん）　valuables
貴（たっと／とうと）い　precious, noble
＊貴方／貴女（あなた）　you

貴重（きちょう）ナ　valuable, precious
貴族（きぞく）　the nobility
貴（たっと／とうと）ぶ　to respect

VI. その他（上下）

了	戸	世	乏	予	永	冬	当	気	式
L2	p.146	L1	L4	BK25	L7	BK26	BK28	BK16	BK25
多	毎	百	更	豆	画	武	革	査	泉
BK8	BK10	BK3	L3	復2	BK23	p.140	L9	p.27	p.155
要	挙	馬	黄	習	魚	鳥	衆	豊	鼻
BK42	p.87	BK7	p.28	BK21	BK7	BK7	p.110	L4	L9
撃	舞	整	警	響	驚				
L9	p.57	L5	p.187	p.161	BK37				

了→その他（全体）　　世→その他（全体）　　永→その他（全体）

更→その他（全体）　　豆→その他（全体）　　鼻→その他（全体）

乏	丶	丿	乥	乏				L4 4画

ボウ　とぼ-しい
scarce

若いころは**貧乏**な暮らしをしていた。
この国は天然資源が**乏**しい。

貧乏（びんぼう）ナ　poor　　　　　　乏（とぼ）しい　poor ⟷ 豊（ゆた）かナ
欠乏（けつぼう）スル　to be deficient

革	一	艹	艹	苫	苔	革		L9 9画

カク　かわ
reform, leather

革命が起こり、王制が廃止された。
政治を**改革**しなければならない。

改革（かいかく）スル　to reform　　　　変革（へんかく）スル　to alter
革新（かくしん）　innovation ⟷ 保守（ほしゅ）　革命（かくめい）　revolution
皮革製品（ひかく・せいひん）　leather goods　　革（かわ）　leather

豊	冂	冊	曲	曲	曹	豊	豊	L4 13画

ホウ　ゆた-かな
plentiful, rich

この国は天然資源が**豊富**にある。
この地方は**豊**かな水に恵まれている。

豊富（ほうふ）ナ　plentiful　　　　　豊（ゆた）かナ　plentiful, rich
豊年（ほうねん）　fruitful year　　　　豊作（ほうさく）　good harvest
＊豊田市（とよたし）　Toyota City

撃	亘	車	軋	軐	軗	軗	軗	撃		L9 15画

ゲキ　う-つ
attack, shoot

Ａ国軍はＢ国の首都を**攻撃**した。
その報告を聞いて、**衝撃**を受けた。

攻撃(こうげき)スル　to attack
衝撃(しょうげき)　shock
撃(う)つ　to shoot

目撃(もくげき)スル　to witness
打撃(だげき)　blow, damage, batting

整	一	日	申	束	敕	敕	敕	整		L5 16画

セイ　ととの-う　ととの-える
adjust, arrange

駅のホームで人々は**整然**と並んでいた。
机の上をををきれいに**整理**してください。

整理(せいり)スル　to put in order
整形(せいけい)スル　to have plastic surgery
調整(ちょうせい)スル　to adjust

整備(せいび)スル　to keep ready for use
整然(せいぜん)と　orderly
整(ととの)える　to arrange, to prepare

VII.　たれ

1.　厂(がんだれ: cliff)

書き順→　一　厂

厚	原	反	圧	成	歴
L1	BK40	BK44	L2	BK39	BK22

圧→あし9.　土(つち)

厚	厂	厄	厚	厚	厚					L1 9画

コウ　あつ-い
thick, kind, warm

彼は**温厚**な性格で、だれからも好かれる。
この辞書は**厚**くて、とても重い。

温厚(おんこう)ナ　gentle and sincere
厚生省(こうせいしょう)　Ministry of Health and Welfare

濃厚(のうこう)ナ　concentrated, deep
厚(あつ)い　thick

2. 广 (まだれ: slanting roof)

広	庁	応	序	底	店	府	庭	度	席
BK13	L1	L3	L10	L5	BK13	BK20	p.158	BK13	BK25

庫	座	康
p.160	BK24	L4

応→あし16. 心 (したごころ)

庁	广	广	庁						L1 5画

チョウ
government agency

気象庁の発表によると、あすは大雨らしい。
神奈川県の県庁は横浜にある。

~庁 (ちょう) ~ Agency   官公庁 (かんこうちょう) government office
気象庁 (きしょうちょう) Meteorological Agency   県庁 (けんちょう) prefectural office

序	广	广	庁	序	序				L10 7画

ジョ
introduction, order

世の中の秩序は守らなければならない。
本を買って、最初に序文を読んだ。

順序 (じゅんじょ) order, sequence   秩序 (ちつじょ) order, system
序文 (じょぶん) preface   序列 (じょれつ) order, rank

底	广	广	庂	庇	底	底			L5 8画

テイ そこ
bottom

海底にある油田を発見した。
三角形の面積は底辺かける高さ割る2だ。

徹底的 (てっていてき) ナ thorough, complete   底辺 (ていへん) the base
海底 (かいてい) the bottom of the sea   底 (そこ) the bottom

康	广	广	庁	序	序	庚	康		L4 11画

コウ
healthy

国民健康保険に加入している。
毎年、保健所で健康診断を受ける。

健康 (けんこう) ナ healthy ←→不健康ナ   健康保険 (けんこう・ほけん) health insurance
健康診断 (けんこう・しんだん) health check   *徳川家康 (とくがわ・いえやす) (historical person)

3．尸（しかばね: corpse）

尽	局	居	尾	昼	届	屋	展	属	層
p.185	BK32	p.40	p.24	BK10	p.87	BK13	L10	p.59	L2

展	尸	尸	屏	屏	展	展				L 10 / 10画

テン
expand, display

この町は年々**発展**している。
美術館に**展覧会**を見に行った。

発展（はってん）スル　to expand, to grow
展開（てんかい）スル　to unfold, to develop
展示（てんじ）スル　to display
展覧会（てんらんかい）　exhibition

層	尸	尸	届	層						L 2 / 14画

ソウ
layer, level,（social）class

新宿には**高層**ビルが立ちならんでいる。
あの歌手は**主婦層**に人気がある。

上層（じょうそう）　upper layer/classes ←→ 下層（かそう）
地層（ちそう）　stratum, layer
高層（こうそう）ビル　skyscraper
中間層（ちゅうかんそう）　middle stratum/classes
階層（かいそう）　social classes
主婦層（しゅふそう）　housewives

4．疒（やまいだれ: sickness）

病	疲	痛	療
BK13	BK13	BK13	L3

療	广	疒	疒	疒	瘩	瘩	療			L 3 / 17画

リョウ
medical treatment, cure

けがの**治療**に３ヶ月ぐらいかかる。
病院の**診療**時間は９時から５時までだ。

治療（ちりょう）スル　to treat
診療（しんりょう）スル　to diagnose and treat
療養（りょうよう）スル to be under treatment, to recuperate
医療（いりょう）　medical care

VIII. かまえ

1. 戈(ほこがまえ:)　　　書き順→ 一 七 戈 戈

成　我　戦　裁
BK39　p.85　L2　p.80

| 戦 | ツ | 씃 | 쁘 | 単 | 単 | 戦 | 戦 | 戦 | L2 13画 |

セン　たたか-う　いくさ
fight, war

戦後、日本人の生活は変わった。
１回戦で日本と米国が戦った。

対戦(たいせん)スル　to fight against
戦争(せんそう)　war
戦後(せんご)　postwar
内戦(ないせん)　civil war
第二次世界大戦(だいにじ・せかい・たいせん)　the Second World War ＝WWⅡ
戦(たたか)う　to fight

挑戦(ちょうせん)スル　to challenge
冷戦(れいせん)　the cold war
作戦(さくせん)　tactics, strategy
１回戦(いっかいせん)　the first game

2. 勹(つつみがまえ:)　　　書き順→ ノ 勹

包　句　旬
復2　p.49　p.44

| 包 | ノ | 勹 | 勺 | 匀 | 包 | | | | 復2 5画 |

ホウ　つつ-む
include, wrap

敵に包囲され、脱出が困難になった。
彼は若いが包容力があるので、人気がある。

包装(ほうそう)スル　to wrap
内包(ないほう)スル　to contain
包括的(ほうかつてき)ナ　comprehensive, inclusive
小包(こづつみ)　package

包囲(ほうい)スル　to surround
包容力(ほうようりょく)　tolerance
包(つつ)む　to wrap
包(つつ)み　wrapped parcel

3. 匸(かくしがまえ:)　　　書き順→ 一 匸

区　医　巨
BK20　BK22　p.57

4. 口 (くにがまえ:)

四	回	因	団	囲	図	困	国	固	園
BK3	BK13	L10	L6	L5	BK19	BK13	BK13	L5	BK19

因	冂	冃	用	因	因					L 10
										6画

イン　（よ-る）
cause, factor

火事の**原因**はたばこの火の不始末だ。
日本人の**死因**では、がんが一番多い。

原因（げんいん）スル　to be a cause　　　要因（よういん）　factor, principle
死因（しいん）　cause of death　　　因習（いんしゅう）long-established custom
因果関係（いんが・かんけい）causality, causal relation　因子（いんし）factor

団	冂	冃	团	団	団					L 6
										6画

ダン　（トン）
group, organization

来月、米国政府の**代表団**が来日する。
彼は**応援団の団長**をしている。

団結（だんけつ）スル　to unite　　　団地（だんち）　apartment complex
団体（だんたい）　group　　　暴力団（ぼうりょくだん）　street gang
財団（ざいだん）　foundation　　　代表団（だいひょうだん）　delegation
応援団（おうえんだん）　cheer squad　　布団（ふとん）　futon, bedquilt

囲	冂	冃	冋	用	囲					L 5
										7画

イ　かこ-む
enclose

日本は**周囲**を海に**囲**まれている。
この店は**雰囲気**がいい。

包囲（ほうい）スル　to besiege, to surround　周囲（しゅうい）　surroundings
範囲（はんい）　scope, limits　　　雰囲気（ふんいき）　atmosphere
囲（かこ）む　to surround, to encircle

固	丨	冂	冃	固	固					L 5
										8画

コ　かた-い　かた-まる　かた-める
hard, solid

水は０度以下で**液体**（えきたい）から**固体**になる。
彼は**強固**な意志を持っている。

固定（こてい）スル　to fix, to settle　　強固（きょうこ）ナ　strong
固体（こたい）　solid（body）　　　固有（こゆう）　one's own, unique
固（かた）い　hard　　　固（かた）める　to harden

書き順→ ｜ 冂

5. 冂（どうがまえ： ）

内　円　再　同　肉
BK18　BK3　L6　BK28　BK7

再　一　冂　冂　而　再　再　　　　　L6
6画

サイ　（サ）　ふたた-び　　　　彼は来週の土曜に**再婚**する。
again, re-　　　　　　　　　　　自然を守るため、資源の**再利用**をしよう。

再会（さいかい）スル　to meet again　　　再開（さいかい）スル　to reopen
再出発（さいしゅっぱつ）スル　to restart　　再建（さいけん）スル　to reconstruct
再利用（さいりよう）スル　to reuse, to recycle　再婚（さいこん）スル　to remarry
再生産（さいせいさん）スル　to reproduce　　再生（さいせい）スル　to regenerate
再現（さいげん）スル　to reappear, to reproduce　再度（さいど）　again
再来週（さらいしゅう）　the week after next　　再（ふたた）び　again, for a second time

書き順→ ｜ 冂 冂 冂 門 門

6. 門（もんがまえ： ）

門　閉　開　問　間　関　聞　閣
BK1　BK13　BK13　BK21　BK9　BK32　BK9　p.110

書き順→ ク 彳 彳 行 行

7. 行（ぎょうがまえ）

行　術　街　衛
BK9　BK41　p.79　p.27

IX. にょう ⌐

1. ⻌ (しんにょう: way)

書き順→ 丶 丶 ⻌

辺	込	近	返	述	迫	追	退	送	通
p.44	p.60	BK14	BK24	p.66	p.97	p.71	BK41	BK24	BK17
速	造	連	途	週	進	遊	運	過	道
BK14	L3	BK31	p.57	BK10	BK43	BK24	BK27	BK43	BK14
達	遅	遠	違	適	選	遣			
L10	BK14	BK14	BK28	BK28	BK27	p.177			

造	ノ	⺈	丄	生	告	造				L 3
										10画

ゾウ　つく-る
make, construct, build

古い**木造**家屋を**改造**して旅館にする。
現代社会の複雑な**構造**を理解する。

製造(せいぞう)スル　to manufacture
創造(そうぞう)スル　to create
構造(こうぞう)　structure
建造物(けんぞうぶつ)　building
造(つく)る　to produce, to build

改造(かいぞう)スル　to reconstruct
木造(もくぞう)　made of wood
造船(ぞうせん)　shipbuilding
造形美術(ぞうけい・びじゅつ)　plastic art

達	十	土	击	查	幸	達				L 10
										12画

タツ
attain, reach

毎日練習したのでテニスが**上達**した。
学校から書類が**速達**で送られてきた。

発達(はったつ)スル　to develop
達成(たっせい)スル　to attain
到達(とうたつ)スル　to reach
達(たっ)する　to reach, to attain

上達(じょうたつ)スル　to make progress
伝達(でんたつ)スル　to transmit
速達(そくたつ)　special/express delivery
*友達(ともだち)　friend

2. ⻌ (えんにょう:)

書き順→ フ ㇅ ㇗

延	建
L3	BK39

延	´	㇒	千	疒	正	延				L 3 8画

エン　の-びる　の-ばす
extend, spread, postpone

野球放送を9時半まで**延長**する。
もう少し期限を**延ばして**ください。

延長（えんちょう）スル　to extend
延命（えんめい）スル　to extend one's life
延滞（えんたい）スル　to be overdue

延期（えんき）スル　to postpone
延（の）ばす　to extend
延（の）べ〜　all told〜, 〜in total

書き順→　士 キ キ 走 走

３．走（そうにょう：　）

走　　起　　超　　越　　趣
BK17　BK24　L6　　p.60　　p.25

超	走	起	起	超						L 6 12画

チョウ　こ-える　こ-す
over-, excel

新幹線ひかり号は、夢の**超特急**と言われた。
日本の貿易は輸出**超過**が続いている。

超過（ちょうか）スル　to exceed
超特急（ちょうとっきゅう）super - express
超音速（ちょうおんそく）supersonic speed
超伝導（ちょうでんどう）superconductivity

超越（ちょうえつ）スル　to go beyond
超特価（ちょうとっか）super bargain
超満員（ちょうまんいん）crowded beyond capacity
超（こ）す　to be above, to go beyond

X. その他（全体）　□

一	二	七	九	丁	了	入	干	三	上
BK3	BK3	BK3	BK3	復1	L2	BK17	p.60	BK3	BK4
下	川	才	与	万	夕	々	久	及	五
BK4	BK1	p.71	P.70	BK3	BK10	BK35	p.155	p.78	BK3
互	不	父	戸	中	片	毛	氏	永	氷
p.88	BK16	BK15	p.146	BK4	p.83	p.74	p.131	L7	p.85
用	史	母	出	平	世	甘	正	民	巨
BK34	BK22	BK15	BK17	BK40	L1	p.200	BK28	BK41	p.57
気	式	血	自	州	西	虫	年	両	百
BK16	BK25	p.52	BK33	L1	BK18	p.47	BK3	BK40	BK3
曲	至	光	更	豆	良	求	身	武	周
BK37	p.201	p.55	L3	復2	BK28	BK33	p.28	p.140	L5
面	事	長	承	島	重	乗	飛	革	首
BK29	BK27	BK8	p.86	BK20	BK38	BK37	BK39	L9	L1
風	乗	馬	鳥	黄	魚	鼻			
BK40	BK17	BK7	BK7	p.28	BK7	L9			

丁→つくり7．丁【テイ／チョウ】　　周→あし7．凵

首→かんむり9．丷

了	つ	了										L2 2画

リョウ　　　　　　　　　　　　　　本日の営業は6時で**終了**します。
finish, complete　　　　　　　　手術をするには家族の**了解**が必要だ。

終了（しゅうりょう）スル　to finish　　　　　完了（かんりょう）スル　to complete
修了（しゅうりょう）スル　to complete（a course）　了解（りょうかい）スル　to understand

永	丶	丆	永	永	永							L7 5画

エイ　なが-い　　　　　　　　　　祖父はブラジルに**永住**するつもりだ。
long time　　　　　　　　　　　戦争のおろかさを**永遠**に語り伝えよう。

永住(えいじゅう)スル to reside permanently 永続(えいぞく)スル to last long
永眠(えいみん)スル to pass away 永遠(えいえん) eternity
永久(えいきゅう) permanence 永(なが)い long (time)
永世中立国(えいせい・ちゅうりつこく) permanently neutral country

| 世 | 一 | 世 | 世 | 世 | | | L 1
5画 |

セ セイ よ
world, generation

そんなあまい考えは**世間**で通用しない。
船(ふね)でのんびり**世界**一周したい。

世界(せかい) world, earth
世論(よろん・せろん) public opinion
二世(にせい) second generation
世話(せわ) care, help

世間(せけん) world, society, public
〜世紀(せいき) 〜-th century
世の中(よのなか) world, society

| 州 | 丶 | ソ | 丿 | 州 | 州 | 州 | L 1
6画 |

シュウ （す）
state, sandbar

オハイオ**州**立大学を卒業した。
北海道と**本州**と四国と**九州**がある。

州立(しゅうりつ) state-run
欧州(おうしゅう) Europe

本州(ほんしゅう) main island, Honshu
三角州(さんかくす) delta

| 更 | 一 | 百 | 更 | 更 | | | L 3
7画 |

コウ さら-に （ふ-ける）（ふ-かす）
change, moreover

旅行の日程(にってい)が**変更**になった。
入国管理事務所でビザを**更新**する。

変更(へんこう)スル to change, to alter
更年期(こうねんき) the menopause
更(さら)に moreover

更新(こうしん)スル to renew
更衣室(こういしつ) change room
夜更(よふ)け late at night

| 豆 | 一 | 豆 | 豆 | 豆 | | | 復2
7画 |

トウ ズ まめ
bean

大豆で**豆腐**や**納豆**を作る。
伊豆半島沖(おき)の海底で地震(じしん)が多発している。

豆腐(とうふ) tofu, bean curd
伊豆半島(いず・はんとう) Izu Peninsula
小豆(あずき) red bean

納豆(なっとう) fermented beans
大豆(だいず) soybean

鼻	′	⼔	自	畠	畠	鼻				L 9
										14画

ビ　はな
nose

耳が痛いので、病院の**耳鼻科**へ行った。
かぜをひいて、**鼻水**が出る。

耳鼻科（じびか）　otorhinology
鼻（はな）　nose

鼻音（びおん）　nasal sound
鼻水（はなみず）　mucus（nose）

音訓索引 On - Kun Index

音はカタカナ、訓はひらがなで書く。あいうえお順で、音訓の順。同じ音訓は課の順。（ ）はあまり使わない読み。数字は課の数。

かぎーる 限 5
カク 拡 2
カク 確 4
カク 各 6
カク 革 9
ガク 額 6
かこーむ 囲 5
かた 型 6
かたーい 硬 1
かたーい 固 5
かたーまる 固 5
かたーめる 固 5
かーつ 勝 2
かつーぐ 担 3
(かまーう) 構 R2
かまーえる 構 R2
かみ 神 8
かわ 革 9
かわ 皮 9
かわ 側 R2
かーわる 換 9
かーわる 替 9
カン 官 5
カン 管 5
カン 観 7
カン 換 9
カン 慣 10
(かん) 神 8

[き]
キ 危 4
キ 貴 4
キ 紀 5
キ 己 R1
キ 希 8
キ 基 9
キ 企 10
ギ 義 R1
きざーむ 刻 4
きず 傷 8
きずーく 築 7
きたなーい 汚 8
きびーしい 厳 7
きみ 君 R2
キュウ 救 3
キュウ 球 5
キュウ 旧 6
キョ 去 8
キョウ 協 5
(きわ) 際 2
キン 均 4
キン 禁 7
キン 勤 9

[く]
くだ 管 5
くび 首 1
くわだーてる 企 10
クン 君 R2
グン 群 6
グン 軍 6
グン 郡 R2

[け]
ゲ 解 3
ケイ 係 1
ケイ 型 6
けがーす 汚 8
けがーれる 汚 8
ゲキ 激 4
ゲキ 撃 9
けわーしい 険 4
ケン 健 4
ケン 険 6
ケン 券 R2
ケン 検 5
ゲン 限 7
ゲン 厳

[こ]
コ 固 5
コ 湖 R1
コ 己 R1
コ 去 8
こーい 濃 1
コウ 硬 1
コウ 厚 2
コウ 功 3
コウ 更 4
コウ 幸 4
コウ 康 5
コウ 郊 10
コウ 講 R2
コウ 購 R2
コウ 構 8
(こう) 神 R2
こうむーる 被 6
こーえる 超 4
コク 刻

こころざし	志	10
こころざーす	志	10
こころよーい	快	4
こーす	超	6
こと－なる	異	4
こと－にする	異	4
ことわーる	断	3
コン	混	9
コン	根	10
（ゴン）	厳	7

［さ］

（サ）	再	6
サイ	際	2
サイ	再	6
サイ	歳	8
サイーして	際	2
さいわーい	幸	4
さかーん	盛	8
ささーえる	支	2
さち	幸	4
さらーに	更	3
さーる	去	8
サン	参	2
サン	算	7

［し］

シ	支	2
シ	師	6
シ	士	6
シ	視	7
シ	示	7
シ	死	7
シ	志	10

ジ	示	7
ジ	似	9
しあわーせ	幸	4
シキ	織	9
シキ	識	10
しーぬ	死	7
しめーす	示	7
しーめる	占	8
シャ	煮	9
シュ	首	1
シュ	修	3
シュ	守	7
シュウ	州	1
シュウ	収	2
シュウ	修	3
シュウ	周	5
ジュウ	柔	4
シュク	縮	2
ジュク	熟	7
ジュン	純	2
ジュン	順	10
ショ	署	5
ショ	諸	6
ジョ	助	3
ジョ	序	10
ショウ	省	1
ショウ	昇	2
ショウ	勝	2
ショウ	精	8
ショウ	象	8
ショウ	傷	8
ショウ	照	10
ショウ	招	R2

ショウ	召	R2
ショウ	紹	R2
ジョウ	常	4
ジョウ	盛	8
ショク	職	3
ショク	織	9
しるし	印	1
しるーす	印	1
シン	神	8
シン	振	9
シン	申	10
シン	伸	R2
ジン	神	8

［す］

ス	素	8
（す）	州	1
ズ	豆	R2
スイ	睡	7
すくーう	救	3
すぐーれる	優	8
すこーやか	健	4

［せ］

セ	世	1
セイ	世	1
セイ	省	1
セイ	製	3
セイ	整	5
セイ	精	8
セイ	歳	8
セイ	盛	8
ゼイ	税	6
セン	浅	1

執 筆 者 略 歴

加納千恵子
筑波大学大学院地域研究研究科修士課程
修了。
日本青年海外協力隊の派遣によりマレー
シアのマラ工科大学語学センター日本語
講師，筑波大学留学生教育センター非常
勤講師等を経て，現在，筑波大学文芸・
言語学系教授。留学生センター勤務。

清水　百合
コロンビア大学ティーチャーズカレッジ
応用言語学科修士課程修了。
筑波大学留学生教育センター非常勤講師
を経て，現在，九州大学留学生センター
助教授。

竹中(谷部)弘子
筑波大学大学院地域研究研究科修士課程
修了。
国際交流基金の派遣により在中国日本語
研修センター日本語講師，筑波大学留学
生教育センター非常勤講師，国際交流基
金日本語国際センター日本語教育専門員
を経て，現在，東京学芸大学留学生セン
ター助教授。

石井恵理子
学習院大学大学院人文科学研究科博士前
期課程修了。
インターカルト日本語学校講師，筑波大
学留学生教育センター非常勤講師等を経
て，1988年より国立国語研究所に勤務。
現職は日本語教育部門第一領域長。

阿久津　智
立教大学大学院文学研究科博士前期課程
修了。
筑波大学留学生センター非常勤講師等を
経て，現在，拓殖大学外国語学部助教授。

漢字1000PLUS
INTERMEDIATE KANJI BOOK　VOL.1

1993年12月15日　初　版　第 1 刷発行
1996年 7 月 1 日　第 2 版　第 1 刷発行
2003年 3 月20日　第 3 版　第 2 刷発行

著　者　　加納千恵子・清水百合・竹中弘子・石井恵理子・阿久津智
発行所　　株式会社　凡 人 社
　　　　　〒102-0093　東京都千代田区平河町 1 - 3 -13
　　　　　　　菱進平河町ビル 1 F　　電話 03-3263-3959